KB022730

일상과 음식

일상과 음식
EVERYDAYLIFE AND FOOD

박재환, 일상성 · 일상생활연구회 지음

　오늘날 일상에 대한 탐구는 사회학의 중요한 흐름 중의 하나다. 거대 담론을
중심으로 이루어져 온 그간의 사회학과는 달리 개인의 구체적인 현실을 다루는
일상생활의 사회학은 새로운 시각을 제공해준다. 일상생활의 사회학은 추상적인
이론이나 거대 담론보다는 소시민의 평범한 삶을 연구영역으로 다룬다는 측면에
서 실은 그동안 간과해왔던 부문의 사회학적 복원이다. 일상성·일상생활연구회
는 1991년 출범한 이래 꾸준하게 일상을 탐구해왔다. 그 결과『일상생활의 사회
학』(1994)·『술의 사회학』(1999)·『현대 한국사회의 일상문화 코드』(2004), 그리
고 최근에 민중의 일상적 삶을 다룬 개론서인『일상생활의 사회학적 이해』(2008)
를 발간했다.

　일상성 탐구에 대한 우리 연구회의 일련의 결과들은 지역 소장 학자들이 중심이
되어 얻은 성과이자, 일상과 문화에 대한 꾸준한 천착의 결과다. 그간 우리 연구회
의 조그만 성과에 대해 다양한 전문가로부터 과분한 성원을 받았다. 최근 출간된
『일상생활의 사회학적 이해』가 이 분야에 대한 개론서라면, 이 책『일상과 음식』
은 음식을 다양한 측면에서 다룬 각론적 성격을 지닌다. 우리 사회에서 음식을
향한 탐욕과 왜곡은 극심한 상황이지만 음식에 대한 사회학적 성찰이 진지하게
이루어지지 않는다는 점에서, 이 책의 출간 의의가 작지 않다고 생각한다.

　이 책은 모두 14장으로 구성되어 있다.
　제1장「일상생활 속의 음식」에서는 일상에서의 음식의 의의와 '몸을 넘어서
는 또 다른 삶의 가치'에 의해 추동되는 음식문화를 논의한다. 제2장「시·공간과

음식문화」에서는 우리 사회의 시·공간적 음식문화, 국가정책과 음식문화의 상관성을 논의한다. 제3장 「음식과 의례」에서는 집단의례와 음식, 금기문화와 음식축제 등을 통해 나타나는 음식의 토템적 소비를 다룬다. 제4장 「식탁 위의 사회」에서는 가벼워진 식기, 식구가 떠난 식탁, 식탁의 변화의 대한 논의를 통해 현대 한국사회의 단면을 고찰한다.

제5장 「음식은 교육이다」에서는 밥상머리교육과 현대 음식의 현실을 학생의 시선을 통해 읽고, 음식의 교육적 의미를 다룬다. 제6장 「음식 속의 계급」에서는 음식을 통해 드러나는 계급의 문제를 다루며, 제7장 「맛·길·멋의 오디세이」에서는 맛과 멋을 따라 여행을 떠나는 음식여행의 실태와 현대적 의미들을 논의한다. 제8장 「몸·건강·음식」에서는 몸·건강·음식과 관련된 세태를 살펴보고, 건강에 대한 척도와 몸에 대한 미학적 기준 등을 다룬다.

제9장 「편리함에 길든 식(食)」에서는 우리의 편리한 식사문화를 들여다본다. 제10장 「"나 요리하는 여자야" vs. "난 요리하는 남자다"」에서는 음식과 남녀의 관계, 나이 든 남자의 식사, 요리하는 슈퍼우먼 어머니 등 음식과 젠더의 관계를 조망한다. 제11장 「한국에서 퓨전푸드와 에스닉푸드의 의미」에서는 에스닉푸드와 퓨전푸드의 유행을 다룬다.

제12장 「먹는 것이 난리다」에서는 먹거리 위기의 본질을 논의하고, 식품위기의 체계적 대응을 위한 매뉴얼뿐만 아니라 사회적 위기관리 매뉴얼의 필요성을 논의한다. 제13장 「'또 다른 오래된 미래' 슬로푸드」에서는 산업형 음식의 문제점과 그 대안으로서 슬로푸드운동의 실천방안 등을 소개한다. 제14장 「대안적

음식문화」에서는 대안적 음식문화의 실체를 살펴보고, 생협활동과 먹거리 주권 등을 다룬다.

이 책의 출간에는 각별한 의미가 있다. 척박한 여건에서도 일상성에 대한 열정과 노력으로 우리 연구회를 이끌고, 이런 성과를 이루어낸 부산대학교 사회학과 박재환 교수님께서 정년을 맞으셨다. 교수님의 정년퇴임 기념으로 정성을 모아 이 책을 헌정하고자 한다. 사회학과에 재직하시는 동안 제자들은 교수님께 말로 표현하기 어려운 영향을 받았다. 어려운 여건에서 생활의 덫에 걸려 주저앉으려 할 때 교수님께서는 제자들을 독려하며 일상생활에 눈을 돌리도록 격려를 아끼지 않으셨다. 감사할 따름이다. 이 책이 그 가르침에 조그만 보답이 되었으면 한다. 아울러 기꺼이 집필을 승낙해주시고, 음식에 대한 사회학적 상상력을 발휘하도록 도와주신 경남대학교의 김종덕 교수님께 감사의 말씀을 드린다.

이 책이 나오기까지 필자들의 노력이 적지 않았다. 기획 초기에 주말마다 필자들이 함께 모이는 것 자체가 쉽지 않았다. 그뿐만 아니라 책의 목차를 조정하고 정리하는 일, 그리고 무엇보다도 개성 있는 글쓰기를 하는 필진들과 책의 수위를 조절하는 것은 모두에게 적지 않은 고민이었다. 그럼에도 책의 출간의도를 이해하고, 반복되는 수정요구에 기꺼이 응해준 필자들에게 다시 한 번 고마운 마음을 전한다. 이 책이 한국사회의 음식문화코드를 해독하려는 독자들에게 신선한 감동을 주거나 혹은 새로운 탐구영역을 제시해주길 바란다.

보이는 것은 보이지 않는 것의 일부인 것처럼 책이 나오기까지 많은 사람의

노고가 숨어 있다. 이 책의 출판을 기획하고 인내로써 이끌어준 부산대학교 사회
학과 김희재 교수님, 학위논문을 마무리하는 와중에도 출판사와의 세세한 일들
을 맡아준 이일래 선생에게 감사한다. 돌아보면 일상을 다루느라 오히려 가까운
이의 일상을 어렵게 했다. 우리 연구회가 돌아가도록 격려와 성원을 아끼지 않은
필자들의 가족, 그들은 우리 연구회의 일이라면 자신의 일처럼 뒷받침해준 우리
연구회의 후원자다. 이 자리를 빌려 감사의 마음을 전한다.

어려운 출판 여건에서도 우리 연구회에 주목해 출판의 용단을 내리고, 한결같
은 마음으로 원고를 기다려준 도서출판 한울의 사장님께 감사드린다. 아울러
좋은 책을 위해 편집에서부터 교정까지 자상하게 다듬어준 편집부의 이가양
씨에게 고마운 마음을 전한다.

또 하나의 마침표를 찍었다. 이제 박재환 교수님께서 이루신 성과를 후학들이
계속 이어가야 하는 과제가 남아 있다. 우리 연구회가 천천히 그리고 꾸준히
일상탐구를 계속해나갈 것을 다짐하며, 교수님의 양양한 앞길을 기원한다.

2009년 8월 부산 금정산 자락에서
지은이들을 대표해 허미영 씀

차례

차례

일상생활 속의 음식

박재환(부산대학교 교수)

> ▶식욕과 성욕은 본성이다(食色性也) ― 告子
>   ▶금강산도 식후경이다 ― 한국 속담
> ▶음식이 그 사회의 문화다 ― 마르셀 모스
>   ▶미운 놈 떡 하나 더 준다 ― 한국 속담

1. 넘쳐나는 음식, 채워지지 않는 허기

"참 좋은 세상이다. 우리가 어렸을 땐 밥도 제대로 못 먹는 집이 수두룩했는데……."

"밥 못 먹으면 라면 먹으면 되잖아?"

최근 어느 가정에서 TV 방송의 맛집 기행프로그램을 함께 시청하던 모녀가 나눈 실제 대화내용이다. 이 모녀의 대화는 역사를 거슬러 올라가 프랑스혁명 당시의 웃지 못할 이야기를 떠올리게 한다. 당시 루이 16세의 왕비 마리 앙투아네트는 베르사유궁중에까지 들려오는 민중의 함성을 듣고 저들이 무슨 소리를 지르느냐고 시녀에게 물었다. 그러자 시녀가 백성들이 빵이 없다고 빵을 달라고 저런다고 대답했다. 세상 물정을 전혀 모르고 사치를 일삼던 왕비는 "바보들 같으니. 빵이 없으면 과자를 먹으면 되잖아!"라고 소리쳤다.

그렇다. 굶어보지 않은 사람에게 빵과 밥은 다양한 식단 중 하나일 수 있다. 하지만 가난한 시절의 사람들에게 밥이 갖는 의미는 부유한 사람들이 상상할 수 없을 정도로 막중하다.

오늘날 우리의 10대·20대들 중에, 1960년대까지 한국사회에 남아 있었던 이른바 '보릿고개'나 '춘궁기'의 의미를 아는 사람은 거의 없다. 그들이 일상에서 가장 즐겨 먹는 음식 중의 하나로 손꼽는 라면이, 우리나라에서 1963년 9월 15일에 처음 생산되었다는 사실을 모른다. 라면은 그들이 태어나기 훨씬 전부터 가장 대중적인 먹을거리였으니 그들로서는 밥을 굳이 먹지 않아도 라면으로 쉽게 끼니를 때울 수 있다고 생각하는 것은 당연한 일이다.

우리나라가 1962년부터 시작한 제1차 경제개발오개년계획은 해마다 어김없이 찾아오는 이른 봄의 '보릿고개' 때 밥도 못 먹는 가난으로부터 탈피하기 위한 원초적 몸부림이었다고 해도 과언이 아니다. 이때 농촌에서는 들판에 싹트는 산나물이나 심지어 나무의 껍질을 벗겨 몇 톨 남지 않은 보리와 섞어 죽을 쒀서 끼니를 때웠고, 점심은 아예 먹지도 못하는 일이 비일비재했다. 한편, 도시 노동자의 상당수는 미군부대에서 미군들이 먹고 남긴 음식들을 모아 끓인 이른바 '꿀꿀이죽'으로 배를 채웠다.

그 후 50년이 채 안 된 오늘날의 한국은 어느 나라보다 각종 음식으로 넘쳐나는 음식천국이 되었다. 그것은 우리가 매일 접하는 대중매체의 각종 프로그램만 봐도 알 수 있다. TV를 켜보면 어떤 공중파방송도 음식에 관한 프로그램을 방영하지 않는 곳이 없다. 맛있는 음식을 찾아 떠나는 여행, 조리법, 음식과 건강, 싸고 푸짐한 음식점 소개, 전통음식, 진기한 음식풍속, 요리의 달인 등에 관한 방송은 그 수와 종류를 일일이 열거하기가 불가능할 정도다.

어디 그뿐인가. 집에는 매일같이 근처 식당의 광고지가 날아든다. 구역별 상가를 소개한 광고책자의 대부분이 식당과 그 메뉴로 채워져 있다. 더욱이 길거리에는 수많은 식당 간판들로 넘쳐난다. 심지어 같은 종류의 음식점이 한 집 건너 있다고 할 정도로 밀집되어 있는 경우도 많다.

우리나라처럼 닭을 못살게 해서 각종의 레시피로 굽고 조리고 튀겨서 상품으로 파는 나라도 없을 것이다. 1960년대 말까지 닭요리 전문식당에서는 대개 삼계탕이나 전기통닭구이를 팔거나, 전통별미로 옻닭 정도를 제공하는 데 그쳤다. 이에 비해 오늘날에는 맥시칸치킨 이후, 처갓집양념통닭·페리카나치킨·교촌치킨·홍초닭 등등 이루 헤아릴 수 없이 많다. 모든 식재료가 이와 같이 다양한 종류로 개발되어 소비된다. 옛날에는 듣도 보도 못한 외국의 과일이나 특산품을 비롯해, 전국 오지의 전통음식들이 백화점과 대형할인매장은 물론 일반 재래시장에서까지 판매된다. 이러한 경향은 더욱 심화될 전망이다.

그런데 이렇게 수많은 음식들이 넘쳐난다고 해서 그만큼 우리의 일상이 넉넉하고 행복한가. 여기에 대한 우리의 대답은 결코 긍정적이지 못하며, 오히려 암울하기까지 하다.

먼저 이런 음식의 홍수 속에서도 밥을 먹지 못하는 사람들이 예상 밖으로 많다는 사실에 주목할 필요가 있다. 전국의 무수한 무료급식소에 길게 줄을 잇는 사람들에게 '넘쳐나는 음식들'은 그야말로 그림의 떡에 불과하다. 더욱이 아직도 점심을 못 먹는 결식아동들이 30만 명이 넘고 두 끼 이상 굶는 아동은 1만 5천 명에 이른다는 보도도 있었다(《조선일보》, 2003년 12월 26일자). 불경기가 심화된 현재 이 숫자는 더 증가되었으리라고 본다.

한편, 인류는 유사 이래 가장 발달된 과학문명 속에서 자연계에도 없는 신물질을 발명하고, 우주공간에서 우주인들이 섭취하는 우주식을 만들어내며, 유전자변형에 의해 더 풍성한 식품을 양산해낼 수 있게 되었다. 그런데도 유엔식량농업기구(FAO: Food and Agriculture Organization of the

United Nations)에 의하면 아직도 지구에는 기아에 놓인 인구가 9억 6천만 명을 웃돌며, 2009년 상반기에는 이 숫자가 10억을 넘어설 것이라고 전망했다(≪한국일보≫, 2008년 12월 29일자).

사람들이 살아가면서 겪는 서러움 중에 '못 먹는 설움'처럼 큰 게 없다고 한다면, 끼니를 굶는 사람의 삶의 빛깔이 어찌 암울하지 않으랴. 주위에 갖가지 음식들이 화려하게 넘쳐날수록 이들이 겪는 상대적 박탈감과 허기는 비례해서 커지기 마련이다.

그러나 허기는 아무것도 먹지 못하는 절대적인 기근에서만 비롯되는 것은 아니다. 고기도 먹어본 사람이 제맛을 안다고 하듯이 다양한 음식을 섭취한 경험이 많을수록 음식에 대한 욕망이 커지기 마련이다. 또한 한 번도 먹어보지 못한 음식의 넘쳐나는 광고와 정보는 사람들로 하여금 새로운 허기를 불러일으키게 하는 경우가 많다.

더욱이 인기 있는 프렌차이즈의 식품이나 대중음식 대부분이 사람들의 미각을 중독적으로 길들이는 식품첨가물로 가공된다는 사실을 간과해서는 안 된다. 식품첨가물이 가미된 음식은 일반적으로 구미에 더 맞아 자연식품보다 그것을 찾는 사람들이 더 많아지게 한다. 예전에는 깨끗한 냉수 한 잔으로 해결되던 갈증이 요즘에는 수많은 청량 음료수가 아니면 해소될 수 없는 것처럼 되었다.

이처럼 오늘날 음식은 그 어느 때보다 화려한 기호와 옷을 입고 우리 주위를 난무하는데도, 우리가 느끼는 각종의 '허기'는 좀처럼 채워지지 않는 것이다.

2. 음식—자연에서 문화로

영양을 섭취하는 것은 모든 생명체의 본질적 속성이다. 인간이 태어나서 먼저 숨을 쉬고 난 뒤 제일 처음으로 하는 몸짓이 어머니의 젖꼭지를 찾는 본능적 동작이다.

인간이 음식을 섭취하는 행위는 생명을 유지하고 삶을 영위하기 위한 가장 원초적이고 자연적인 행위다. 이는 어떤 선험적인 도덕의 잣대도 무색해질 수밖에 없는 생명의 필요요건으로서 그 자체가 당연한 것으로 받아들여진다. 우리 속담에도 '먹을 때는 개도 안 건드린다'고 했다.

하지만 생명을 보존하고 살아가기 위한 음식섭취가 아무리 자연스러운 필요조건이라 해도 그것은 새로운 생명체의 자족적인 노력으로 결코 해결할 수 없다. 알을 깨고 나온 새끼 비둘기도 스스로 먹이사냥을 할 수 있을 때까지는, 어미 비둘기가 잡아온 갖가지 먹이를 되새김질 한 것을 받아먹지 않고는 생존할 수 없다.

하물며 홀로서기가 가장 길고 더딘 인간이야 일러 무엇 하리오. 강보에 싸인 아기가 어머니의 가슴에 고개를 묻고 세차게 젖을 빠는 동작은 신기하기 그지없는 '자연'의 행위지만, 바로 그때부터 아기의 음식섭취는 부지불식간에 '문화'의 영역으로 진입한다. 아기는 처음 젖을 빨 때 이미 '사회화'를 시작하기 때문이다.

사회학의 기초 개념인 '사회화'는 신생아가 커가면서 기존 사회의 구성원이 되기 위한 갖가지 행위양식들을 체득해가는 과정이지만, 그 출발이 음식에서 비롯된다는 기초적 사실은 그동안 그다지 주목받지 못했다. 흔히 미시사회학의 태두로 손꼽히는 쿨리(C. H. Cooley)나 미드(G. H. Mead)의 자아이론에서도 음식섭취와 관련된 초기 사회화의 의미는 논의되지 않았다. 일찍이 어린아이의 사고가 자기중심적이라고 밝혀낸 교육학자 피아제(J. Piaget)의 유아기이론에서도 사정은 마찬가지다.

오히려 프로이트(S. Freud)의 자아형성이론의 연장선으로, 수유와 이유의 경험이 유아의 자아형성에 미치는 영향에 관한 연구에서 한정적으로 논의되는 수준이다. 널리 알려진 대로 프로이트는 아기가 세상에 태어나서 처음으로 접촉하는 수유의 경험이 입술을 중심으로 고착되어 나중의 자아 형성에 원초적 영향을 미칠 수 있다는 이른바 '구순애적 단계'이론을 제시했다. 그러나 어린아이가 그 후 사회화되는 과정에서 경험하는 음식섭취의 영향에 대한 추적은 더 이상 진행하지 않았다. 우리는 프로이트의 구순애적 단계이론의 함의가 매우 중요하다는 점을 인정한다. 그러나 음식이 사회화 과정에 미치는 영향은 구순애적 단계를 훨씬 넘어 삶의 전 과정으로 확산된다고 하는 사실을 결코 간과해서는 안 된다. 어린 시절 음식과 관련된 갖가지 상황들은 평생 내밀하게 간직되는 기억으로 남는다.

'보릿고개'가 되풀이되는 유년 시절을 보내면서 시골에서 쌀 한 톨 섞이지 않은 보리밥만 지겹게 먹었던 지금의 70대 노인들은 당시 하얀 쌀밥을 배부르게 한번 먹어보는 게 소원이었다. 이들 중에는 그들이 즐겨 보는 TV 방송에서 전문가들이 건강에는 잡곡밥이 최고라고 아무리 강조해도 죽을 때까지 매일 흰쌀밥만 먹겠다고 고집하는 사람들이 실제로 상당수 있다. 그들은 "몇 천 년을 더 살 거라고 입안에 깔끄럽던 그 놈의 보리밥을 늙어서도 먹어야 하느냐"라고 푸념하기가 일쑤다.

우리 속담에 '세 살 버릇 여든 간다'는 말이 있다. 이것은 초기 사회화과정의 경험이 평생 그 영향을 미친다는 사회학적 사실을 일상생활 속에서 확인한 대표적인 예라 할 수 있다. 이 유년기 버릇 중에 음식섭취의 경험은 원초적 토대라 해도 과언이 아니다. 그것은 음식섭취가 인간 유기체의 생존을 좌우하는 필요조건일 뿐 아니라, 그래서 여타의 어떤 활동보다 기존의 사회문화적 통제가 가장 일차적으로 작동하는 영역이기 때문이다.

다시 말해 인간 유기체의 사회화가 기존 문화로의 길들이기라고 한다면, 이 길들이기는 무엇보다 음식섭취와 동시에 이루어지기 때문이다. 이에 비해 인간 유기체의 생존에 더 직접적인 숨쉬기에 대해서는 통상적으로 아무런 구속이나 간섭이 없다.

그것은 먼저, 음식섭취가 잘못될 경우 생존 자체를 위협받기 때문에 올바른 음식의 선택과 제공이 보호자에 의해 결정되는 것으로부터 시작한다. 보통 신생아는 생모의 모유를 먹는 것으로 사회화를 시작한다. 오늘날에는 생모의 모유가 풍부하더라도 산모의 건강이나 미용의 이유로 분유로 대체되는 경우가 일반적이고, 생모가 산후의 사고나 다른 사연으로 수유할 수 없을 경우 유모에 의해 수유가 이루어지기도 한다. 그러나 그 어떤 경우에도 세상에 갓 태어난 신생아의 첫 음식의 선택은 그 의지와는 완전히 독립된 사회문화적 결정이라는 사실에는 변함이 없다.

그뿐만 아니라, 새로운 사회구성원에게 제공되는 음식은 그 자체가 해당 사회의 생태적 조건과 역사에 의해 선택되고 가공된 것이다. 만년설이 뒤덮인 티베트, 초원의 몽골, 열대 아프리카 사막지대의 촌락, 아시아 몬순지대의 나라들에서는 어릴 때부터 상용할 수 있는 음식의 재료 자체가 다를 수밖에 없다. 마유에 길든 아이들의 미각과 식물성 음식이 밥상에서 절대적인 비중을 차지하는 아시아 미작 국가 아이들의 입맛이 결코 같을 수 없는 것이다.

아울러 각 사회는 이러한 자연적 제약과 함께 그 사회 고유의 문화적 전통에 따른 금기음식과 선호음식을 구별한다. 힌두교의 나라에서 쇠고기는 일반적으로 금기하는 음식이다. 또 채식주의자들은 어린아이에게 고기를 먹이지 않는다. 프랑스의 유명 여배우는 한국의 개고기요리를 야만의 극치라고 매도하면서도, 자기들의 달팽이요리가 다른 나라 사람들에게는 또 다른 혐오감을 줄 수 있다는 사실을 모른다.

이렇게 볼 때 음식은 인간이 생명을 보존하고 나아가 삶을 영위하는 필수적인 '자연'의 영역에 속한 것이 아니라, 어느새 사회구성원들의 의미 구성과 살아가는 방식을 바닥에서 규정하는 '문화'가 되었다.

하지만 음식이 '자연'에서 나와 '문화'로 깊숙하게 자리 잡는 모습은 이러한 '마땅한 음식'이 선택되고 규정되는 것에만 한정되지 않는다. 오히려 각종 음식이 섭취되는 모든 과정이야말로 해당 사회의 생활문화가 구체적으로 드러나는 현장이라 할 수 있다.

어느 사회에서나 때와 장소에 따라 허용하는 음식이 다르고, 그 음식을 먹는 기초적인 방식이 있기 마련이다. 사람은 동물처럼 무턱대고 음식을 먹는 것이 아니라 일정한 '식사공간'을 정비한 후 식사를 한다. 어린아이들은 이 식탁이나 밥상에서 어떤 행동이 허락되고 금지되는지 배운다. 그 예절을 계속해서 어길 때는 음식 자체를 먹지 못할 때도 있다.

모든 사회에는 미성년자들에게 허용하지 않는 기호식품이 있기 마련이다. 한국에서는 술은 일정한 나이가 들었을 때 어른들로부터 마시는 법을 배우는 것이 바람직하다고 교육한다. 예전에는 담배를 건강의 이유로 미성년자들에게 금지한 것이 아니라 어른의 권위에 대한 도전으로 간주되어 금지하는 경우가 더 많았다. 게다가 성년이 된 후 우리가 그 맛의 미세한 차이에도 곧잘 불만을 나타내는 각종 기호식품들은 인체의 생물학적 욕구에서 개발된 것이라기보다, 식품산업이 갖가지 광고나 상징조작으로 유발시키는 욕망과 후천적인 섭취습관이 만들어낸 문화적 가공물이라 할 수 있다. 어린아이가 태어날 때부터 커피를 즐겨 마시는 것은 아니며, 다양한 종류의 커피에 대한 기호도 여러 차례의 경험과 상징들이 복합되어서 후천적으로 결정된 것이기 때문이다.

3. 소통과 구별짓기의 기호

사회는 사람들 사이의 교류에 의해 이루어진다. 말 또는 그 밖의 상징이나 물자를 교환하면서 사람들은 일정한 관계를 형성하고, 이 관계의 망들이 사회를 구성하는 기초가 된다. 그런데 사람들 간의 소통에서 친밀한 관계의 상징은 무엇일까. 그것은 무엇보다 인간의 가장 본능적인 욕구를 공동으로 충족시킬 수 있는 음식이다.

인간들에게 가장 원초적이고 일차적인 집단인 가족은 흔히 식구라는 말로 표현된다. 그리하여 가족의 크기는 바로 식구 수로 나타난다. 여기서 식구의 의미가 음식을 같이 먹는[食] 입[口]이라는 걸 우리들은 다 안다. 이렇게 볼 때 음식은 가장 친밀한 관계를 형성하는 매체이자 기호가 된다.

음식이 가장 친밀한 구성원 사이에서 공유되고 허용된다는 사실은 동물의 세계에서도 마찬가지다. 어미와 새끼는 바로 음식의 첫 제공자와 수혜자로서 관계를 시작한다. 어미는 바깥의 적으로부터 새끼를 보호하고 새끼에게 음식을 먹임으로써 발육과 생존을 보장해준다. 어미가 새끼에게 나누어주는 음식은 본능이라 할 수 있지만 새끼들 사이의 음식 공유는 어미의 통제와 일정한 학습에 의해 행해진다. 어미의 통제가 원만하지 못할 경우, 새끼들 사이에 공통의 먹이를 둘러싼 다툼은 끊이지 않는다.

이처럼 음식을 함께 나누어 먹는다는 사실은 한식구가 된다는 것을 의미한다. 그것은 사람들 사이의 관계가 형식적인 수준을 넘어 한 단계 밀착된 관계로 진입한다는 걸 의미한다. 그러기에 격식을 따지는 사람들은 남녀의 교제에서도 단둘이 차를 같이 마실 수 있는 단계와 식사를 함께할 수 있는 단계가 엄연히 다르다는 것을 강조한다. 음식을 함께 먹는다는 것은 상대방을 내 파트너로, 나아가 내 식구로 받아들인다는 걸 의미할 수 있기 때문이다.

실제로 남녀가 교제를 시작하면서 으레 마시는 차는 일정한 거리를 두고 상대방을 알아가는 탐색의 잔이라 할 수 있다. 그러나 입술 주위에 음식을 묻혀가면서 상대방과 식사를 함께한다는 것은 차를 마실 때처럼 우아한 자세를 더 이상 유지하지 않아도 좋다는 것을 의미한다. 그것은 몸이 일정하게 흐트러지는 것을 묵인한다는 것을 뜻한다. 어디 그뿐이랴.

남녀가 음식을 함께 먹는다는 것은 서로가 몸을 섞는 출발이 될 수 있다. 이와 관련해 여러 사람들이 이미 지적한 바 있는데, 다음은 그 좋은 예다.

> 많은 문화에서 음식을 먹는 행위와 성교, 그리고 출산 사이에는 여러 관련이 있다. 이런 행위들은 은유적이고 상징적인 정체성 …… 특히 신체 경계를 통과하고, 서로 별개인 것들을 섞어가며 생명과 성장에 기여하는 …… 을 부여하는 특정한 생리적·심리적·사회적 속성을 다 가지고 있다. …… 음식과 섹스는 비슷한 본능적 욕구이고(Freud) 구강 만족과 성적 만족 사이에는 평생 관련이 있다. 음식과 섹스는 은유적으로 서로 공통점이 있다. 음식 선물은 섹스 제공을 나타내고, 섹스는 음식이미지를 통해 묘사될 수 있다. 함께 음식을 먹는다는 것은 친밀함, 즉 종종 성적 친밀함 혹은 친족을 의미한다. 함께 음식을 먹는 행위와 성교는 사회적 합병을 낳는다(코니한, 2005: 124~125).

음식을 나눈다는 것은 이처럼 원초적인 '함께하기'의 전형이다. 그러기에 원시시대 이래 부족들 사이의 전쟁은 흔히 먹이사냥의 경계짓기로부터 시작하고, 화해는 음식을 나눠 먹고 생필품을 교환하는 것으로 완성되었다. 이러한 관행은 오늘날까지 변형되어 이어진다.

아무리 공식적인 업무를 수행하는 직업집단에서도 집단 성원들 사이의 원활한 인간관계와 단결은 조직의 목표달성을 위해서도 필수적인 요건이다. 이른바 집단유지를 위한 기능이 제대로 작동하지 못해 집단의 공식적인 과업수행 자체가 벽에 부딪힌 사례는 일상에서 진부할 정도로 많다. 이러한 부작용을 제거하기 위해 어느 집단이나 조직에서든 일차적 인간관계를 복원하고 활성화하기 위한 방안을 다양하게 강구하기 마련이다. 이때 가장 많이 이용되는 방안이 성원들의 단체회식이다.

공식적인 조직이나 집단을 이끌어가는 지도부는 일반 구성원들이 회식을 통해 일상의 공식적인 업무수행과정에서 쌓였던 긴장과 거리감을 해소하고 다시 '한식구'라는 일체감을 회복하기를 바란다. 분명히 음식을 같이 먹는다는 사실은 그 자체가 '먹이'를 둘러싸고 바깥의 적이나 경쟁집단과 경계를 분명히 하는 '함께하기'의 상징이기 때문이다. 이때 회식은 정기적으로 이루어지는 단순한 단합대회에 그칠 수도 있고, 그 열기가 고조되어 일상을 벗어난 하나의 축제나 '사건'으로 발전될 수도 있다.

음식을 둘러싸고 일어나는 이러한 소통의 경계와 구별짓기는 비단 집단 외부와의 관계에서만 국한되어 일어나는 것은 아니다. 음식이 사회교류의 원초적 매체라고 한다면 동일한 집단 내에서도 음식이 미치는 효과는 다양하게 나타날 수 있다. 그 중에서도 음식이 하나의 절대적 권력이 되어 사람들 사이에 지배복종관계를 형성할 때 그 효과는 가장 두드러진다. '목구멍이 포도청'이라는 말이 이를 단적으로 표현한다. 왜냐하면 이 말은 사람이 '먹고살기 위해 해서는 안 될, 못할 짓까지 하지 않을 수 없음을 이르는 말'이기 때문이다. 이 경우 음식을 가진 자는 그것을 못 가진 자에게 결정적인 지배권을 갖는다.

이처럼 인간사회에서 음식을 둘러싼 지배복종관계는 가장 오래된 권력관계라 할 수 있다. 동서고금을 막론하고 모든 사회의 정치지도자들은 무엇보다 구성원들의 민생을 책임져야 했다. 이 민생의 바탕이 음식이다. 따라서 일반 구성원들이 굶주릴 때 지도자의 영도력은 더 이상 설득력을 가질 수 없게 된다. 역사상 무수히 일어난 민란과 민중의 봉기가 이를 입증한다.

음식이 사회적 관계에서 권력과 구별짓기의 기초가 된다는 사실은 전통적인 가부장제와 성역할의 구분에서 단적으로 드러난다. 널리 알려진 바와 같이 인간이 먹이를 구하고 생산하는 방식이 자연과의 직접적인 노동에 의지하면 할수록 강한 체력을 가진 남성의 영향력은 커지기 마련이다. 이에 반해 여성들은 출산과 육아에 얽매일 수밖에 없다. 여기에서 남녀 성역할의 원초적 형태가 결정된다.

한자의 남(男) 자는 밭(田)에서 힘(力)을 쓰는 사람을 뜻하고 여(女) 자는 아이를 안은 모습을 형상화한 것이라는 사실 또한 이러한 남녀 간의 성역할을 상징한 것이라 할 수 있다. 남편은 집 바깥에서 식구들의 '먹이'를 확보해옴으로써 비로소 집안의 장이 된다. 그리고 아내는 '안'의 '해'처럼 식구들에게 그 먹이를 조리하고 아이들을 돌보고 집 안의 구석구석을 쉴 수 있는 공간으로 꾸민다. 이러한 성역할의 구분은 대부분의 가부장사회에서 발견된다.

그러나 먹을거리를 생산하고 확보하는 활동이 남자에 의해 전적으로 결정되지 않고, 가계의 계승도 모계로 이어지는 사회에서는 또 다른 성역할의 구분이 이루어질 수 있다. 그럼에도 먹이확보와 조리하는 것이 성역할 구분의 중요한 요인이 된다는 사실에는 변함이 없다.

만일 현대 한국사회에서 부부 갈등의 상당 부분이 가사노동분담 때문이라고 한다면, 그것은 바로 음식을 둘러싼 성역할의 구분이 종전처럼 확연하지 않은 데서 비롯한 것이라 해도 지나친 말은 아니다. 사회 전체의 생산활동이 농업을 비롯한 1차산업에 대부분 의존했던 전통사회에서는 남녀의 성역할의 구분이 매우 뚜렷해, 먹이확보는 남편의 책무로, 조리와 가사와 육아는 아내의 몫으로 간주되었다. 이때 남편의 부엌 출입은 금기시되기까지 했다.

그러나 산업화가 급속하게 진행되어 3차산업의 인구가 전체 인구의 과반수를 훨씬 넘으면서 맞벌이부부가 현저히 증가했다. 그 결과 기존의 먹이확보에 바탕을 두었던 남편들의 권위는 더 이상 유지하기 어렵게 되었고, 아울러 과중한 가사노동을 분담해달라는 아내들의 요구는 일반화되었다. 이러한 변화 속에서 부엌은 주부에게 한정된 전용공간이 아니라, 남편은 물론 가족 구성원 모두가 다른 사람들을 위해 기꺼이 조리할 수 있는 새로운 소통의 공간으로 바뀌게 된다. 이러한 사실은 주거공간의 구성에서도 그대로 반영되어, 대부분의 아파트에서 거실과 주방의 경계가 흐려지고 서로 공유되는 실정이다.

한편 음식이 소통과 구별짓기의 매체가 된 가장 오래된 사례는 공물과 선물이다. 인류가 역사를 시작한 이래 음식은 결코 혼자 먹는 것이 아니었다. 모든 사회에는 토템을 비롯해 그 사회 고유의 종교가 있다. 뒤르켐의 말대로 종교가 그 사회 전체를 상징화한 것이든 아니면 성스러운 영역에 속한 것이든 간에 사회마다 이 세상을 넘어선 '또 다른 세계'를 설정한다. 그리고 그 영역과의 소통을 간단없이 시도한다. 신이나 또 다른 세계와의 소통에 가장 오래 사용된 것이 음식이다. 우리는 신에게 제사를 지낼 때 음식을 제단에 바친다. 그러고 나서 정해진 의례를 진행한다. 조상을 모시는 제사에서도 음식을 바친다. 제사에 참여하는 사람은 이 음식을 매개로 해서 보이지 않는 세계의 대상과 소통한다. 나아가 제사를 지낸 후 거기에 참석한 사람들은 모두 제사에 올린 음식을 나누어 먹으면서 다시 한식구라는 사실을 확인한다.

제사상의 음식이 하늘에 올리는 공물이라면, 횡적인 인간관계의 연대는 '선물'로 나누는 음식에 의해 더욱 돈독해진다. 잔치에 직접 참여하지 못한 절친한 사람들에게도 음식을 나누는 인사는 일상에서 흔히 찾아볼 수 있다. 해마다 명절에는 가까운 사람들에게 음식을 선물로 보낸다. 이처럼 친밀한 정서를 전달하기 위해 나누는 음식은 사회적 관계의 소통과 구별짓기의 가장 오래된 증여형식이라 할 수 있다.

4. 생활의 변화와 변화하는 음식문화

현대인의 일상생활은 여러 면에서 과거와 다르다. 산업의 기반이 다르고 기술 수준에서도 과거와는 비교가 되지 않을 정도로 차이가 난다.

예를 들어 사람들이 일상에서 사용하는 통신수단의 발전 속도는 말 그대로 '하루가 다르다'고 할 정도다. 요즘 한국사람 중 휴대전화를 사용하지 않는 사람은 극히 드물다. 얼마 전까지 위급한 연락을 위해 사용되었던 삐삐라는 호출기는 이미 골동품이 된 지 오래다. 휴대전화는 초등학교 학생들 사이에서도 일상화된 통신기기로 정착되었다.

직업의 숫자도 헤아릴 수 없을 정도로 다양해지고 선망하는 직업도 예전과 상당한 차이를 나타낸다. 참으로 일상생활의 형식과 내용 모두가 종전과는 비교할 수 없을 정도로 바뀌어간다. 전통사회에서 세대차를 그야말로 부모와 자식 간의 생물학적 연령으로 구분했다고 한다면, 오늘날의 세대차는 통신기기의 새로운 모델의 출시와 상용에 의해 결정된다고 해도 과언이 아닐 정도다.

이렇게 변화하는 일상생활은 식생활의 변화에서 극명하게 드러난다. 먼저 가족은 더 이상 종전처럼 같은 밥상이나 식탁에서 함께 음식을 먹는 '식구'가 아니다. 현재 한국사회에서 한가족이 아침과 저녁을 모두 함께 먹는 예는 찾아보기가 극히 힘들다. 가족구성원 모두가 한집에 거주하지 않고 때로는 학교 진학으로, 때로는 직업 때문에 장기간 떨어져 사는 경우가 상당히 많다. 신혼의 맞벌이부부가 한지붕 밑에 살지 못하는 경우도 드물지 않다. 이들 모두는 매일 식사를 함께 나누는 '식구'가 아니고 오직 일정하게 정해진 날짜에 식탁을 마주하고 앉는다.

설령 같은 집에 산다고 하더라도 모든 가족이 함께 밥을 먹는 '식구'가 되는 것은 아니다. 요즘은 공식적인 통계에서도 한국의 핵가족의 구성원 수가 예전의 5인 기준에서 4인 기준으로 적어졌지만 이 핵가족마저도 모두 함께 식사를 할 수 있는 날은 일주일에 하루 이틀에 불과한 경우가 대부분이다.

대도시의 출근하는 가장들 상당수가 아침을 빵이나 우유 또는 떡이나 김밥 등으로 때운다. 학교에 가는 자녀들의 아침식사 또한 다른 시간에 별도로 준비된다. 주부들의 식사는 맞벌이가 아닌 경우 가장 나중에 혼자 해결되는 경우가 많다. 저녁식사 역시 각자의 사정에 따라 들쑥날쑥 결정된다. 온 가족이 식탁에 모일 수 있는 식사시간은 모두가 함께 쉬는 날에나 비로소 가능하다. 그렇다고 이때의 음식 장만이 반드시 주부 전담의 일로 행해지는 것은 아니다. 젊은 세대의 핵가족에서는 주부 대신에 남편이 식사를 준비하는 경우도 비일비재하며, 그것도 여의치 못하면 주변의 식당에 주문하는 것으로 낙착될 수도 있다.

어디 그뿐인가. 연로한 전업주부들에게는 남편을 위해 꼬박꼬박 식사를 마련하는 것처럼 성가신 일이 없다고 한다. 그러기에 이 주부들 사이에, 집에서 한 끼도 안 먹는 늙은 남편은 '영식 님'으로 존대를 받고, 한 끼를 먹는 남편은 '일식 씨'로, 두 끼를 먹는 경우 '이식 군'으로, 세 끼를 다 챙겨줘야 하는 남편은 '삼식 놈'으로 하대를 받게 되며, 게다가 눈치 없이 세 끼를 다 먹고도 간식이나 후식을 달라고 하면 아예 '사식 새끼'라는 욕설을 받게 된다는 농담이 나올 정도다. 이리하여 오늘날 한국에서의 '식구'라는 말은 예전처럼 함께 사는 가족인 경우보다 집 바깥의 직장 동료이거나 자주 만나는 친지들에게 더 어울리는 단어가 된다.

음식과 식사방식의 변화는 사람들이 생계를 유지하는 직업과 일의 내용이 바뀜으로써 일어나는 당연한 결과라 할 수 있다. 전통사회처럼 사람들의 일과가 육체노동으로 대부분 구성되어 있을 경우 음식은 무엇보다 필요한 에너지원으로서 섭취되는 것이었다. 그러기에 정교한 맛보다 몸에 원기를 불어넣을 수 있는 고단백질의 육류음식이 보다 가치 있는 것으로 생각되었다. 만약 이러한 육류음식을 구하기 힘들 경우 질보다 양이 많은 식사가 선호될 수밖에 없었다. 옛날 농부들의 밥그릇은 현대인의 그것과는 비교할 수 없을 정도로 컸을 뿐 아니라 거기에 담는 밥의 양도 그릇의 경계 위를 훨씬 넘어 수북했다. 그럼에도 논이나 밭에서 한차례 일을 하고 나면 그 포만감은 거짓말처럼 사라지고 얼마 지나지 않아 허기마저 느끼게 된다. 이때 제공되는 것이 새참이다. 이처럼 에너지원으로 간주되는 식사는 농부는 물론 모든 육체노동자들에게 공통적이다.

현대사회에서 일반 대중들의 음식생활은 이와는 현저하게 다르다. 그것은 우선 현대인 대부분이 예전처럼 과도한 육체노동에 종사하지 않는 데서 비롯된다. 실제로 현대인의 작업환경 자체가 자연과 직접적으로 대면하는 경우보다 인공적인 시설이나 사무실인 경우가 더 많다. 이른바 3차산업에 종사하는 사람들이 압도적으로 많은 것이 오늘날의 현실이다. 따라서 작업내용과 노동시간 그리고 자유시간의 구성이 달라질 수밖에 없고, 이것은 바로 일상의 음식문화에 직접적으로 영향을 미친다.

인구가 많아지고 산업화가 진행될수록 다양한 직업들의 분화가 일어난다. 그뿐만 아니라 생산성을 높이기 위해 작업장 안에서의 직무 분화도 심화되기 마련이다. 아울러 작업시간과 자유시간의 구별은 더욱 엄격하게 된다. 그리하여 휴식과 식사는 정해진 자유시간 안에서 각자가 해결하게 된다. 대부분의 노동자들은 보통 일과표대로 작업을 시작하고 정해진 시간에 점심을 먹고 잔업을 하고 퇴근을 한다. 그러나 특별한 작업장은 아예 점심시간이 정해져 있지 않은 경우도 있다.

노동자들에게 점심식사는 매우 중요한 의미를 갖는다. 아무리 점심시간이 짧고 식단이 풍성하지 않아도 식사시간만큼은 가장 즐거운 자유시간이기 때문이다. 노동이 자아실현의 활동이기보다 생계를 위해 어쩔 수 없이 하는 작업일수록 더욱 그러하다. 제한된 자유시간에 하는 식사는 작업에서 상실한 자기 실존을 새롭게 확인하는 계기가 되기 때문이다.

그럼에도 대부분의 노동자들은 매일 점심메뉴의 결정에 머리를 싸맨다. 사내 식당이나 개인별 도시락 지참으로 메뉴의 선택의 여지가 없을 경우에는 주어진 식사를 나름대로 즐기면 된다. 하지만 사무실 바깥의 식당에서 매일 점심식사를 해결해야 할 경우 자기의 경제적 사정에 맞는 음식의 종류는 지극히 한정될 수밖에 없어, 먹는 일이 즐겁기보다 점차 또 다른 강제의 고역처럼 느껴지는 경우가 많기 때문이다.

　노동과 생활시간의 변화가 음식문화에 미친 영향은 단순히 일과 중에 해결해야 하는 점심식사에서만 집중적으로 나타나는 것은 아니다. 그것은 오히려 하루 세 끼 모두에 영향을 미친다. 예를 들어, 아침 일찍 출근해야 하는 노동자들의 상당수가 아침식사를 집에서 하지 못하고 직장 근처의 편의점이나 반짝 노점에서 간단한 대용식으로 허기를 채운다. 사무노동자들 중에는 아예 아침식사는 하지 않고 커피나 우유 한 잔을 마시고 이른 점심을 먹는 경우도 의외로 많다. 더욱이 현대 도시에는 낮과 밤의 구별 없이 활동하는 사람들이 많기 때문에 밤의 노동자들을 위한 식당이나 음식에 대한 수요가 예상 외로 증가했다. 밤늦게 작업을 해야 하는 사람들은 농번기의 농민이 논이나 밭에서 새참을 들어야 하듯, 저녁식사와는 별도로 야참을 먹어야 한다.

　이리하여 음식은 특정한 시간과 공간에 한정되지 않고 소비되는 전천후의 상품으로 생산되고 공급된다. 편의점에 빽빽하게 진열된 수많은 패스트푸드와 야식문화는 빠르게 변모하는 현대인의 생활이 음식에 반영된 전형적 예라 할 수 있다. 그리고 이 패스트푸드는 가정의 식사관행에도 직접적인 영향을 미쳐, 음식을 만드는 일이 성가시고 귀찮아질 때 또는 손쉬운 별미로 주문하고 소비한다.

　또한 생활의 변화가 음식문화의 변화로 연결되는 현상 중에 주목되는 것은 음식이 단순히 영양섭취의 차원을 넘어 또 다른 자기실현의 즐거움과 여가의 형식으로 추구된다는 점이다. 오늘날처럼 음식에 관한 다양한 정보와 레시피가 일상적으로 넘쳐난 시대가 없었다. 대중매체에서는 매일같이 각종의 요리와 기이한 식단과 맛집을 소개하고, 집에서도 쉽게 조리할 수 있는 방법을 강하게 추천한다.

　우리는 이러한 유례없는 담론의 소용돌이 속에서 음식이 하나의 새로운 의미추구와 상징으로 고양되는 경향을 감지한다. 음식은 더 이상 몸을 위한 영양소가 아니다. 음식의 맛은 그 자체로 가치 있는 추구의 대상이 된다. 어디 그뿐이랴. 그것을 만드는 사람의 모든 정성과 혼이 담긴 하나의 예술적 작품으로까지 승화되고, 그 레시피를 실행하는 사람은 그 분야의 명장이나 달인으로 칭송된다.

음식에 관한 수많은 마니아나 인터넷 카페 동호인들은 다른 어떤 형식의 예술 못지않게 음식이 우리의 심신을 순화해줄 수 있는 새로운 예술적 장르일 수 있다는 점을 강조한다.

이렇게 볼 때 음식은 그동안 오래 지속된 자연과 필연의 굴레에서 벗어나 이제야말로 또 다른 '문화의 꽃'으로 만개하는 것이다. 그리고 새로운 '문화의 꽃'으로 피어나는 음식은, 현대인이 '예술적 미학'이나 '자기실현'을 굳이 저 멀리 떨어진 추상의 영역에서 찾지 않아도 바로 '여기, 이곳'의 생동하는 삶에서 구체적으로 실현할 수 있다는 것을 웅변하는 상징이 된다.

5. 먹기 위해서 사나, 살기 위해서 먹나

허기진 배를 안고 사는 사람은 생존 자체가 불안하기 때문에 여유 있는 생활을 도모할 수 없다. 기아는 인류의 가장 큰 악덕으로 꼽혀 모든 국가와 종교가 이를 구제하려 한다. 지구상에는 아직도 수많은 사람들이 매일 굶어 죽어간다. 그들에게 생활은 없다.

한편 오늘날처럼 음식이 남아돌아가는 시대도 없다. 예전에는 상상할 수 없던 음식쓰레기가 사회적 문제가 되고, 그것을 처리하기 위한 사회적 비용이 천문학적 숫자에 이른다. 그런데도 끊임없이 새로운 음식재료가 개발되고 양산된다. 나아가 음식은 상품이 되고 유망한 산업으로 발전하고 있다. 사람들은 더 이상 영양을 섭취하기 위해 음식을 먹는 것이 아니라 맛과 멋을 위한 '문화적 상징'으로서 음식을 소비하려 한다.

이처럼 음식은 한편으로 오랫동안 절대적 궁핍의 대명사였던 기아와 또 다른 한편으로 새로운 문화적 가치라는 양극화된 코드 사이를 부유하면서 현대인의 일상을 규정한다. '비동시적인 것'이 '동시적으로 존재'하는 이러한 문화의 상충과 병존이 음식문화에서처럼 두드러지게 드러나는 사례를 우리는 보지 못한다. 그것은 음식만큼 인간의 생존과 직결되는 것도 없을뿐더러, 바로 그렇기 때문에 음식에 대해서만큼 타인과 사회의 간섭이 직접적인 경우도 없기 때문이다. 그리하여 같은 사회에서도 어떤 이는 허기를 채우기 위해 먹어야 하는가 하면, 또 다른 사람들은 음식 속에서 자아를 실현하려고 한다.

따라서 일상생활 속에서의 음식에 대한 우리의 탐색은 진부하고 평범한 문제로 다시 귀결되지 않을 수 없다. 우리는 참으로 살기 위해서 먹나, 먹기 위해서 살고 있나.

이런 질문을 받을 때 어느 누구도 인생의 목적이 단순히 허기진 배를 채우고 기껏해야 음식의 맛을 음미하는 것에 그친다고 대답하려 하지 않는다. 적어도 삶의 목적은 그런 생존의 문제가 아니라 보다 나은 '의미'를 추구하는 것이 바람직하다고 생각해 '다 잘 살자고 먹는 거 아니냐'고 도리어 반문한다.

그럼에도 우리 각자의 실제 생활은 생각이나 거창한 말처럼 그렇게 영위되지 않는다. 대다수의 사람들은 고매한 가치를 실현하기 위해 살기보다 여전히 목전의 치열한 생존경쟁에서 탈락하지 않고 최소한의 사람다운 생활을 계속 꾸려갈 수 있기를 소망한다. 음식은 이러한 과정 속에서 그 의미가 변용되고 재창조된다.

음식이 생활에서 차지하는 의미는 우리의 삶에서 몸과 물질에 대한 가치와 밀접하게 관련된다. 인간 유기체의 생존 자체가 절체절명의 다급한 문제로 부각될 경우 음식은 신체의 생존기능에 맞게 조절되고 평가된다.

절대적 가난이 지배적일 때는 음식을 포만하게 먹을 수 있는 것이 삶의 일차적 목적이 된다. 인간의 몸 또한 영양실조의 깡마른 체구보다 풍만한 체형이 가치 있고 멋있는 것으로 평가된다.

따라서 비만을 걱정해서 음식을 절제하거나 거부하는 증상은 음식이 절대적으로 부족한 사회에서는 결코 일어날 수 없다. 이런 사회에서 비만은 오히려 가진 자들의 여유를 대변하는 유한계급의 상징이 된다. 1960년 대까지도 한국사회에서 배가 좀 나온 남자는 웬만하면 돈 많은 사장님으로 불렸다. 바람직한 사윗감으로도 몸집이 좀 있는 남자가 선호되었다. 이와 비슷하게 비만과 거리가 매우 먼 아프리카의 여러 나라에서는 사회적으로 존경받고 부유한 사람들 사이에서 넉넉한 몸집이 부러움을 산다. 1800년 대 후반의 탐험가들은 부간다의 왕이 왕비들을 일부러 살찌우는 것도 목격했다(구달·매커보이·허드슨, 2006: 364).

그러나 음식이 더 이상 절대적 희소가치가 되지 못하고 인간의 몸이 음식에서 독립되어 그 자체로 독자적인 가치를 구현하는 대상이 되면서 음식문화는 몸에 관한 욕구와 관련해 급속도로 변화한다.

음식은 여전히 영양이나 칼로리의 관점에서 섭취되지만, 다양한 맛의 추구라는 욕구충족에 의해 소비되는 경우가 점점 늘어가는 것이다. 대중매체에 홍수처럼 쏟아져 나오는 맛집 기행은 작은 실례에 불과하다. 새로운 미각의 추구는 또 다른 음식과 레시피를 찾아가게 할 뿐 아니라 미각을 배가할 수 있는 갖가지 방안들이 모색된다. 이 과정에서 음식 자체의 맛 외에 음식과 관련된 갖가지 정보와 매너, 멋이나 분위기를 추구한다. 그리하여 식사는 일상사가 되면서 색다른 여가활동이 되기도 한다.

다른 한편 음식은 정교한 미각의 충족을 위해서만 조리되고 소비되는 것이 아니다. 몸에 대한 새로운 가치와 몸을 넘어서는 가치들이 기존의 음식관행과 다른 음식문화를 만들어내기도 한다. 그것은 먼저 균형 잡힌 몸매를 위해 동원되는 식단에서 예각적으로 드러난다. 여기에서 음식은 더 이상 미각의 만족을 위해서가 아니라 멋진 몸매를 가꾸기 위한 영양소로서 과학적으로 선별된다. 비만은 결코 여유로움의 상징으로 평가되지 않고, 최소한 건강의 적신호로, 아름다운 육체에 가장 암적인 요소로, 심지어 자기관리가 실패한 증거로 평가절하되고, 이를 극복하기 위한 과감한 실천이 강요된다. 멋진 몸매를 유지해 타인으로부터 흠모의 대상이 되는 삶을 살기 위해서 음식의 맛은 포기할 수밖에 없다.

또 다른 삶의 방식을 추구하기 위해 개발하는 음식문화는 '몸을 넘어서는 또 다른 삶의 가치'에 의해서도 추동된다. 현대는 역사상 유례가 없는 물질적 풍요와 인간의 몸에 대한 욕구가 적나라하게 표출되는 시대다. 오늘날의 모든 과학적 지식은 이러한 현세적 욕구를 충족하기 위해 동원된다고 해도 과언이 아니다. 그리고 이러한 욕구가 자본의 논리와 결합해 각 부분에서 상품화와 과소비의 유혹을 재생산한다.

음식에서도 사정은 마찬가지다. 음식은 생활의 편리를 위해 다양한 형태로 상품화되고 소비된다. 자연의 소박한 입맛 대신에 인공적인 미각이 정교하게 개발되고 판매된다. 그것이 더 맛있는 것이 된다. 또한 생활의 편리를 위한 각종의 고칼로리의 패스트푸드가 넘쳐남으로써 비만을 비롯해 갖가지 성인병을 유발한다. 더욱이 종전에는 찾아볼 수 없었던 소아비만과 소아성인병들이 날로 증가하는 추세다. 그 결과 '맛있는 음식'이 건강의 적이 되는 역설을 낳았다.

그리하여 몸에 종속되지 않는 음식, '몸을 넘어서는 또 다른 삶의 가치'를 실현할 수 있는 새로운 음식에 대한 탐색이 이뤄진다. 그것은 식탐이나 식도락에 빠지지 않고 적게 먹어도 더 행복한 삶을 영위할 수 있다는 걸 의미한다. 여기서 굳이 각종 종교의 수행자들이 행하는 금식이나 극단적인 식단을 떠올릴 필요는 없다. 요즘 유행하는 각종의 저칼로리음식이나 채식주 식단 등 이른바 웰빙음식 모두가 넓은 의미에서 몸을 넘어 새로운 삶의 가치를 실현하기 위한 음식문화라 할 수 있다.

수많은 음식이 넘쳐나는 폭식의 시대에 소식과 절식이 단순히 개인의 삶의 가치전환에만 한정되는 것은 아니다. 그것은 한계에 다다른 물질문화와 소비문화가 새로운 공생으로 나아가는 돌파구일 뿐 아니라, 더 크게는 지구촌의 환경을 되살리는 출발점일 수 있다(박영훈, 2002: 274).

우리가 단순히 먹기 위해서 살지 않고 살기 위해서 먹으려면 이처럼 삶의 가치가 몸이나 물질에 더 이상 종속되지 않을 때 비로소 가능하다. 나아가 음식은 단순히 개별 인간 유기체가 생존하기 위한 영양소에 그치는 것이 아니라, 타인에 의해 제공되고 '식구'라는 공동체와 함께 나누는 상호작용의 가장 시원적 매체라는 사실을 명심할 필요가 있다. 그러기에 예부터 아무리 마땅하지 않은 구성원이라도 함께 밥을 먹는 자리에서는 좀처럼 내치지 않았다. 오죽하면 '미운 놈 떡 하나 더 준다'는 속담이 아직도 전해지고 있을까. 이처럼 우리가 음식을 내 몸이나 내 식구만을 위해서 먹는 것이 아니라 시골 잔치에서처럼 낯선 나그네에게까지 기꺼이 나눌 수 있는 것이 될 때, 그것은 현재의 극단적인 이기주의를 넘어 새로운 공동체적 삶을 열어갈 수 있는 가장 구체적인 출발점이 되고 공물이 될 것이다.

참고문헌

단행본

박영훈. 2002. 『잘먹고 잘사는 법』. 김영사.
구달·매커보이·허드슨(Jane Goodall, Gary McAvoy and Gail Hudson). 2006. 『희망의
　　　밥상』. 김은영 옮김. 사이언스 북스.
코니한, 캐롤(Carole M. Counihan). 2005. 『음식과 몸의 인류학』. 김정희 옮김. 갈무리.

신문 · 잡지 · 방송 · 인터넷 및 기타 자료

≪조선일보≫. 2003.12.26.
≪한국일보≫. 2008.12.29.

제2장

시·공간과 음식문화

김정오(신라중학교 교사)

1. 시·공간과 음식

생존과 쾌락으로 점철된 우리의 몸! 그 육체의 존재수단으로 우리는 일상에서 음식을 섭취한다. 또 '먹기 위해 존재한다'는 말처럼 욕망의 수단으로 감미로운 음식을 취하기도 한다. 필요에 의해서든, 쾌락을 위한 욕망의 충족이든 우리가 음식을 먹는 행위는 '식사' 혹은 '새참(간식)'의 이름으로 시·공간적인 일상생활과 결부된다. 시·공간적인 일상에서 음식을 취하는 양태를 담은 문화는 음식이라는 이름 속에 이미 시대적 특성과 사회적 환경을 투영한다. 가령 '한국인의 음식문화는 탕'이라고 했을 때, 우리 전통사회는 벌써 개인보다 집단의식이 강한 농경사회였음을 엿보게 하는 것이다.

우리가 흰옷과 흰밥을 즐기는 것도 '백의민족'에 기인한 것이라기보다 오히려 일찍부터 미작(米作) 중심의 농경생활을 이루어온 시·공간적 환경 때문이다. 레비스트로스(Lévi-Strauss)가 『Totemism』에서 "먹기 좋아서가 아니라 생각하기 좋아서" 동물이 선택된다는 것과 『The Structual Study of Myth』에서 언급한 음식과 그 의미 사이에는 문화적 관련이 있다(코니한, 2005: 53)는 것, 그리고 음식기호학적 관점(김영순 외, 2004: 315~351)에서 자연의 대상이 음식물로 취해지는 과정에 호불호(好不好)의 선택이 주어진다는 것도 모두 이와 같은 맥락이다. 예를 들어 일찍이 우리 문화에서 크고 작은 제(祭)를 올릴 때 소가 아닌 돼지를 잡아 그 머리를 올리는 것이나,[1] 혼례와 같은 큰 잔치 때 돼지를 잡아 음식을 장만하고 대접하는 것도 농경문화의 일상에서 소가 차지하는 중요성과 무관하지 않다. 소를 제물로 바치는 희생은 소의 힘을 통해 농사를 짓는 일상에서는 너무 가혹한 손실을 가져오기 때문이다. 따라서 해리스(Harris)가 『문화유물론』(1996)에서 언급한 바와 같이 특정 지역의 음식문화는 그 지역의 생태적 조건에 따른 최적의 환경적응과 경제적 조건에 따른 결과이다. 또 이것은 음식문화가 시·공간적 환경과 불가분의 관계를 맺고 생겨나는 것임을 의미하는 것이다.

많은 인류학자들은 수렵과 채집사회에서 인간의 생명 유지에 필요한 먹을거리 확보과정에 관심을 기울여왔다(주영하, 2000: 29~42). 그들에 따르면, 대개 남성은 동물성 먹을거리, 여성은 식물성 먹을거리의 확보로 역할구분이 이루어졌고, 전체 먹을거리의 70~80%가 식물성 먹을거리였다고 한다. 이것은 당시에 식량 확보를 위한 남녀 간의 분업이 존재했지만, 여성이 상대적으로 중요한 역할을 담당했음을 보여주는 것이다.

한편 미작(米作) 중심의 농경사회인 한국·중국·일본 등에서 여성은 음식을 만드는 자로, 남성은 음식을 소비하는 자로 구별된다. 즉, 일상에서

---

1) 주영하(2000: 281)에 따르면, 농경민족에게 소를 제물로 바치는 것은 일상생활에서 크나큰 희생이므로 떡이 소를 대신한 재물이었다는 주장과 함께, 우리나라 샤머니즘에 가장 보편적으로 사용된 제물이 돼지고기·팥시루떡·북어였다고 언급하면서 이 셋은 신을 달래고 잡귀를 불리치는 제물로 알려져 있다고 했다.

여성은 부엌의 담당자로 안주인이 되며 자연적 시간에 따라 음식을 요리하고, 남성은 만들어진 음식을 취하고 그 힘으로 식량 생산을 담당했다. 따라서 음식을 생산하는 공간인 들판, 즉 논과 밭의 땅이 일터이고, 그곳에 음식을 소비하는 공간인 집이 있어 '시장이 반찬'이라는 말처럼 일하다가 배고프면 바로 음식을 먹을 수 있는 자연적인 일상을 연출했던 것이 농경사회의 모습이다.

반면에 산업사회는 시계시간이 표준화되고, 자동화된 조리기구의 발달과 여성의 사회진출 등으로 여성의 탈부엌 노동이 용이해졌다. 따라서 음식의 생산과 조리는 산업 현장에서 전문화되고, 가정은 주로 음식을 소비하는 공간으로 전락한 이른바 혁명적 변화가 일어났다. 즉, 과학과 문명의 극단적 편리함이 음식문화에도 투영된 것이다. 하지만 음식의 생산·소비가 동시에 이루어지는 일상 환경인 농촌과 음식의 생산·소비가 분리되어 음식소비가 중심이 되는 일상 환경인 도시로 분화된 오늘날의 사회에서는, 공간 환경에 따라 음식과 연관된 문화가 서로 상이할 수밖에 없다. 일상의 환경이 다르기 때문에 그 환경에 적응해서 나타나는 음식문화도 상이하고 다양할 수밖에 없는 것이다.

이렇게 인류가 수렵과 채집을 하고 농사를 짓던 사회로부터 산업화된 오늘의 사회까지 살아오는 동안 마시고 먹는 행위로 점철된 문화는 어느 곳에서나 존재해왔고 앞으로도 계속 이어질 것이다. 고로 인간의 일상이 표출되는 시·공간에서 그 일상의 한 단면인 음식과 관련된 현상을 찾아보는 작업은 삶에서 누구에게나 중요하다. 인간이 환경에 적응하는 존재인 이상, 인간의 생존을 위해 요구되는 최상의 에너지원인 음식에 대한 관심과 욕구는 비단 다양한 음식의 맛을 향유하는 프랑스인이 아니더라도 일상에서 누구에게나 중요한 관심의 대상일 수밖에 없다. 이런 맥락에서 이 글은 근대 이후 우리 사회의 시·공간에 나타난 음식문화를 다음과 같은 항목으로 나누어 살펴본다.

첫째, 전통적 농촌의 일상에서 나타나는 음식문화와 산업화된 도시의 일상에서 드러나는 음식문화에 대해 언급한다. 둘째, 시간적 흐름에 따라 1960~1970년대의 혼·분식장려운동, 1980~1990년대의 쌀밥과 고기문화, 2000년대의 즉석음식으로 발생한 음식문화의 변화를 살펴본다. 셋째, 건강하고 안락한 일상을 추구하는 현대인들이 흔히 말하는, 웰빙음식으로 통하는 민족음식의 신토불이 음식문화를 제시한다.

2. 촌락과 도시의 일상과 음식문화

피터 콜릿(2006: 156~239)은 유럽사회를 분류하면서, '시간낭비'·'시간구두쇠'·'시테크' 등과 같은 말을 사용하는 이른바 '시간에 얽매이는 사회'로 영국·독일·스웨덴 등의 북서부 유럽 국가들과, 시계시간에 종속되지 않고 '시간에 얽매이지 않는 사회'로 프랑스·스페인·그리스 등의 남부 유럽 국가들로 시간관에 대한 국민적 습관을 나누었다. 이 시간의 습관은 음식을 취하는 식사문화에도 영향을 끼친다. 즉, 프랑스와 스페인의 점심시간은 음식과 포도주를 즐기는 신성불가침의 시간인 반면에, 독일과 영국은 점심시간도 엄격한 시간관리에 의한 비즈니스적 시간의 연장일 뿐이다. 이것은 비단 유럽 국가들에서 나타나는 국민적 습관에 국한된 것은 아니다. 한 국가 안에서도 일상적 삶의 양태가 상이한 전통적 촌락인 농촌과 산업화로 인해 분업화된 도시 사이에는 상대적으로 '시간에 얽매이는 정도'에 차이를 갖는다. 다시 말해, 해가 뜨면 밖으로 나가 땅을 갈고 농사짓는 곳의 순환적이고 자연적인 시간관과 낮밤의 구별보다 출퇴근 시간이 엄격한 산업사회 도시의 직선적이고 기계적인 시간관이 그것이다. 이런 시간관의 구별은 농촌과 도시처럼 서로 다른 일상생활이 나타나는 사회에서 형성된 각각의 음식문화를 이해하는 데도 매우 유용하다.

농경과 음식문화―자연의 열린 공간에서 계절음식을

음식이란 말은 마시는 것의 음(飮)과 먹는 것의 식(食)이 합해진 말이다. 즉, 음식은 마시고 먹는 행위의 대상물 모두를 의미하는 것이고, 이것의 생산과 소비는 시·공간적 환경인 자연에서 인간에 의해 이루어진다. 태초부터 형성된 음식문화는 공간 환경과 관계없이 '날것과 익힌 것'·'자연과 문화'·'인간과 동물'을 중재하고 융합한 것이라는 레비스트로스(1963)의 생각은 타당하다. '농자천하지대본(農者天下之大本)'이라 했던 우리 전통사회의 일상은 씨앗의 파종에서 수확에 이르는 농번기와 그 이후부터 다음 파종이 시작되기 전인 농한기로 나뉘어 봄·여름·가을·겨울의 계절과 밀접하게 결부된 생활이었다. 24절기의 구분도 농경문화에서 비롯된 것이다. 일상에 나타나는 음식문화도 계절마다 생산되는 식재료의 차이, 농경문화의 두레공동체, 샤머니즘적 종교문화 등 사회적 특성이 융합되어 있다. 다시 말해 계절음식을 조리해 농사를 관장하는 신령들에게 기복을 구한 다음, 제의가 열리는 장소와 가정에서 참여자 모두가 함께 음복하는 문화로 발달했다. 농번기에 들에서 먹는 '들밥 풍습', 모내기 논에서 먹는 '못밥' 등이 두레음식이고,[2] 마을마다 수호신께 제의를 올리고 풍물굿을 하는 것이 공동체문화이며, 절기마다 절식을 만들어 성주신·터줏대감·삼신할머니·조왕신 등 집안에 있는 신령에게 가정의 화목·건강·풍년을 빌었던 것이 종교적 요소다.[3]

---

[2] 주강현(2006: 250)에 따르면 두레의 공동식사는 참과 식사로 나뉘며, 참은 정식의 밥과 달리 술이 주종이었고, 오전참·점심·오후참의 3회에 이르는 공동식사가 통상적인 관행이었다고 한다.

[3] 샤머니즘에서 참물을 중요시하는 참물교다. 정화수는 유·불교에서 사용하는 향과 같은 것으로 아주 이른 새벽에 몸과 마음의 정성을 다해 우물에서 길어온 참물인데, 여기에 우리 어머니들은 소원을 빈다(주영하, 2000: 270~274). 집안의 대들보를 지켜주는 조상신인 성주신, 집터와 관련된 배산임수의 배산지신인 터줏가리, 즉 터줏신, 불의 정령으로 아궁이를 관장해 음식과 건강, 집안의 안정에 관여하는 조왕신 등을 전통 농경사회에서는 집집마다 숭배했다.

<표 2-1> 계절음식의 종류[4]

시기	절기 명칭	장소	계절음식 종류	비고
1월 1일	설날	가정(집)	탕병(떡국), 도소주(세주)	새해의 시작
1월 15일	대보름	당산, 가정(집)	오곡밥, 찰밥, 약밥, 묵은 나물, 약주 (귀밝이술)	농사의 시작
2월 1일	중화절	가정(집)	솔떡(노비송편), 콩볶이	머슴(노비) 날
3월 3일	삼짇날 (답청절)	야외, 가정(집)	화전, 화면, 수면	
5월 5일	단오 (수릿날)	야외, 가정(집)	수리취떡, 쑥떡, 창포주	
6월 15일	유두	가정(집)	밀떡, 수단	
7월 7일	칠석	가정(집)	밀전병, 밀국수	
7월 15일	백중 (망혼일)	절, 가정(집)	백 가지 나물과 밭작물 수확으로 제사 음식	호미씻이 (농한기 시작)
6~7월	삼경일 (삼복)	가정(집)	개(단)고기, 개장국, 삼계탕, 육개장, 삼복팥죽	
8월 15일	추석 (중추절)	산소, 가정(집)	송편, 토란국, 신도주	수확기
9월 9일	중양절	가정(집)	국화전, 국화주	가을걷이 끝(농한기)
10월	상달	산소	팥시루떡(고사떡)	시제
11월	동지	가정(집)	팥죽	

<표 2-1>은 우리 전통사회가 즐겼던 계절음식의 시기와 장소 및 그 종류를 요약한 것이다.[4] 이 표에서 전통사회의 절기는 주로 음양오행설에 따라 양의 수[5]가 겹치는 초하루·삼짇날·수릿날·중양절 등의 명절과 만월

---

4) 이 도표에 제시된 시기는 음력을 기준으로 한 것이며, 출처는 『동국세시기』와 『자연과 정성의 산물, 우리음식』을 참고해 필자가 재구성한 것이다.
5) 음양오행설에서 양의 수는 홀수인 1·3·5·7·9를 의미한다. 그리고 음의 수는 짝수인

처럼 수확의 풍요를 상징하는 매월 보름날인 대보름·유두·백중·중추절 등의 명절이 속한다. 구체적으로 보면 첨세병(添歲餠)이라 해서 새해 초하루에 한 살을 더한다는 의미로 먹던 떡국은 순수와 엄숙한 의식을 위한 음식의 상징이다. 떡국으로 새해 조상께 제의를 드렸고, '황후의 밥, 걸인의 찬'에 비유되는 대보름의 오곡밥과 묵은 나물은 농사의 시작인 대보름에 새로운 해맞이의 의미가 깃들어 있던 것이다. 이월 중화절의 솔떡은 노동의 시작에 즈음한 머슴들을 달래는 보너스요, 수릿날의 수리취떡은 모내기로 지친 몸을 달래주는 별식이었다. 유두와 칠석에는 여름 수확기에 얻은 밀과 보리로 밀떡과 국수를 즐겼다. 『고려사』의 기록(이규태, 2000: 46~50)에 따르면, 국수는 절간음식이었다가 상류층의 제사나 잔치음식으로 번져 시집·장가를 가는 특별한 날에 먹는 관습으로 이어졌지만, 면의 재료가 되는 밀·메밀·칡의 생산 시기와 결부되어 계절음식으로 발전하기도 했다. 칠월의 백중에는 김매기를 마치는 '호미씻이'를 할 때 백 가지의 나물로 풍년을 기원하는 제사를 올리고 일꾼들이 음식을 즐기며, 팔월의 추석과 중양절을 거쳐 시월상달은 그해 수확한 햇곡으로 조상에 감사하는 시제를 올렸다. 이때 샤머니즘적 상징성이 있는 붉은팥으로 팥시루떡을 해서 조상께 풍년에 대한 감사를 빌었고, 동지에는 팥죽을 끓여 집안 곳곳에 있는 잡귀를 쫓고 다음 해 풍년을 기원하며 한 해를 마무리했다. 결국 이러한 것들은 우리 전통농촌의 음식문화가 농경사회의 일상과 잘 부합해서 발달해왔음을 보여주는 것이다. 또 이들 음식을 즐기는 장소는 주로 제의 장소와 가정(집)인데, 농경사회의 농촌에서 집은 일터인 들과 연결된 열린 자연의 공간이다. 대문이 없는 울타리 둘레는 바로 논과 밭으로 향하는 통로이기에 집이라는 공간은 개방적인 곳이다. 이곳의 툇마루와 방에서 음식을 함께했으니, 이것이 자연의 열린 공간에서 계절음

2·4·6·8을 뜻하고, 10·100·1000·10000 등은 완성수로 천(天)의 수를 의미한다.

식을 취한 일상이 아니고 무엇이겠는가.

그러나 고구마·감자·메밀·채소[6]와 같은 구황작물의 재배를 통해 알수 있듯이, 이런 계절음식의 발달 이면에는 흉년의 고통을 간과할 수없다. 만월의 가득함에 풍년을 기원하는 절기의 출현은 자연재해로 인한흉년도 있다는 반증이고, 그때마다 재배되지 않은 자연에서 먹을거리를얻었을 것이다. 또 대다수의 사람들이 수확기인 가을의 풍성함을 두고'더도 덜도 말고 한가위와 같아라' 했던 것도 가을을 제외한 다른 계절에는풍요롭지 못했다는 의미다. 추운 겨울을 나고 이듬해 농번기와 여름 수확기까지 부족한 식량으로 적절히 연명하는 합리적 방법이 바로 갖가지김치·젓갈·장과 같은 발효·저장음식의 발달이다.

농번기 일꾼들에게 제공된 새참이 밥이 아니라 주로 농주였다는 사실이나, '농사일을 술 힘으로 한다'는 말, 그리고 평상시 고기 한 번 먹지못하는 서민 일꾼들이 삼복더위를 이기고 열심히 일하기 위해 먹는 음식이개장국·삼계탕·육개장이었다는 사실에서도 농촌의 궁핍한 풍경을 엿볼수 있다. 판소리 「농부가」에 나오는 들밥의 메뉴에 꽁보리밥과 수제비,호박과 감자를 넣고 끓인 누른국, 보리술 등이 등장하는데(주강현, 2006: 250~265), 이것 또한 앞에서 언급한 계절마다 즐겼던 풍요한 음식문화와는상이한 모습들이다.

일상의 변화와 식사—배꼽시계에서 시계시간으로

농촌이나 도시 어디에서나 대체로 하루 세 끼 식사를 한다. 농촌에서는배꼽시계에 따라, 도시에서는 시계시간에 따라 가정의 반상이나 식탁혹은 식당에서 식사를 즐긴다. 그렇다면 언제부터 하루 세 끼였는가?

---

6) 채소는 구황작물이기도 하지만, 오래전부터 집 근처의 공터에서 재배되는 필수 식품이었다. '곡식이 잘되지 않는 것을 기(饑)라 하고, 채소가 잘되지 않는 것을 근(饉)'이라 했던『산림경제』의 언급은 채소가 곡물의 보완재였음을 보여주는 것이다.

조선시대 임금과 양반은 하루 일곱 끼를 했고, 일반 민중은 세 끼를 했다.[7] 이것은 반상의 차별이 음식문화에도 있었음을 나타내는 것이다. 민중은 음양에 따라 음(陰)인 탕(국)과 양(陽)인 반(밥)을 기본 상차림으로 아침·점심·저녁의 삼식을 했다. 점심(點心)은 중국 당나라 때 형성된 말로 '식사 사이에 조금 먹는 음식'을 의미하는 것이었으나, 우리나라에 와서는 '낮에 먹는 밥'의 의미를 지니게 되었다. 조선조 명나라 사신 접대 때는 중반(中飯), 왕가에서는 주반(晝飯)이라 했던 것을, 성호 이익이 살던 때의 민중들은 모두 점심으로 불렀다(김상보, 2006: 114~115)고 한다. 이에 근거해보면, 아침과 저녁 사이 낮에 먹는 간식의 소식(小食)이 점심으로 굳어져 하루 세 끼 식사가 정착되었음을 알 수 있다.

과학화·산업화로 인한 농촌 일상의 변화는 계절에 따른 농번기와 농한기의 구별을 없앴고 자급적 농업에서 상업적 영농으로 바꾸어놓았다. 농촌의 이런 변화는 일상의 음식문화에도 그대로 투영된다. 과거 한반도 남부는 쌀, 북부는 조로 대별되는 곡물이 주식인 음식문화였다(국사편찬위원회, 2006). 주식인 곡물은 생산 시기가 일정하지만, 집집마다 집 주변의 채소밭에서 자급했던 과일과 뿌리채소류는 오늘날 시설재배로 탈계절화되어 우리 식탁에 녹색혁명을 야기했다. 고려 때 천금채로 불렸던 상추나 배추·무·감자·딸기·수박 등을 제철이 아닌, 연중 어느 때나 먹을 수 있게 된 것이 바로 그 예다. 이렇게 계절과 상관없는 음식재료의 생산과 그 음식재료를 저장하는 기구의 발달을 가져온 과학화·산업화는 과거 특정 계절에만 먹을 수 있었던 음식을 언제든지 가정과 식당에서 취할 수 있게 했다. 또 지역의 특산음식이 전국으로, 세계로 나아가고 표준화되어, 어느 장소에서나 먹을 수 있는 변화도 일어났다. 전주비빔밥·춘천닭갈비·평양냉면·충무김밥이 어느 특정 지역의 가정에서, 특정 계절에만 한정되어 먹는 음식으로 남아

---

7) 김상보(2006: 60~88)는 『원행을묘정리의궤』(1795)의 기록을 중심으로 신분에 따른 반상 차림을 분류했다.

있는 것이 아니고, 상품화로 시공을 초월해 각 지역의 식당에서 소비된다는 것이 그것이다. 가양주로 발달해온 문배주·이강주·안동소주 등도 마찬가지다. 즉, 1980년대 중반 중앙정부의 주도로 '1도 1민속주 지정사업'(주영하, 2000: 162~165)이 이루어져 이들 민속주가 양산된 것이나, 전주비빔밥이 모 항공회사의 기내식으로 개발되어 세계인들에게 선보인 것 등이 바로 자본주의의 위력이고 상업화된 음식문화의 파편들이다.

일상의 변화, 즉 농경사회에서 산업사회로의 변화는 배꼽시계에 따른 식사에서 시계시간에 따른 식사로 표준화되게 했다. 두레공동체의 못밥과 들밥에는 따로 정해진 시간이 없었다. 해가 중천에 솟고 배가 고프면 배꼽시계에 따라 '시장이 반찬'이 되어 꿀밥을 먹었던 것이다. 이제는 이런 들밥에도 배달음식이 등장하고 시계시간을 따르고 있다. 집에서 정성껏 조리한 음식이 아닌, 식당에서 일터인 논과 밭으로 자장면과 치킨 등의 음식을 바로 배달하는 현상이 나타난다. 또 집 근처의 채소밭에서 직접 가꿔 먹던 채소류를 시장의 가게에서 혹은 용달차 노점상에서 구입해 소비하는 일상으로 바뀌었다. 이런 현상은 농촌도 더 이상 자급자족의 먹을거리 생산지가 아니고, 자본주의 산업화의 먹을거리 생산지로 분업화되어간다는 뜻이다.

이런 일상의 변화는 음식을 조리하는 장소와 도구, 음식을 접대하는 공간 등의 환경에도 영향을 주었다. 밖으로 개방된 부엌의 아궁이에서 손맛과 정성에 의해 만들어진 음식보다는, 주방이라는 내적 공간에서 전기밥솥과 같은 자동화된 조리기구와 표준화된 재료의 적절한 혼합으로 만들어지는 음식으로 바뀌어가고 있다. 놋그릇은 사기그릇과 함께 동절기·하절기로 구별되어 계절에 맞게 음식을 담는 도구로 사용되었다. 대개 한가위 무렵부터 이듬해 삼월 삼짇날까지는 놋그릇을 사용하고 이후 봄부터 여름에는 사기그릇을 사용해서(최승범, 1997: 126~130), 음식을 담는 도구의 냉온의 성질과 계절에 따른 춥고 더움의 특성을 조화롭게 했다.

지금은 도자기와 스테인리스·플라스틱 등을 소재로 한 그릇들이 음식을 담는 주 도구다.

그뿐만 아니라 가족들 간의 식사는 반상에서 식탁 중심으로 바뀌었고, 가정의 손님 접대는 집 안의 사랑방에서 식당·카페·커피숍 등 상업화된 공간으로 이동했다. 즉, 이제 집집마다 찾아오는 친척·친구 등 귀한 지인을 가정에서 정성스레 장만한 음식으로 대접하던 것에서 상업적 공간으로 이전해 대접하게 된 것이다. 과거 장시의 국밥집, 약주집이나 객줏집, 주막 등의 상업적 공간에서 손님들에게 국밥과 술을 팔았지만(김상보, 2006: 152~164), 이런 곳은 보부상과 같은 장사꾼이나 나그네들에게 숙식을 제공했던 곳일 뿐 친지나 지인을 대접하는 공간은 아니었다. 이 상업적 공간인 식당도 내부의 공간변용이 도시와 농촌에 따라 상이하게 나타난다. 다시 말해 농촌에는 전통적 가치관의 작용으로 손님의 사생활보호가 가능한 밀폐된 방이 많은 반면에, 도시에서는 바쁜 일상생활과 익명성의 반영으로 넓고 개방적인 홀 중심으로 내부공간이 꾸며지는 특징이 있다. 이런 변화는 결국 서민의 사적인 손님 접대와 같은 일상생활에까지 자본주의적 상업화가 침투되었음을 의미하는 것이다.

도시 일상과 음식문화─인공의 닫힌 공간에서 회식과 외식을

배꼽시계에 따라 식사를 하고 들에 나가는 농촌사람들은 피터 콜릿(2006)이 말하는 '시간에 얽매이지 않는' 순환적 시간관을 가진 사람들이다. 반면에 도시사람들은 시간의 노예가 되어 늘 시간에 쫓기는 생활을 한다. 즉, '시간에 얽매이는' 직선적 시간관을 갖고 시계시간에 따른 표준화된 식사시간으로 음식을 즐긴다. 도시지역은 인문환경의 영향이 큰 일상이므로, 시테크·초테크와 같은 말이 나올 만큼 바쁜 일상생활이 전개된다. 따라서 도시사람들의 아침식사는 알람시계에 의존할 수밖에 없다. 사람들의 취향이나 성향에 따라서 하루 세 끼의 식사에서 벗어난 '아점'이라는 식사와 저녁 두 끼로 하루를 보내고, 가정이 아닌 식당에서 음식을 먹는 등 다양한 음식문화를 보인다. 더 이상 가정이 식사를 해결하는 필수 장소가 아니다.

'아침은 정승처럼, 점심은 평민처럼, 저녁은 걸인처럼 식사해라' 했던 과거와는 달리, 각종 회식으로 저녁을 황제처럼 즐기는 것이 오늘의 도시에서 일어나는 음식문화의 일상이다. 나아가 '삼소방'으로 삼겹살과 소주에 노래를 곁들이는 회식문화는 예나 지금이나 변함없는 음주가무의 전통이다. 친목을 위한 모임이든 직장의 부서별 모임이든 간에 도시에 사는 사람들은 이런저런 이유로 조찬·오찬·만찬의 회식을 연회장에서 혹은 허름한 식당에서 한다. 연말·연초면 송년회·신년회 등의 회식이 연일 계속되어 폭주와 폭식으로 몸이 망가지는 것이 우리의 회식문화다. 우리 사회에는 왜 이렇게 회식이 많은가? 앞에서 말한 바와 같이 그것은 산업화가 진행되면서 손님 접대공간이 집에서 상업공간으로 이동했고, 또 편리를 추구하는 주부들이 조리를 싫어해 집에서 식사하지 않는 가정이 많아졌기 때문이기도 하다.

40~50대의 농촌 출신 도시사람들의 기억에는 연말에 '군밥'을 먹으며 송년회를 했던 어린 시절이 있다. 그 군밥과 들밥(주강현, 2006: 250~265)도 과거 농경사회에 있었던 일종의 회식문화다. 오늘날의 도시사람들의 회식과 무엇이 다른가? 회식하는 장소가 다르고 음식을 장만하는 방법이 다르다. 즉, 과거에는 일터의 현장에서 소박하지만 정성껏 장만한 음식으로, 혹은 가정의 사랑방에 모여서 십시일반으로 모은 쌀로 직접 밥을 짓고 반찬을 만들어 함께 밥을 나누며, 한 해의 풍년과 그 밖의 일상사를 서로 주고받는 회식이었다. 오늘날 도시의 회식은 직장 주변이나 도심의 일정 장소에 위치한 고깃집이나 횟집과 같은 상업화된 식당에서 호텔의 연회장에 이르기까지 다양한 공간에서 음주와 식사를 하는 회식이다. 따라서 음식을 공동으로 장만하고 조리해 함께 먹는 체험이 빠진, 오직 함께

음식을 소비하는 회식일 뿐이다.

계절의 변화에 따르는 농촌과 달리, 도시는 주중과 주말, 일하는 날과 공휴일이 월력에 의해 기계적으로 구별되고, 하루 24시간의 시계시간에 지배되는 일상을 가진 곳이다. 따라서 주중의 회식이 주로 직장동료나 친구 등의 지인과 이루어진다면, 봉급날을 전후한 주말이나 보통의 주말과 공휴일은 가족과 함께 외식하는 날이다. 가족의 외식은 근교 유원지로 나들이를 한 후 가게 되는 각종 레스토랑이나 맛집에서 이루어진다. 도시에서 근교 농촌으로 향하는 도로변에 즐비하게 늘어서 있는 식당들을 보라. 통계적 수치를 일일이 언급하지 않아도 가족 외식이 얼마나 일반화되었는지 알 수 있다. 또 주중과 주말의 구별 없이 저녁에 아파트촌을 중심으로 한 배달음식은 넓은 의미의 외식이다. 좋은 날을 기념하면서 혹은 주부의 바쁜 일상으로 인해서 집으로 배달해 먹는 갖가지 음식들은 가정에서 만든 음식이 아니기에 외식의 범주에 들 수밖에 없고, 이런 배달음식은 시·공간을 초월해 확대재생산되는 것이 현실이다. 바닷가에서 "자장면 시키신 분!" 하면서 철가방을 들고 오토바이를 탄 배달원을 상상해보라.

도시의 번화가, 빌딩숲을 이룬 중심 업무지구의 정오를 보라. 삼삼오오 식당으로 향하는 발걸음이 장사진을 이룬다. 1981년 1월 '학교급식법'이 제정되면서 학교급식이 시작되고 직장의 구내식당이 보편화되면서, 학생과 직장인의 점심은 도시락이 아닌 한식당·분식집 등에서 사 먹는 외식으로 바뀌었다. 물론 점심을 사 먹는 외식이 오늘날에 국한된 현상은 아니지만,[8] 대다수의 시민들로 보편화된 것은 역사상 초유의 일이다. 1960~1970년대의 도시락 점심에서 1980년대 이후 한식·중식·분식 등 다양한 전문식

___

8) 김상보(2006: 152~164)에 따르면, 조선시대에도 외식과 도시락문화가 있었다고 한다. 이때의 외식문화는 보부상과 같은 상인이나 나그네에 국한된 특별한 경우로 음식과 숙박을 겸하는 주막과 여객에서 일어나는 필요 현상이었으며, 도시락은 찬합에 음식을 담아 정자나 누각으로 향하는 양반들의 풍류적인 나들이로 국한된 것이지 오늘날처럼 누구에게나 일반화된 현상은 아니었다.

당에서 외식하는 점심의 변화는, '맞벌이부부'의 등장이라는 사회변화와 학교급식법 제정의 제도적 변화에 기인하는 경향이 컸다. 즉, 맞벌이부부의 가사분담과 이에 편승한 전업주부의 가사노동 해방의 풍조는 단체급식의 확대와 더불어 도시락 점심을 퇴조시킨 것이다. 불량만두, 단체급식의 식중독 등 불안한 먹을거리문제에도 불구하고, 1천 원짜리 '포장김밥'이 상징하는 것처럼 점심의 외식화는 일반화되었다. 오늘도 직장인들은 정오의 시계시간을 체크하며 무엇으로 한 끼를 때울까 고민한다.

3. 시대에 따른 음식문화

도시에 사는 40~50대 이후의 사람들 대부분은 농촌 출신이거나, 아니면 도시의 토박이라 할지라도 1960년대의 '보릿고개'를 경험한 세대다. 시장의 보리밥식당을 찾아 보리밥과 된장찌개를 쓱쓱 비벼 먹으며 추억을 더듬는다. 이것은 부르디외(2005)가 『구별짓기』에서 언급하는 '취향'과 다르지 않다. 물론 일상생활에서 오는 계급의식이 반영된 취향은 아니지만, 시대적 상황과 사회적 여건이 투영된 일상생활의 습관적 반복에 의해 형성된 경향이라는 측면에서는 동일한 맥락이다. 즉, 음식의 맛과 취향은 그저 주어지는 것이 아니고 우리가 말을 배우듯이(주영하, 2000: 183~184) 오랜 시간의 반복을 통해 습관적으로 익혀 굳어지는 것이다. 어찌 지금의 젊은이들이 '보리밥'의 진정한 참맛을 알겠는가? 전후 일본인들의 심금을 울렸던 구리 료헤이(1989)의 동화『우동 한그릇』이 1980년대 말에 번역되어 우리에게도 감동을 주었다. 섣달 그믐날 우동집에서 우동을 먹는 풍습의 전통적인 우동 맛이나, 궁핍한 시절 집에서 먹었던 보리밥의 향수를 좇으며 시장 보리밥집에서 보리밥을 먹는 그 맛은 그 시대를 살지 않은 세대들은 결코 음미할 수 없는 상징적 의미를 지닌다.

보리밥과 자장면—1960~1970년대의 혼·분식장려운동

전통사회에서 근대사회로 이행하는 과정의 일제강점기와 6·25전쟁은 우리 사회의 경제적 궁핍을 더욱 심화했다. '잘살아보세'로 시작되던 구호는 1960~1970년대의 시대상을 반영하는 상징이다. 초근목피로 연명하던 민초들의 이촌향도와 '보릿고개'·'봄 돈 하늘 올라간다'는 말이 당시의 경제상황을 대변한다. 오늘날 하우스에서 사철 생산되는 쑥과 달래가 어찌 송기와 칡뿌리로 허기를 면하던 때의 야생 쑥과 달래가 주던 봄맛과 같겠는가.

이제 그 시절 가마솥 아궁이의 구수한 누룽지와 숭늉으로 후식 아닌 후식을 즐겼던 음식문화로 옮겨가보자.

'손탁호텔'에서 처음 판매된 커피(주영하, 2000: 146~152)가 1960년대 말 모 기업에 의해 인스턴트커피로 일반인에게 소개되면서, 부엌 아궁이에서 만들어진 누룽지와 그것을 삶은 숭늉은 최고의 후식 자리를 커피에게 물려주었다. 아궁이와 무쇠솥이 없는데 누룽지와 숭늉이 될 말인가. '새마을운동'과 더불어 1970년대의 농촌 근대화는, 초가지붕을 개량하고 마을 안길을 넓히고 부엌을 개량하는 일상의 주거환경개선운동으로 이어졌다. 이 과정에서 땔감을 사용하던 아궁이는 사라지고, 입식 부엌과 전기밥솥[9]이 식탁문화를 바꾸어놓았다. 누룽지가 만들어질 수 없는 전기밥솥에 숭늉이 있을 리 없다. 중국과는 달리 차(茶)문화가 발달하지 못한 우리나라에서 숭늉을 대신하는 커피의 확산은 산업화로 인해 사회 전반적으로 향상된 풍요를 가시적으로 표현하고 싶었던 우리의 욕구에 비춰볼 때 어쩌면 당연한 귀결인지도 모르겠다.

1970년대 말 '통일벼'로 상징되는 녹색혁명이 있기까지 쌀밥을 배불리

---

9) 전기밥솥은 일본에서 처음 개발되었으며, 우리나라에는 1960년대 중반에 생산·소개되었고, 이후 전기압력밥솥으로 발달해가고 있다. 농촌지역까지 아궁이를 대신하는 전기밥솥의 보급은 1980년대 이후로, 이때부터 가마솥의 누룽지와 숭늉은 사라졌다.

먹기는 불가능했다. 그 시절에는 처녀가 시집가기 전에 쌀밥 한 그릇 먹는 것이 소원이었고, 생일날 최고의 성찬은 수북이 담긴 쌀밥 한 그릇이었다. 부족한 식량사정을 극복하기 위해 제3공화국 군부정권은 1964년 1월부터 '혼·분식장려운동'을 실시했다. '미곡소비 절약해, 혼·분식 실천하자'·'너와 나의 혼식으로 국력증강 찾아온다' 등은 흔한 구호였고, '꼬꼬댁 꼬꼬 먼동이 튼다. …… 옹기종기 모여앉아 꽁당보리밥 …… 보리밥 먹는 사람 신체 건강해'로 이어지는 노래는 전국에 울려 퍼진 건전가요였다. 혼·분식은 가정은 말할 것도 없고, 학교나 직장을 비롯한 거의 모든 식당에서 반강제로 해야 했던 국민적 의무사항에 가까웠다. 학교에서 학생들의 도시락 검사는 당연한 것이었고, 흰쌀의 편식이 질병의 원인이고 혼식과 분식이 건강에 최고라고 계몽했다. 또 공무원에게는 수요일과 토요일은 무미일(無米日)이라고 하는 쌀밥 없는 날이 정해졌는데, 요즘의 고위공무원들의 '골프 없는 날'과 같았다.

인구의 75% 이상이 농촌에서 농사를 짓는데도 절대적으로 부족한 식량 문제를 해결하기 위해 국가가 주도해 국민의 식생활습관을 바꾸려(공제욱, 2008) 반강제적으로 실시했던 이 혼·분식장려운동에서, 혼식장려는 제한적인 성과를 얻었지만 분식장려는 획기적으로 확대되어 식문화의 일대혁명을 야기했다.

미국의 원조로 제공된 밀가루로 1963년도에 처음 생산된 '라면'은 혼·분식장려운동을 타고 전국에 급속도로 확산되었다. 먹을거리가 부족했던 시대에 주린 배를 채워주던 라면은 제2의 주식으로서의 위치를 확보하며 군인들의 배식에도(≪한계레21≫, 2005) 당당히 끼어들었다. 한때 '쇠기름 파동'으로 주춤했던 라면은 오늘날 인스턴트 면류의 대명사다. 또 분식의 확대과정에서 빼놓을 수 없는 특징은 1980년대 초반까지 도시사람들이 가족과 함께하는 외식의 단골 메뉴였던 자장면이다. 졸업식이나 입학식처럼 특별한 날이나 외식하는 날 집 근처의 중국집에 가서 먹었던 최고의 요리가 분식인 자장면이었다. 요즘도 도시사람들은 가끔 '옛날식 자장면' 집을 찾는다. 왜 기성세대들은 어려웠던 시절을 돌이키며 '보리밥'과 '자장면'과 같은 음식을 갈망하는가. 이것은 비단 우리가 부르디외(2005)의 '취향'을 논하지 않더라도 옛 입맛을 찾아가는 습관적 현상의 결과다.

사회경제적 측면에서 잘살기운동으로 전개되었던 1970년대 초의 '새마을운동'과 식생활의 개선 차원에서 펼쳐진 1960~1970년대의 '혼·분식장려운동'으로 대대적인 국민 계몽을 해왔던 우리 사회는, 1979년 10·26사건과 12.12사태를 거치면서 신군부의 등장과 민주화운동으로 새로운 격변기를 경험한다. 이 격변기 속에서 경제성장과 녹색혁명의 결실이 '혼·분식장려운동'을 삼켜버린다. 결과적으로 수확량이 많은 각종 볍씨의 개발로 쌀은 남아돌게 되었고 밀과 보리 등 잡곡을 재배하는 농가는 줄었지만, 산업화와 시장개방으로 인한 수입 농산물의 풍요는 새롭고 다양한 음식문화로 전환하는 계기가 되었다. 오히려 남아도는 쌀의 처리를 위해 쌀막걸리·쌀과자 등이 등장하는 아이러니가 발생했는가 하면, 누룽지와 자장면으로 대변되던 '혼·분식장려운동'의 시대는 역사의 뒤안길로 사라져버렸던 것이다.

쌀밥과 불고기(고기문화)─1980~1990년대의 먹을거리 풍년

1980년대 이후 우리의 음식문화를 한마디로 표현하면, 풍요로운 쌀밥과 고기문화로 요약할 수 있다. 먹을거리가 온전치 못했던 과거에 쌀은 오늘날의 화폐처럼 조세의 표준이었고, 쌀밥은 양반이나 특권층에서 먹었던 부(富)의 상징이었다. 1960년대까지만 해도 일반 서민들에게는 가정에 귀한 손님을 접대하거나 잔치·제사와 같은 특별한 날에 먹었던 식사가 바로 쌀밥이다. 쌀밥은 고급이고 보리밥이나 잡곡밥은 촌스러운 것으로 인식했던 것이 우리의 음식문화다. 통계에 의하면(주영하, 2000: 201) 우리나라 사람들이 1년 동안 섭취하는 전체 곡물량에서 쌀이 차지하는 양이

1969년에는 49.85%였는데, 1989년에는 96.62%로 나타났다. 이는 1980년 대에 와서 우리의 주식이 쌀밥으로 확고해졌다는 것을 의미하는 것이다. 지금 일상에서 우리가 탄수화물의 덩어리인 쌀을 비만의 주범으로 업신여기고, 급기야 쌀이 남아돌아 수확하지 않고 논을 갈아엎는다는 뉴스를 접할 때 한편으로는 격세지감을 느끼지만, 이것은 시대변화에서 오는 어쩔 수 없는 현상일 뿐이다.

또 농경민족으로서 채식 중심이던 우리 음식에 육식문화가 확대되었다. 소는 농사일에 중요한 가축으로 천신께 제의를 올릴 때도 '돼지머리'를 바쳤던 것이 우리 문화다. 그래서 우리 음식문화에서 육식은 왕이나 양반 같은 특권층이 아니면 즐길 수 없었던 것이 사실이다. 불고기·너비아니·궁중갈비 등도 왕이나 양반들이 즐겼던 고기문화고, 서민들은 잔치와 같은 특별한 날에나 먹을 수 있는 귀한 음식이었다. 이런 불고기문화가 1980년대 이후 중산층으로 확대됐고, 급기야 88올림픽을 통해 김치와 함께 세계화된 민족음식으로 등장했다. 즉, 1988년 '서울올림픽'을 개최한 후 한우 '불고기'와 '김치'는 세계인이 즐기는 한국의 고유음식으로 자리매김했다. 돼지고기는 제의나 특별한 날의 잔치음식에서 들로 산으로 나들이하며 먹는 음식으로 일반화되었고, 여름 성수기의 삼겹살은 수입 쇠고기보다 더 비싼 음식이 되었다. 서민들이 즐겨 이용하는 도시 시장 통의 일명 '먹자골목'에서 불고기·돼지갈비·삼겹살 등을 메뉴로 하는 식당을 찾는 것은 서울에서 '김 서방 찾기'보다 수월하다. 그만큼 고기를 먹는 육식문화가 보편화되었다는 의미다. 호텔의 양식당, 육고기뷔페, 불고기 전문집 등 각종 외식 전문업체들은 다양한 메뉴와 안락한 인테리어로 육식문화를 선도한다. 그러나 아직도 한국인의 밥상문화는 8대 2로 동물성 음식보다 식물성 음식이 절대적으로 많은 채식문화다. 2007년 국민건강영양조사 자료(≪인터넷 파이낸셜 뉴스≫, 2009년 1월 4일자)에 따르면, 우리나라 국민들이 섭취하는 음식량은 평균 1,283g으로, 이 가운데 식물성 음식이 80.3%

이고 동물성 음식이 19.7%였다. 1969년에 동물성 음식섭취비율이 3%였던 것과 비교하면 무려 6배나 늘어난 서구적 식생활이지만, 여전히 채식위주임을 알 수 있다.

치킨과 피자—2000년대의 즉석음식

우리 음식문화는 2000년대에 들어오면서 조리와 요리가 없는 가정과 부엌문화로 급격히 진행되어 즉석음식의 범람을 맞이했다. 즉석음식의 등장은 음식을 취하는 시간과 장소의 파괴를 동반했고 '언제 어디서나 존재하는' 것과 같은 이른바 유비쿼터스적 음식문화를 야기했다. 간단한 즉석음식을 먹으면서 산을 등산하고, 바다와 들과 산 등 어디에서나 치킨과 피자·자장면을 배달시켜 즉석에서 즐긴다. 여름철 피서지에서 휴대전화로 즉석음식을 주문하고 배달하는 음식문화는 이 시대 우리만의 독특한 현상이 아니겠는가. 오늘날 신세대들은 식사하는 시간과 장소가 따로 없이 그때그때마다 집이나 식당·길거리 등 장소에 구애되지 않고 신체의 생체시계에 따라 필요와 강요의 음식섭취를 한다. 즉, 음식을 즐기기 위해서가 아니고 존재의 필요에 의해 식사를 하기 때문에 신속성을 담보로 하는 각종의 즉석음식이 성행하는 것이다. 이것은 '빨리빨리'를 추구하는 우리만의 산업화에서 온 편리성과 효율성의 방증으로 여겨진다.

즉석음식은 즉석에서 조리해 먹는 음식과 식당에서 빠르게 가공해 배달하는 즉석음식으로 구별할 수 있다. 먼저 즉석에서 조리하는 음식은 각종의 냉·건조식품이다. 1960년대 말에 미국의 원조로 제공된 밀가루로 봉지라면이 제조된 이후 40여 년이 흐른 오늘날에는 자장면·짬뽕과 같은 건면뿐만 아니라 우동·냉면 등의 냉장면류로 다양화되어 즉석분식문화의 꽃을 피웠다. 또 뜨거운 물만 부으면 즉석에서 먹을 수 있는 용기라면으로까지 발달했다. 냉동식품의 발달은 만두나 피자도 즉석에서 전자레인지로 데워먹을 수 있게 했고, 건조식품은 각종 죽류뿐만 아니라 밥이나 심지어

비빔밥까지도 따뜻한 물을 부어 즉석에서 먹을 수 있게 했다. 가정으로 침투된 이런 상업적인 즉석음식의 발달은 콜릿(2006: 156~239)의 '시간에 얽매이는 사회'에서 일상생활을 영위하는 사람들에게 더 효과적으로 작용하는 것은 당연하다.

분초를 다투는 바쁜 일상을 보내는 사람들, 그리고 먹는 것을 즐기기보다 먹는 것이 생존경쟁과 직결되는 삶을 사는 도시사람들에게 햄버거·피자·치킨 같은 즉석음식은 훗날의 부작용에 관계없이 안성맞춤의 식사다. 그러기에 패스트푸드(Fast Food)의 발달은 현대인에게 필요악이며, 일상의 경쟁사회에 효율적인 시간관리를 위해 어쩔 수 없는 선택이다. 음식의 국제화 바람을 타고 국내에 들어온 외국 상표의 전문 치킨과 피자는 토종의 닭요리와 부침개를 대신했고, 미국식 햄버거에는 김치와 밥이 곁들여지면서 음식의 동서화합으로 탈장소적 즉석화를 가져왔다. 신세대 학부모가 기념하는 날, 자녀의 학교로 배달하는 음식이 무엇인가 생각해보라. 또 자녀의 생일잔치가 열리는 장소가 어디인지 생각해보라. 이런 현상에서 패스트푸드로 일관된 배달음식의 일상을 확인하는 것이다. 하지만 우리 음식문화의 즉석화는 주부의 가사노동탈출이라는 긍정적 기능과 함께, 가족 구성원의 비만과 각종 성인병 발생이라는 부작용이 상존하는 어두운 그림자를 드리우기도 한다.

4. 다시 찾는 신토불이 음식문화

'밥 힘으로 산다'는 한국인들! 탄수화물의 지나친 섭취와 인스턴트식품의 범람으로, 또 광우병 쇠고기, 멜라민, 쓰레기 만두 등등 불안전한 먹을거리의 등장으로, 우리는 몸을 생각하고 건강을 염려하는 음식문화에 관심을 갖게 되었다. 즉, 비만을 예방하는 다이어트식품을 선호하고, 나아가 안전한 음식재료로 인식되는 유기농 과일과 채소를 찾는 현상이 나타났다. 이런 현상을 한마디로 말하면, 자연으로 돌아가는 신토불이 음식문화를 추구하는 바로 그것이다. 왜 우리는 신토불이를 통해 우리 몸의 건강, 즉 웰빙(well being)을 부르짖는가. 웰빙이라는 말은 '건강한'·'안락한'·'만족한' 등의 웰(well)과 '존재'·'인생' 등의 빙(being)이 합쳐진 신조어로서, 건강하고 안락한 삶 혹은 인생을 의미한다.

현대인들이 부르짖는 건강한 몸, 건강한 삶에 요구되는 웰빙음식은 과연 무엇인가? 현대인들이 말하는 웰빙음식은 '건강한 삶'을 위한 음식으로, 빨리빨리 먹는 음식의 상징인 패스트푸드와 대비되는 슬로푸드(Slow Food)를(김종덕, 2001) 의미한다. 이것은 말 그대로 '천천히 먹는 음식'으로서 각 나라의 고유한 민족음식과 각 나라 각 지방의 고유한 향토음식으로 귀결된다. 결국 우리가 웰빙음식을 즐긴다는 것은 '내 몸이 태어나고 자란 곳에서 생산된 음식과 몸이 둘이 아닌 하나'라는 신토불이 음식들을 먹는다는 것이고, 이것이 바로 슬로푸드인 셈이다. 그럼 우리에게 민족음식과 향토음식은 무엇인가? 민족음식이란 어떤 민족에게 음식을 통해 민족적 정체성을 확립하게 하는 음식을 의미한다고 할 수 있다. 따라서 우리에게 민족음식은 발효음식의 대명사인 '김치'를 비롯해 된장·고추장·청국장과 같은 장류와 젓갈류고(주영하, 2000: 313~316), 이 음식들은 대표적 현대병인 각종 암을 예방하는 데 탁월한 효과가 있는 것으로 이미 밝혀졌기에 웰빙식이다.

민족음식은 만드는 방식과 재료의 차이로 말미암아 각 지방마다 조금씩 다른 형태로 나타나는데, 이는 그 지방의 독특한 맛을 전하는 향토음식으로 표현된다. 해안지방에는 해산물을 중심으로 한 젓갈과 식혜가 발달하고, 내륙지방에는 다양한 종류의 김치가 만들어지며, 산간지방에는 산에서 나는 나물들을 재료로 하는 음식문화가 발달한다. 이는 모두 농경문화에 바탕을 둔 것으로 이해된다. 사계절의 변화와 산과 바다라는 지형적 조건

에 따라 자연에 순응하며 농경문화를 일구어온 우리 조상들이 제철에
나는 음식재료로 다양한 음식을 즐겼던 계절음식에 그 바탕을 두었기
때문이다. 봄철에는 쑥과 냉이로 입맛을 찾고, 여름에는 기(氣)를 보양하는
삼계탕과 개장국과 같은 음식으로, 가을에는 햇곡과 과일로, 겨울에는
발효된 저장식품으로 몸을 돌보고, 풍년을 위해 천신께 치성을 드리는
일상을 영위했던 것이 바로 그것이다. 즉, 땅에서 난 음식으로 천신께
희생을 바치고 그것을 나누는 음복으로 몸을 가꾸고, 그 몸의 노동으로
다시 음식을 생산하는 순환적 삶이 우리 민족의 신토불이였다.

참된 신토불이는 흙에서 나서 풀을 먹고 살아온 우리들의 몸에 다시
채식으로 보양해 원래 상태인 초식의 몸으로 돌아가는 것이다. 그러나
땅이 오염되고 물이 오염된 환경에서 생산되는 곡식과 채소·과일 등을
먹어야 하는 상황에서도 신토불이인가? 사람들이 오염되지 않은 자연환
경에서 생산되는 음식재료를 추구하기 때문에 유기농·무농약 먹을거리가
등장하는 것이다. 즉, 화학비료와 농약으로 짓는 농업이 아닌, 토양의
산성화를 막고 자연을 회복하는 방식의 농업으로 생산되는 음식이 필요하
다는 것이다. 이것이 참살이 신토불이다. 물론 초식동물인 소에게 풀이
아닌 잡식의 가공사료를 먹여 사육하고, 각종 항생제와 화학 성분이 가미
된 사료로 기르는 돼지와 가금류들에게서 생산하는 단백질식품들이 퇴출
되어야 한다. 오염되지 않고 인공사료가 아닌 자연적인 사료로 기른 가축
의 육류와 채식이 잘 조화를 이루고 정성껏 만든 음식을 취할 때, 우리는
비로소 웰빙푸드문화를 꽃피울 수 있다.

참고문헌

단행본

공제욱. 2008. 『국가와 일상―박정희 시대』. 도서출판 한울.

구리 료헤이(栗良平). 1989. 『우동 한그릇』. 최영혁 옮김. 파도.

국사편찬위원회. 2006. 『자연과 정성의 산물, 우리음식』. 두산동아.

김상보. 2006. 『조선시대의 음식문화』. 가람기획.

김영순 외. 2004. 『문화와 기호』. 인하대 출판부.

부르디외, 피에르(Pierre Bourdieu). 2005. 『구별짓기』. 최종철. 새물결

서유구. 1806. 『임원경제지』.

이규태. 2000. 『한국인의 밥상문화1』. 신원문화사.

주강현. 2006. 『두레』. 들녘.

주영하. 2000. 『음식전쟁 문화전쟁』. 사계절출판사.

최승범. 1997. 『한국의 먹거리와 풍물』. 문학아카데미.

코니한, 캐롤(Carole M. Counihan). 2005. 『음식과 몸의 인류학』. 김정희 옮김. 갈무리.

콜릿, 피터(Peter Collett). 2006. 『습관의 역사』. 이윤식 옮김. 추수밭.

해리스, 마빈(Marvin Harris). 1996. 『문화유물론』. 유명기 옮김. 민음사.

홍석모. 1849. 『동국세시기』.

Lévi-Strauss, Claude 1963. *The Structural Study of Myth*. New York: Anchor Books.

논문

김종덕. 2001. 「현대음식문화의 반성과 슬로푸드 운동」. ≪환경과 생명≫. 30. 48~61쪽.

신문 · 잡지 · 방송 · 인터넷 및 기타 자료

≪한계레21≫. 2005. 제546호.

≪인터넷 파이낸셜 뉴스≫. 2009.1.4.

제3장

음식과 의례

오재환(부산발전연구원 부연구위원)

1. 일상과 의례, 음식

어린 시절 아침에 눈을 뜨면 들려오는 어머니의 목소리가 있다. "빨리 일어나 밥 먹어라." 매일 반복되면서도 지루한 하루의 시작을 밥이라는 말로 시작했다. 때로는 지겹다는 생각이 들기도 하지만 그만큼 정겨운 소리도 없었다. 일상의 언어사용에서 밥이라는 말을 무의식중에 달고 살기에, 무엇인가를 먹는다는 행위 자체가 우리의 일상생활에서 얼마나 중요한 요소인가를 알 수 있게 해준다. 이처럼 일상에서의 음식소비는 단순히 먹고 마시는 것 이상의 의미를 가진다. 인간생활의 가장 기초적인 음식소비는 인간문화의 기초이자 사회적 사실이다.

일상생활에서 음식을 사이에 놓고 벌어지는 의례적 행위는 인간커뮤니케이션의 기초가 되기도 한다. 어떤 날 식탁 위에 어떤 음식이 차려지는가에 따라 그날은 특별한 의미가 부여되기도 하며, 특별한 날에 차려진 음식은 정해진 절차와 양식에 따라 엄격하게 소비되기도 한다. 예를 들어 식탁에 케이크가 놓여 있다고 가정하자. 우리는 쉽게 생일임을 짐작하게 된다. 생일날 식탁 위에 놓인 케이크에는 생일을 맞은 사람의 나이 수만큼 초가 꽂히고, 촛불을 밝힌 뒤 축하노래를 부르고, 다시 초를 끈 뒤 케이크를 잘라 먹는다. 이러한 절차를 통해 케이크를 사이에 둔 여러 사람들은 축하와 감사의 마음을 서로 주고받으며 일체감을 느낀다. 그러나 이 케이크가 결혼하는 신랑신부나 졸업식을 마친 학생의 식탁 위에 놓인다면 그 의미는 조금 다르게 수용될 것이다. 이처럼 음식은 그 사회의 기호이자 상징이며, 다양한 의미해석이 가능한 것이다.

일상생활에서 음식을 먹고 마시는 음식소비의례로 인해 그들과 우리 사이의 구별짓기가 이루어지기도 한다. 일반적으로 의례는 상징과 신념을 가진 종교적 속성으로 설명된다. 상징은 동일한 사고의 구조 속에서 느끼는 동일한 의식이며, 음식은 집단의 상징이 된다. 집단의 상징인 음식소비는 선택된 음식을 공동으로 나누기 위해 의례를 통해 집합의식을 느끼게 하며, 그 감정을 느끼는 우리와 감정을 공유하지 못하는 그들을 구분하는 도구가 된다. 따라서 음식소비의 의례는 그들과 우리를 구별 짓게 함으로써 상징적인 음식소비를 통한 집합의식의 형성에도 기여했다.

2. 개인화된 음식의례

일생의례 속의 음식

음식은 인간의 생애주기에 따라 소비되는 특성을 갖는다. 사람은 태어나서 죽기까지 여러 단계를 거치면서 성장하는데, 성장하면서 넘게 되는 인생의 단계를 일생의례라고 한다. 생애주기의 한 단계를 넘어설 때마다 특별한 날로 기념하며, 아울러 특별한 음식을 준비한다. 출생에서 유아기·

청소년기·청년기·장년기·노년기를 지나 죽음에 이르기까지, 우리의 삶과 연관된 특별히 정해진 날에 다양한 음식을 준비해 주변 사람들과 나누어 먹고 감사의 의례를 거행한다. 때로는 우리의 일상생활 중에 특별한 날에 제대로 된 음식이 차려지지 못하면 사람의 도리를 잘못했다고 질책당하기도 한다. 이러한 특별한 음식소비는 과거로부터 현재까지 이어져 오면서 그 원형이 다소간 변형되기도 했으나 유사한 음식의 소비와 의례의 상징적 의미를 갖는다.

왜 사람들은 일생주기에 따른 특별한 날에 특별한 음식을 먹게 되었는가를 살펴보자. 먼저 생명의 탄생을 감사하는 출생의례다. 아이가 탄생하면 삼신상이 차려진다. 이때는 삼신에게 감사하는 마음으로 세 그릇의 흰밥과 미역국이 놓이며, 산모에게 첫 국과 밥을 먹인다. 그리고 아이를 안전하게 데려다준 삼신할머니에게 비는 의식에는 술이 올려진다. 아직도 주변에서 흔히 행해지는 의례 중 하나다.

최근 들어서는 모유먹이기가 강조되면서 엄마와의 첫 교감을 강조하는 '초유먹이기' 의식이 점차 확산되고 있다. 엄마의 젖꼭지에서 흘러나오는 초유가 아기에게는 세상에서 처음 맛보는 음식이 되며, 엄마의 사랑을 느끼는 첫 순간이기도 하다. 초유는 건강함의 의미도 있겠지만, 만물의 신성성을 가진 엄마의 음식은 아기에게 동경의 대상이 되는 엄마와 연결하는 매개물이다.

아기가 세상에 태어난 지 백 일째 되는 날이 바로 '백일'이다. 백일을 맞이한 아이에게 차려진 백일상에는 순백의 백설기와 액을 막는 의미의 붉은 수수떡이 차려진다. 최근에는 서양식의 케이크가 자주 사용되기도 하나, 여전히 전통적인 떡을 해서 상에 올리고 이웃과 친척 간에 서로 나누어 먹는 풍습이 지켜진다.

첫돌은 세상에 태어난 지 1년을 기념하는 날로 특별히 준비된 돌상이 아이에게 제공된다. 돌잔치에는 손님들이 초대되고, 아이는 장수·부·학문

등 장래를 점치고 복 받기를 기원하는 돌잡이를 하고, 이날도 백설기와 오색 떡을 참석한 사람들에게 나누어 주고, 차려진 음식을 서로 나누어 먹고 아이의 건강한 성장을 기원한다.

성년기에 접어들면, 남녀 간의 사랑의 결실인 결혼이 이루어진다. 결혼식에는 결혼하는 두 사람의 사랑과 만남의 영원함을 상징하는 음식들이 준비되는데, 특히 두 사람의 인연을 이어주기 위한 합환주와 같은 신성한 술이 신랑신부에게 제공되었다. 그리고 예로부터 신랑신부를 맞이할 때 국수장국이 제공된다. 이는 기다란 면발을 통해서 두 사람이 영원히 끊어지지 않도록 하기 위한 상징적인 음식이다. 폐백에는 부모들 앞에 다양한 음식들이 놓인다. 부모들이 던져주는 밤과 대추는 다산을 기원하는 부모들의 마음으로 표상된다. 결혼식 후 피로연이 열리는데 최근에는 식당이나 뷔페음식이 제공된다. 피로연음식은 일상적 음식과는 다르게 제공된다. 때로는 친구들과 벌이는 피로연에서 술과 정성스레 차려진 음식들이, 신랑신부를 놀리는 장난기 섞인 친구들의 다양한 놀이도구로 전락하기도 한다.

인생의 황혼기에 접어들면 회갑연·고희연이 열리는데, 여기에는 장수의 의미가 내포된 음식이 제공되고, 이 음식은 존경과 존중의 상징들과 연결된다. 자손들은 헌주를 하며, 무병장수를 기원하는 절을 올린다.

인생의 종착역인 죽음을 맞이하게 되면, 살아남은 자들은 죽은 자를 추모하기 위해 장례를 거행한다. 장례에서 문상객들은 생의 마감을 아쉬워하고 상주들을 위로하며, 상주들은 조문객들을 대접하기 위해 술과 떡, 돼지고기 등의 음식을 제공한다. 한때 상주들에게는 액막이를 위해 팥죽을 먹이기도 했으나 지금은 거의 사라진 풍습이 되었다. 장례식에서는 때때로 과음으로 인한 일탈이 자주 벌어지기도 하지만, 이러한 일상의 파괴는 슬픔을 함께하는 사람들의 행위로 쉽게 용인되기도 한다. 특히 부모나 가족을 잃은 슬픔에 빠진 상주들을 위로하고 슬픔에서 벗어나도록 하기 위한 객기들이 인정되기에 음주 후 일탈행위도 아주 자연스럽게 받아들여진다.

식탁과 식사예절

요즘과 달리 '밥상머리 예절'이 중시되던 과거에는 수저를 오른손으로 잡아야만 했다. 오른손이 반드시 지켜져야만 했던 이 시절에는 아버지나 윗어른들이 수저를 들어야만 자식들과 아랫사람들의 식사가 시작되었다. 그리고 말을 하거나 소리를 내어 씹는 행위도 금지되었다. 밥을 먹는 일상적인 행위는 늘상 반복적으로 일어나는 사소한 행위였지만, 작은 것에서부터 지켜야만 했던 일상의 예의범절 중 으뜸이었다.

밥상이나 식탁은 의례의 신성한 공간이다. 밥상이나 식탁은 인간커뮤니케이션의 중요한 무대장치가 된다. 함께 식사하는 장면은 가족의 정체성을 일상적으로 확인하기 위해 필요한 일종의 의례다. 식탁을 둘러싸고 앉아서 식사를 하며 화목하게 지내는 가족 구성원의 모습에서 한가족이라는 결속을 확인할 수 있기 때문이다. 식탁이야말로 "함께 식사하는 장으로서의 가정"을 연출하는 데 가장 어울리는 무대장치며, "단란한 가족"의 상징이 된다(이노우에 다다시 외, 2004: 93~94). 이처럼 밥상이나 식탁은 회합의 공간에서 차려진 신성의 음식들을 통해서 동일 기억이나 공동 감정을 느낄 수 있도록 충분한 기능을 발휘한다. 공유된 식탁을 통해 마침내 식탁의 주인들은 일체된 감정을 느끼거나 하나가 되기도 한다. 이때 소비되는 음식은 집단표상의 상징적 기호가 된다.

또한 일상생활과 밀접한 무대로서 식탁은 식사예절 또는 식사에티켓과 밀접한 관련이 있다. 현대사회에서는 보편화된 식사도구인 동양의 숟가락과 젓가락, 서양의 포크와 나이프를 사용한 것은 그리 오래되지 않았다. 아직도 인도나 아프리카 원주민들 사이에서는 손을 사용해 식사하는 것을 쉽게 목격할 수 있다. 식사예절이 형성된 배경은 무엇일까?

이노우에 다다시는 식사예절의 기원을, 첫째 포크와 나이프 등의 도구를 사용한 귀족의 신분과시 등과 연관된 차이화의 심리, 둘째 식탁을 가운데 놓고 음식을 매개로 진행되는 사람 간의 커뮤니케이션에서 발생하는 상황 정의와 연관된 사교화의 심리, 셋째 성적 행위와 같은 음식먹기에서 자신의 부끄러움을 감추기 위한 수치심을 극복하려는 심리로 구분해 설명했다(이노우에 다다시 외, 2004: 280~283).

이노우에 다다시의 주장 중 차이화의 심리와 사교화의 심리를 우리의 일상생활의 식탁예절과 연관해서 생각해보자.

먼저 차이화의 심리는 인간만이 문화를 갖는다는 특징과 연결된다. 문화는 창조적인 특성을 갖는데, 이는 도구 사용을 통해 인간만이 창조적인 행위를 할 수 있다는 점으로써 동물과 인간을 구분하려는 것과 맥을 같이한다. 일찍이 사회학자 엘리아스(Nobert Elias)도 중세 이후 포크와 나이프의 사용을 귀족들이 평민과 신분을 구분하는 표시로 사용했다는, '문명화과정'에서 발생한 서양예절임을 밝혔다. 그는 궁중 식사예절에서 평민들과의 차별화된 표현이 포크와 나이프의 사용을 통한 식사예절이었으며, 이후 계몽의 대상인 평민들 사이에도 퍼져나가기 시작했다는 점을 강조했다.

우리는 어린 시절부터 젓가락을 제대로 잡고 식사를 하도록 교육받아 왔다. 때로 젓가락 사용을 제대로 하지 못하면, 가정교육이 잘못되었다거나 제대로 교육을 받지 못한 집안에서 자란 것으로 인식되었다. 그래서 식탁에 앉아 밥을 먹을 때 젓가락질이 서툴러 야단을 맞은 기억이 한두 번 정도는 있을 것이다. 어른이 된 지금에도 사회생활에서 젓가락질이 서툴면 어색할 때가 많다. 그러나 요즘에는 아이들에게 포크를 사용하게 하거나 잘못된 젓가락 사용에도 그냥 지나치는 경우가 많다. 최근에는 젓가락을 오른손이 아닌 왼손으로 사용하는 것이 두뇌발달에 도움이 된다고 해서 오히려 장려하는 현상도 나타난다. 이러한 예처럼 차이를 위한 도구로 식사예절과 식탁에서의 예절이 중시되었다는 것이다.

다음으로 사람들 간의 교류인 사교화의 심리는 인간생활의 기본적인 행위와 연관된다. 둘 이상의 사람들의 상호작용을 원활하게 하기 위해 행위 규칙이 있으며, 고프먼(Goffman, 1967)은 이를 일상생활에서의 '상호 작용의례'라고 정의했다.

집에 손님이 찾아오거나 외부에서 사람을 만나는 작은 모임에도 항시 음식이 준비된다. 준비된 음식을 사이에 놓고 모임 참석자들은 정해진 순서에 따라 서로 인사하고 차려진 음식을 먹는 절차를 준수한다. 음식을 사이에 둔 식사예절의 경우 상호 존중하거나 지켜야 하는 상황 정의가 더욱 복잡하게 규정되어 있는 경우가 많다. 식사 시작의 시점으로 누가 먼저 식사를 해야 하는가, 식사를 마쳤을 때 상대방에게 무례하지 않게 하는 여러 가지 예절, 포크나 나이프, 수저 사용으로부터 손놀림이나 행동 하나까지 세심한 주의가 필요하다.

만약 이러한 절차가 누군가에 의해 무너지기 시작하면 그 모임은 쉽게 깨어지거나 더 이상 진행되지 못하는 경우가 발생하기도 한다. 아주 사소한 상호 규칙의 위반 때문에 서로 얼굴을 붉히거나 심지어는 대규모의 거래가 해지되는 경우도 허다하게 발생한다.

식사예절은 음식을 매개로 한 의례적 행위며, 인간 상호 존중과 신뢰를 형성하게 해 공동체의 질서와 의미를 집단 구성원에게 제공하는 중요한 구실을 한다.

차별화된 음식소비

아주 특별한 날을 기념하기 위해 일상으로부터 벗어나는 외식이 있다. 외식은 일상식과는 달리 특별한 음식이나 메뉴로 결정된다. 결정되는 메뉴는 한식보다는 주로 양식이나 일식·중식이다. 지금처럼 중산층의 외식이나 가족 외식문화가 정착되기 이전의 외식은 일생의례나 인생의 중요한 전환점으로 여겨졌던 졸업식이나 입학식과 같은 특별한 날에 이루어졌다. 이때 가장 선호하는 음식은 자장면이었다. 외식문화가 발달하지 못했던 시기의 자장면 한 그릇은 아주 특별한 날 먹는 음식의 상징이며,

일생 가슴에 새겨진 음식의 대명사였다.

특별한 날을 기념하기 위한 의례도 시대의 변화에 따라 점차 변화한다. 과거처럼 세시의례나 종교의례와 같은 공동체 전체에서 집단적으로 행하던 유형은 점차 줄어들고, 현대사회에서는 음식소비와 관련해 소비를 촉진하거나 특별한 음식을 상징적으로 활용한 소비의례들이 많이 늘어났다. 이는 개인들이나 집단에서 일어나는 사소하면서도 개인적인 행위를 통해서 보편화하려는 경향으로 진행되기도 한다. 이렇게 볼 때 소비는 철저하게 문화적인 현상이며, 음식소비 또한 마찬가지다.

소비는 사회적 지위를 표현하는 바로미터며, 모든 소비가 상징적 기호의 소비가 된다(보드리야르, 1993). 상품의 소비는 단순히 물질적 필요뿐만 아니라 정신적인 욕망을 충족하는 행위로서 상품 속에 내포되어 있는 사회적 의미, 즉 상징을 획득하는 과정이기도 하다. 대표적인 사례로 와인소비를 들 수 있다.

와인소비는 주로 화이트칼라층인 전문직 종사자와 회사원·커리어우먼 등이 속한 동호인모임을 통해서 전파되었다. 이 계층의 와인마시기는 와인의 상징적 의미의 소비와 연결되고, 건강과 차별적 소비의 대상이 되면서 개인의 취향의 차이로 직결된다. 와인의 소비취향은 문화적 구별짓기를 통한 사회적 자본으로 기능하기도 한다. 특히 와인마시기는 대중적인 소주마시기와는 구별된다. 다소 고급스럽고 우아하며 세련된 이미지의 중산층 음주문화는 노동자계급의 음주문화와 구별되기 때문이다. 최근 증가하기 시작한 와인소비가 가장 대표적이라고 할 수 있다.

와인 소비문화에서 등장하는 상징적 이미지는 '평등'·'위생'·'상호 존중'·'해방감'·'느림의 미학' 등의 사회적 의미를 갖는다. 이는 자신들이 즐기는 와인과 자신들의 문화를 동일시하려는 경향에서 더욱 지배적으로 표현되며(오재환, 2002: 89), 와인은 특별한 의미를 부여할 때 소주나 양주를 대신하는 의례주로도 사용된다.

한국사회에서 와인소비를 더욱 촉진하기 위해 등장한 축제가 '보졸레누 보'다. 보졸레누보는 해마다 11월 셋째 주 목요일에 전 세계로 판매되는데, 그해 수확한 포도로 만드는 보졸레누보는 출시일을 같게 한 독특한 마케팅에서 출발한다. 한국에서는 1988년 첫선을 보였으나 2000년도부터 크게 늘어나기 시작했다. 이 특별한 행사는 11월 셋째 주 목요일에 출시되는 보졸레누보를 기념하기 위해 미리 예약하거나 사둔 와인을 마시며, 자신의 삶에서 새로운 생기를 느끼도록 하는 축제로 자리 잡아가고 있다.

와인소비처럼 상품소비를 통한 음식소비의례로 젊은이들 사이에서 급속하게 퍼져나가기 시작한 DAY문화가 있다. DAY문화는 때로 집단화된 형태로 발현되기도 하는데, 대표적인 것이 발렌타인데이와 화이트데이다. 발렌타인데이는 2월 14일 사랑하는 연인에게 초콜릿을, 화이트데이인 3월 14일에는 사탕을 자신이 사랑하는 사람에게 전달해 자신의 마음을 고백하고자 한 것에서 시작되었다. 최근 청소년들을 비롯해 전 연령층으로 급속하게 확산되었다. 이러한 상업화된 음식소비의례를 대표하는 것 중 하나가 바로 빼빼로데이다. 우선 초중고생을 중심으로 인기를 끄는 빼빼로 데이는 1990년대 중반 부산과 경남지역 여중고생들이 '1'자가 4개 겹친 11월 11일에 '키 크고 날씬해지라'며 '빼빼로'라는 과자를 주고받은 데서 유래했으나, 최근에는 주로 연인들이 선물을 나누는 날로 발전해 '제2의 발렌타인데이'로 자리를 잡았다(오재환, 2008: 318).

이외에도 농산물소비의 촉진을 위해 유사한 발음이 이루어지는 날을 특정한 농축산물과 연결해 음식소비의 날로 지정·홍보한다. 대표적인 것이 삼겹살소비를 촉진하기 위한 '삼겹살데이(3월 3일)'며, 그 외에 오리나 오이를 함께 먹자는 '오리(오이)데이(5월 2일)', 유기농농산물의 소비를 위한 '유기농데이(6월 2일)', 닭·오리고기의 소비를 촉진하기 위한 '구구데이(9월 9일)', 둘이 서로 사과를 주고받으며 용서하고 화해하는 '사과데이(10월 24일)' 등이 있다(오재환, 2008: 319).

집단적인 음식소비의례와는 달리 특별한 의미를 둔 개인적인 음식소비는 일상에서 느끼는 지루함을 탈피하고 싶은 사람들이 만든 상징적 음식소비의례의 행위다. 이때 사소하지만 자신만이 기억하거나 의미를 부여한 음식을 활용해 의식을 진행한다.

이러한 일상에서의 음식소비행위는 간혹 똑같은 음식이라도 먹는 방법을 달리하거나 독특한 소스를 발라 먹음으로써, 다른 사람과 차별화된 느낌이나 의미를 통해 구별하는 행동으로 나타나기도 한다. 어린 시절에는 토마토를 설탕에 찍어 먹는 것이 일반적이었다. 그러나 특별히 건강을 염려하거나 다른 사람들과 차이를 느끼기 위해 소금에 찍어 먹거나 그냥 먹는 사람들처럼, 다른 사람과 다른 방식의 음식소비를 통해서 자신만이 느끼는 특별한 음식소비를 하기도 한다. 토마토에 소금을 찍어 먹는 자신만의 노하우를 통해서 마치 위반행위인 것처럼 행동함으로써, 타인과 구별되는 자기만의 세계로 진입하려는 노력의 결과로 해석할 수 있다.

3. 집단의례와 음식

회식과 술·삼겹살

사람은 의례의 영역 없이는 살아갈 수 없다. 의례가 없다면 인간은 끝없는 혼란의 감정 속에 빠질 것이다. 그렇기 때문에 사람들은 각자의 일상생활 속에서 축제를 환기하는 작은 행사를 무수히 만들어낸다. 마페졸리(1997)는 이러한 현상을 '상기(想起; anamèse)'라고 부른 바 있다. 가까운 친구끼리 벌이는 소규모 야회를 예로 들 수 있는데, 이러한 상기적 소규모 축제에는 대규모 축제의 관념을 각자의 방식으로 되살리려는 목적이 있다.

이러한 맥락에서 가벼운 저녁을 겸한 술자리, 가족단위의 소규모 축제가 자주 열리며, 의례에서 사람들은 식탁 주변에서 일상적인 식사규칙을 위반하곤 하는 행위를 통해 자신들의 집단 정체성을 형성하기도 한다.

한국인들은 직장생활에서 회식을 중요하게 생각한다. 회식은 일상에서 직장의 일과 연결된 연속적인 의미를 갖는데, 회식은 직장생활을 하는 수많은 샐러리맨들이 음식을 매개로 해서 벌이는 특별한 이벤트며 집단정체성과 동료애를 드러내는 장이기 때문이다.

한국인들의 회식문화에서는 집단적인 음주문화가 이슈가 된다. 한국인들의 음주문화인 대작문화가 집단성의 표현으로 등장하는 장이 바로 회식이기 때문이다. 대부분의 여성들이 술을 마시는 장소도 직장이나 동료들 간의 회식 때라고 한다. 2001년 12월 여성부가 조사한 바에 따르면 직장회식의 가장 큰 문제점으로 '술 위주의 회식(28.8%)'·'폭탄주 및 술잔돌리기(9.9%)'가 지적되었다. 아울러 여성 직원이 남성 직원 및 상사의 강권으로 술을 마신 경우가 24.1%로 나타났다(≪한겨레21≫, 2002년 1월). 직장 내 음주를 강권하는 회식문화에는 '상징적 폭력'이 존재한다. 상징적 폭력은 지배와 피지배관계에서 은폐된 형태의 폭력으로, 술을 권하고 잔을 돌리고 주고받는 과정에서 지위서열과 권력적 상하관계가 그대로 반영된다.

술은 집단의 신성에 대한 기원을 드리기 위해 마련된 최초의 음식이다. 의례에서 술이 배제되는 경우는 드물다. 의례에서 술은 다양한 기능을 한다. 술이라는, 태초에 신이 인간에게 내린 선물을 오용한 인간들의 속죄가 사회적인 의례로 표현된 것이 디오니소스제전이다. 이 축제는 술의 신을 찬양하고, 술에 대한 인간의 욕망을 허용하기를 신에게 기원하는 것이었다(오재환, 2002). 그러나 현대사회의 술은 인간의 쾌락과 욕망의 대상으로 그 의미가 퇴색해버렸고, 향락 중심의 상업화된 음주문화만이 강조된다. 그래서 현대사회에서 술은 집단적 금기의 대상이고, 과도한 음주행위는 일탈로 간주되어 통제의 대상이 되었다.

현대사회에서 노동은 신성, 여가는 쾌락과 연결된다. 당연히 술은 여가의 영역인 쾌락의 대상으로 취급되며, 노동의 영역에서는 더 이상 그 의미를 찾기가 어려워졌다. 노동의 영역에서 술이 긍정적인 영향을 미쳤던 때도 있었다. 수공업체제에서는 일의 능률을 향상하기 위해 술이 제공되어 작업장에서도 허용되었다. 1820년대 미국 린(Lynn) 지방의 구둣가게에서는 '화이트 아이'라는 술 반 파인트(약 0.47L)의 값이 일당에 포함되었던 시절도 있었다(Rosenzweig, 1983: 36).

한국인들에게 술과 관련된 음주문화는 대체로 관대한 편이다. 이는 다음의 사실로도 증명된다. 한국인들이 처음 술을 마시는 자리로는 가족행사·집안모임·명절 등이 20%였으며, 본인 또는 친구의 생일 등의 모임이 26.5%, 학창 시절의 소풍이나 수학여행이 16.6%, 졸업식 및 입학식 등의 축하자리가 13%, 직장의 회식 등의 모임이 15%로 나타났다. 이러한 결과를 보면 한국인들의 대부분은 일생의례나 소규모 기념을 위한 집단의례에서 술을 마시는 것을 알 수 있다. 특히 개인적인 음주는 3.3%로 극히 낮은 면을 보여, 한국인들의 모임에서 술이 얼마나 중요한 매개자 역할을 담당하는지를 잘 알 수 있다(제갈정, 2001: 62~65).

이러한 한국인들의 음주문화가 조직의 회합이나 직장 등에서의 회식의 체벌적 술마시기나 강제된 술먹이기문화로 그대로 이어져 사회문제가 되기도 한다. 신입생 환영회와 같이 집단으로 새내기를 받아들이는 '입문의례'에서 새내기에게 술먹이기는 여러 사회문제를 야기하기도 하지만, 지금도 공공연하게 행해진다. 입문의례에서 새내기를 받아들이는 통과의례의 하나로 행해지는 술먹이기는 한국사회의 집단성을 보여주는 상징적 의미로 해석되기도 한다. 이와 달리 공식행사나 모임 등에서 술을 들고 건배하는 집단의식은 술을 매개로 한 집단의 정체성 형성이 반영된 신성행위로 받아들여진다. 이때 사용되는 매개체인 술은 집단의 신성성을 상징하는 상징물이 되기도 한다.

한편 삼겹살은 직장인들의 회식에서 빠져서는 안 되는 메뉴 중의 하나가 되었다. 특히 우리나라 사람들은 돼지고기를 잘 먹기로 소문이 나 있으며,

그 중 가장 즐겨 먹는 부위가 삼겹살이다. 돼지고기에서 살과 지방부분이 세 번 겹쳐 겹겹이 쌓인 고기 모양을 놓고 붙여진 배쪽의 부위가 바로 삼겹살이다. 한국인들이 일상생활에서 1년에 소비하는 삼겹살의 양은 엄청나다. 한국육류유통수출입협회가 발표한 『식육편람 2006』에 따르면, 2005년에는 우리나라 돼지고기 소비량이 1인당 17.4kg으로 쇠고기 6.6kg, 닭고기 7.4kg보다 훨씬 많은 것으로 나타났다("등갈비, 칼집생삼겹전문점 어때요", ≪매일경제≫, 2007년 1월 14일자).

또한 2006년에는 소비자들이 냉동삼겹살보다 생삼겹살을 선호하면서 생삼겹살의 소비가 늘어났다. 대한양돈협회에 따르면, 미국산 냉장돼지고기의 수입량은 2003년 31톤에 불과하던 것이 2005년 4,452톤, 2006년 6월 2,033톤으로 늘어나는 등 2~3년 사이에 140~150배나 폭증했다(한국육류유통수출입협회, 2006). 한때 군인들이 휴가를 나오면 가장 선호하는 음식이 자장면·라면 등이었으나, 최근에는 삼겹살로 바뀌었다고 한다. 이러한 삼겹살의 과소비로 돼지고기의 또 다른 부위인 안심·등심·뒷다리살·목살·앞다리살 등의 소비를 촉진하는 캠페인이 진행되기도 했으며, 현재는 캐나다 등 외국에서 삼겹살 부위를 상당량 수입한다. 그러나 이처럼 먹어치우는 삼겹살이 국어사전에 등재된 것은 1994년으로 그 역사가 길지 않다. 이제는 가족 외식이나 직장인들의 회식에서 빠져서는 안 되는 주 메뉴로 자리를 잡았다.

이러한 음식소비현상은 소비자본주의의 영향으로 상업적으로 팔아먹기 위한 소비의례가 일상생활 속에 침윤되어, 현대인들에게 '점점 더 팔아먹기 좋은 것이 먹기 좋은 것이 되어가는 세상'에 살고 있음을 느끼게 한다.

금기문화와 음식

의례의 기능에는 집단유지를 위해 허용·장려하는 절차나 규칙이 있는 반면에, 개인적인 행위를 오히려 억제하거나 사회적으로 금기시하면서 집단의 질서를 유지하려는 이중성이 내포되어 있다. 음식소비에서 집단의 질서를 유지하기 위한 문화적 금기는 어느 사회든지 있어왔다. 이러한 금기문화는 생리학적이거나 영양학적인 의미에서 금기되기보다는 철저히 문화적인 상징에 의해 그 규칙이 정해진 경우가 많다.

일찍이 인류학자들은 말고기를 먹지 않는 것과 같은 음식의 상징적 요소가 일상에서의 금기와 연결된다고 믿고, 그 증거들을 보여주었다. 이슬람교도들과 유대인이 굽이 있는 동물인 돼지고기를 먹지 않는다는 사실은 이미 잘 알려진 이야기다. 그리고 중국인들은 우유를 싫어하지만 개고기는 잘 먹는다. 반면 서양인들은 우유는 잘 먹지만 개고기는 잘 먹지 않는다. 이러한 기이한 식생활 풍속은 세계 곳곳에 다양하게 흩어져 있다(해리스, 2000: 43~44).

한국사회에도 문화적인 속신에 의해 기피하거나 금기시하는 음식들이 있다. 일상생활에서 금기시하는 대표적인 음식은 시험과 관련된 것으로, 시험일에는 먹어서는 안 되는 것들이 대부분이다. 미역국·계란·바나나, 참기름이 든 음식, 기름에 튀긴 음식, 빵·죽·낙지·라면·꽈배기·비빔밥·국밥, 깨진 그릇에 담긴 음식, 다른 사람이 먹다 남긴 음식, 반으로 잘린 음식(오재환, 2008: 320) 등은 낙방을 상징하므로, 당락을 결정짓는 우리의 시험문화에서는 금기음식으로 통한다.

집단에서의 음식금기의례는 소속 구성원들에게 금기음식의 준수를 통해서 특별히 집단의 일원이라는 동질성과 정체성을 형성하게 한다. 이것이 바로 음식금기의 사회적 기능이다.

축제와 음식

프랑스 사회학자 미셸 마페졸리(1997)는 "축제는 사회적 관계를 보강해주는 구실"을 한다고 말했다. 인간의 몸에 음식물이 필요하듯이 사회적 신체에는 축제가 필요하다. 축제는 보통 흥분·소비·소란·광란 등의 과잉

상태로 특징지어진다. 이러한 과잉상태에는 음식소비가 뒤따르게 마련이며, 집단적 흥분제인 술이나 최음제가 이용되거나 금기시된 음식을 나누어 먹으면서 집단정체성을 형성해왔다. 그러나 축제가 갖는 집단의 공동기원을 담아 정체성을 강화하기 위한, 본래 의미의 축제는 점차 그 의미가 변형되거나 사라져간다. 파괴를 본질로 하는 카니발도 이제는 제도화된 형식의 마케팅으로 전환되었다.

첫째, 축제를 통한 음식소비가 있다. 축제에는 사람들이 모이고 볼거리와 더불어 먹을거리들이 즐비하게 제공된다. 한국사회에서도 축제를 통한 음식소비의 수요가 엄청난 증가세에 있다. 각종 축제의 현장에서는 먹을거리 장터가 열리고, 축제만 따라다니는 새로운 장돌뱅이들이 등장하기도 한다. 그러다 보니 어디서나 유사한 음식을 맛보게 되고, 그들이 제공하는 음식을 소비하는 진풍경이 펼쳐지기도 한다.

둘째, 음식을 주제로 한 다양한 음식축제가 있다. 프랑스의 경우 음식과 포도주 관련 축제가 300여 개가 있다. 우리나라에서도 계절별 또는 지역별 특산품과 관련된 다양한 축제와 행사가 열린다. 멸치·전어·대하·송이·한우·인삼·김치·사과·참게·마늘·배·쌀음식축제 등 특정 지역의 특산품을 이용한 축제들이 대부분이다. 그리고 지역적 특성을 보여주기 위한 남도음식축제, 경상도음식축제 등 그 지역만의 독특한 음식을 소개하는 축제들도 많이 열린다.

셋째, 스포츠축제와 음식소비다. 월드컵·올림픽 등 국제적인 스포츠 행사가 한국에서 개최된 이후 프로스포츠의 활성화 등으로 인해 스포츠축제와 행사들이 많이 개최되었다. 더 나아가 계절스포츠로 자리 잡은 야구·축구·배구 등의 리그제는 새로운 세속적 의례로 자리매김했으며, 스포츠축제는 우리의 일상생활에 많은 영향을 미친다. 야구의 경우 한 시즌에 500만 명 이상의 관람객이 몰리기도 하는 등 스포츠 참여나 관람문화도 많이 변화했다. 이제 스포츠는 단순히 보는 것이 아니라, 먹고 마시면서 즐기는 새로운 문화소비의 형태로 변화했다.

야구의 예를 보면, 과거에는 금지되었던 야구장에서의 주류 판매가 공식적으로 허용되었으며, 야구장에서 소비되는 각종 음식소비가 엄청난 시장을 형성했다. 규칙위반을 통한 주류반입으로 일탈행위들이 나타나기도 하지만, 법률에 의해 철저하게 단속한다. 허용되는 주류는 맥주에 한정되고 소주와 같은 독주는 허용되지 않는다. 그렇다고 술을 마신 뒤 발생하는 일탈행동까지 용인되는 것은 아니다.

종교예법과 음식

인간의 먹는 행위는 근본적으로 신과 밀접하게 관련되어 있다. '신인공식'이라는 것이 근본적인 식사양식이었으며 신성한 행위였다. 종교에서 식사예절은 일반적인 식사예법과는 차이가 크다.

불교의 승려들이 행하는 발우공양의 경우 아주 엄격한 식사예법에 따라 행해진다. 발우공양은 식당작법(食堂作法)을 따라 진행되는데, 한 끼의 식사 속에 불교의 수행정신이 가득 차 있음을 발견하게 된다. 흔히 발우공양은 음식을 남기는 법이 없어 낭비가 없고, 따라서 설거지해야 하는 번거로움이 없으며, 설거지로 인해 환경을 오염시키지 않는다는 일반인의 생각 이상의 의미가 있다. 특히 식당작법 중에는 승려들이 공양할 때 반드시 관상(觀想)하는 오관게(五觀偈)[1]가 있는데, 이는 식사가 단순히 배고픔을 이겨내는 기능적인 것을 넘어 종교수행의 하나라는 것을 보여주는 대표적인 사례라 하겠다. 발우공양은 출가 수행자가 음식을 매개로 중생과 함께하는 지혜의 정신이 숨어 있는 것이다.

---

1) 이 공양이 여기에 오기까지 얼마나 많은 사람의 피와 땀의 고통이 배어 있는가를 헤아리고(計功多少 量彼來處), 자기의 덕행이 공양을 받기에 부끄럽지 않은가를 생각한다(忖己德行 全缺應供). 마음을 악으로부터 보호하고 허물을 여의는 것은 탐(貪)·진(瞋)·치(癡) 삼독(三毒)을 버리는 것이 으뜸이니(防心離過 貪等爲宗), 이 음식을 약으로 알아 육신의 고달픔을 치료해(正思良藥 爲療形枯), 도업을 이루고자 이 공양을 받습니다(爲成道業 應受此食).

유교의 제례는 죽은 조상을 기리기 위해 후손들이 예를 갖춰 행하는 추모의식이다. 그러나 이 제례는 추모의식을 넘어 조상과 후손들 간의 일체감을 나타내고, 하나의 뿌리라는 강한 의식을 나타내기 위해 제례의 참석자가 제한되며, 제례가 끝나면 참석자 모두가 음식을 나눠 먹는다. 공동의 조상에 대한 감사와 나눠 먹는 밥을 통한 공동체적 질서가 형성되도록 기능해왔다.

그러나 현대사회에서는 제례문화가 세속화되면서 신성의식이 점차 퇴색되어가고, 그 절차나 형식에도 변화가 생겼다. 특히 음식과 관련된 유교 제례의 변화로는 명절에 지내는 차례가 여행지 호텔이나 콘도에서 거행됨으로써 여행용 패키지상품에 제례음식이 포함되어 있는 경우를 쉽게 발견할 수 있다.

유교제례를 가장 잘 지킨다는 성균관에서도 설날이나 추석에 관광지 호텔이나 콘도에서 차례를 지내는 것에는 긍정적인 편이다. 최근덕 성균관장은 2005년 한 인터뷰에서 조상이 바라는 자손들의 화합을 위해서라면 그 형식은 변하더라도 상관없다고 주장했다. 또한 그는 사당과 위패를 그린 조선시대의 감모여재도(感慕如在圖)도 타관에 나가 있을 때 제사를 지내기 위한 대용품이지 않았느냐라고 했다.

차례나 제사를 간소하게 지내는 게 좋다. 자녀 각자가 과일·고기·떡 등을 가져와 합쳐 상을 차리면 된다. 주부의 부담을 줄일 수 있는 합리적 안을 찾아야 한다. 일도 남녀가 함께해야 한다. 남녀가 함께하는 것이 우리 전통이다. 기독교식 추모 등 각 종교에서 가르치는 대로 해도 무방하다. 조상이 바라는 것은 자손의 화합이므로 꼭 집에서 안 해도 된다. 콘도에서 모셔도 안 모시는 것보다 낫다. 장남이 아닌 차남이나, 아들이 없으면 딸이 모셔도 괜찮다. 민법도 이미 바뀌지 않았나("주부 부담 줄여줘야 …… 콘도 제사 무방", ≪중앙일보≫, 2005년 9월 16일자).

제사를 모시는 장소뿐만 아니라 제례에 사용되는 제수도 점차 간소화되고, 이를 대신 만들어 제공하는 음식대행업까지 성행한다. 더 나아가 보통 큰집에서 제수를 장만하는 수고와 번잡함을 형제들 간에 차례와 제례를 서로 나누어 지내는 경우도 나타난다.

> 콘도 제사모시기뿐만 아니라 차례나 제사 절차도 갈수록 간소해지고 있다. 한 언론사의 조사에 의하면, 차례나 제사음식을 간소화해야 한다는 응답이 56%(복수 응답)였으며, 아예 제사상을 차리지 말고 추모만 하자는 응답도 34%에 달했다. 제사는 장남 집에서 지내되 형제자매가 음식을 나눠 준비하거나(31%), 모든 형제자매가 번갈아가면서 제사를 지내야 한다(21%)는 주장도 적지 않았다. …… 한 집안의 사례를 보면, 박복남(55. 여. 서울 행당동)씨 집은 이미 차례·제사를 형제 간에 나눠 지내고 있다. 9년 전부터 맏며느리인 박 씨는 설날과 시어머니 제사를 챙기고, 추석과 시아버지 제사는 손아래 동서 박가야(59) 씨가 모신다("다들 바쁜데 …… 제사 한꺼번에 25%", ≪중앙일보≫, 2005년 9월 16일자).

이렇듯 시대의 변화에 따라 의례의 형식이나 사용되는 음식과 관련된 행위들도 변화함을 알 수 있다. 특히 까다롭게 하는 것이 중요한 것이 아니라, 본질에 충실하게 하는 것이 중요하다는 현대인들의 인식의 확산은 의례형식의 변화에 많은 영향을 미칠 것으로 생각된다.

4. 일탈의 즐거움

의례는 사회질서 유지의 기능을 수행한다. 기존의 사회질서에 길들어지도록 해, 파괴할 수 없는 견고한 일상을 형성하는 데 기여한다. 그러나 인간은 이상에서의 조그만 일탈을 통해 자신만의 새로운 탈출구를 마련하거나 규칙위반을 통한 해방감을 만끽하기도 한다. 이러한 의미에서 과잉 또한 단순한 매력을 넘어서 카타르시스의 작용을 하기도 한다. 고가의 하겐다즈 아이스크림, 베일리스의 커피음료를 사 먹는 것, 극단적이며 정상범위를 넘어선 것처럼 보이는 식도락, 가끔 행하곤 하는 소소한 규칙위반에서 오는 즐거움, 건강식과는 거리가 먼 크림과 설탕의 과도한 섭취, 설탕에 졸인 과일 먹기 등등.

이 모든 것은 사생활 속에서 규칙을 위반하면서 느낄 수 있는 감미로운 즐거움과 관련된 것들이다. 규칙위반의 의례적 행위들은 때로는 품위와는 상관없이 게걸스럽게 먹어야만 하는 햄버거에서 케첩이 흘러내려 옷에 묻어서 스스로 그 행위를 즐기려는 욕구를 충족시켜준다. 이것이 음식위반을 통한 일상생활에서의 카타르시스다. 작은 위반은 개인의 욕구를 충족시켜주는 가벼운 일탈이며 의례.

모든 의례에는 특히 신비적이거나 마술적인 경험과 관련한 단계에서 개인을 변화시키는 힘이 있다. 오늘날 의례의 강도가 약해지고 종종 간편한 형태로 축소된 것은 사실이지만, 그래도 각종 의례는 여전히 개인을 변화하게 해주는 수단이 되어준다. 이러한 변화를 통해 우리는 규격화, 일상적 습관, 과도한 물질주의의 늪에서 헤어날 수 있다.

미셸 마페졸리(1997: 20)는 현대사회의 넘쳐나는 이미지와 스타일을 통해 이성 속에 고립된 개인이 아니라, 그 주위를 둘러싼 이미지를 탐욕적으로 소비하는 '부족'의 지배에 주목했다. 현대 이성적 사고의 대립물로 '감성의 문화'에 대한 강조는 디오니소스적 쾌락의 원칙과 집단적으로 소비되는 이미지의 통일로 인해 공동체적 집합의식을 구성하기에 이른다. 스타일과 이미지를 통해서 구축할 수 있는 집합의식인 공동체 의식의 출현이 바로 '부족주의'다.

부족주의의 출현을 음식문화와 연관시켜보자. 음식문화의 소비는 하나의 이미지를 형성하게 하는 공통의 음식토템을 통해 소비공동체를 형성한다. 음식의 토템적 소비는 새로운 감성문화를 만들어내고, 신성의식 참여자들은 서로 간의 공감과 감성이 교차하는 음식의 이미지와 스타일로 재구성된다. 이렇게 해서 새로운 부족이 탄생한다면, 근대화 이후 발생한 서구 자본주의적 '개인주의'도 고립된 개별적 인간도 사라질 것이다.

이러한 작은 반란은 음식소비의 과잉화가 만들어낸 자본주의적 소비양식에서 비롯된 집단성의 상실을 극복하고, 나아가 이미지와 스타일의 복귀를 통해서 공동체적 질서로의 회귀를 가능하게 할 수도 있다. 개인들의 음식소비에서 출현한 의례화된 스타일은 그들의 집단 성원의식, 자아 정체성 등을 공유하는 하위 집단에서 동질감을 느끼게 하는 계기로 작용할 것이다.

참고문헌

단행본

마페졸리, 미셸(Michel Maffesoli). 1997. 『현대를 생각한다』. 박재환·이상훈 옮김. 문예출판사.

보드리야르, 장(Jean Baudrillard). 1993. 『소비의 사회』. 이상률 옮김. 문예출판사.

부르디외, 피에르(Pierre Bourdieu). 1995. 『구별짓기: 문화와 취향의 사회학』. 최종철 옮김. 새물결.

이노우에 다다시(井上忠司) 외. 2004. 『식의 문화. 식의 정보화』. 동아시아식생활학회 연구회 옮김. 광문각.

한국육류유통수출입협회. 2006. 『식육편람 2006』. 한국육류유통수출입협회.

해리스, 마빈(Marvin Harris). 2000. 『문화의 수수께끼』. 박종렬 옮김. 한길사.

Goffman, Erving. 1967. *Interaction Ritual*. New York: Pantheon Books.

Rosenzweig, Roy. 1983. *Eight Hours for What We Will: Workers and Leisure in an Industrial City*, 1870~1920. Cambridge Univ. Press.

논문

오재환. 2002. 「한국인의 여가와 음주문화」. ≪사회연구 4호≫. 한국사회조사연구소.

_____. 2008. 「일상과 의례」. 박재환·일상성일상생활연구회. 『일상생활의 사회학 적 이해』. 도서출판 한울.

제갈정. 2001. 「한국인의 음주실태」. 한국음주문화연구센터.

신문 · 잡지 · 방송 · 인터넷 및 기타 자료

≪매일경제≫. 2007.1.14. "등갈비, 칼집생삼겹전문점 어때요".

≪중앙일보≫. 2005.9.16. "다들 바쁜데 …… 제사 한꺼번에, 25%".

_____. 2005.9.16. "주부 부담 줄여줘야 …… 콘도 제사 무방".

≪한겨레 21≫. 2002년 1월호.

제4장

식탁 위의 사회

송교성(동의대학교 강사)

1. 식탁[1]은 식탁이 아닙니다

우선, 질문으로 시작해보자. 당신에게 누군가가 "점심 같이 먹을래?" 혹은 "오늘 저녁 술 한잔 어때?"라고 묻는다면 어떤 생각이 드는가? 아마도 '누구'인지에 따라 각기 다른 생각과 느낌이 들 것이다. 연인들에게는 싸구려 노점상의 떡볶이가 세상에 둘도 없는 진미일 수도 있지만, 불편한 직장 상사와 먹는 고급요리는 그저 그런 맛에 불과할 수도 있다. 거래처 사장과 마주보며 식사하는 것과 오랜 친구들과 식탁에 둘러앉는 것은 완연히 다르다. 대체로 우리는 음식 그 자체를 중요시하는 만큼, 언제 어디서 누구와 함께 먹는지도 중요하게 생각하기 때문이다. 사람이 음식을

---

1) 이론이 있을 수 있지만, 서술의 편의를 위해 여기서 의미하는 식탁은 현대식의 기본적인 4인 입식식탁뿐만 아니라, 전통시대의 소반 혹은 작은 테이블에서 큰 테이블에 이르기까지 '음식이 차려지는 장소'로서의 특정한 공간을 모두 지칭한다.

먹고 마시는 행위는 기본적으로 생명을 유지하기 위한 개인적인 행위지만, 실제로 일상생활에서 행해질 때는 개인을 넘어서 다른 이와 함께하는 사회적인 행위다. 우스갯소리로 불편한 사람과 음식을 먹으면 '체한다'고 하는 말이나, 좋은 사람과 함께하는 술자리가 흥에 겨운 것처럼 먹는 행위는 타인과의 상호작용을 바탕으로 이루어진다.

식사를 통한 결속과 유대는 여러 명이 동시에 음식을 먹는 데서 생기는 것이 아니라 식사시간을 함께 나눈다는 데 의미가 있다. '함께 나누기'와 '즐겁게 모이기'란 심리학자인 하이코 에른스트(Heiko Ernst)가 말한 것처럼 '문명의 원초적 모티브'이다(메르클레, 2005: 61).

이처럼 타인과 식사시간을 공유하는 것은 아주 오래 전부터 사회를 존속시키는 기초적인 행위였다. 우리는 타인과 식사시간을 공유하며 같은 식탁에 둘러앉을 때 친밀감을 느낄 수 있다. 가족이 식탁에 둘러앉아 즐겁게 음식을 먹는 모습은 행복한 가정의 전형적인 풍경이다. 어머니가 큰 뚝배기에 끓여주신 된장찌개를 아버지와 함께 수저로 떠 먹을 때, 오랜 친구들과 감자탕이 보글보글 끓고 있는 식탁에 둘러앉았을 때, 끈끈한 정이 식탁을 휘감는다. 연인들은 분위기 좋은 레스토랑의 식탁에 마주 앉아 서로에게 음식을 집어주며 사랑을 확인하고, 삼겹살집에서 새로 입사한 후배들과 소주잔을 부딪치며 그들을 환영한다. 때로는 새로 이사 온 이웃의 떡을 받으며, 결혼식 상견례의 음식을 양가 식구가 나누며 비로소 우리는 서로를 확인한다. 바로 여기에서 음식을 먹고 나누는 공간으로서 '식탁'의 사회적 의미가 중요하게 부각된다.

어빙 고프먼(1967)이 일상생활에서의 대면적 상호작용의 구조를 연극론적인 관점 및 비유(연기론)를 사용해 설명했다면, 식탁은 일상생활에서 연기를 수행하기 위한 가장 중요한 무대장치일 것이다. 특히 가정에서 식탁은 가장 중요한 무대장치가 되지 않으면 안 된다. 왜냐하면 식탁을 둘러싸고 앉아서 식사를 하며 화목하게 지냄으로써 가족 구성원은 서로 한가족으로서의 결속을 확인할 수 있기 때문이다. 바꾸어 말하면, 함께 식사하는 장면은 가족의 정체성을 일상적으로 확인하기 위해 필요한 일종의 의례(이노우에 다다시 외, 2004)인 것이다. 그래서 대부분의 가족, 나아가 많은 조직이나 모임들은 식탁 위의 커뮤니케이션을 통해 결속과 유대를 다지며 생명력을 얻는다.

침대가 가구가 아닌 과학이라는 예전의 모 광고처럼, 식탁은 단순한 가구로서의 식탁을 넘어선 사회적 커뮤니케이션이 이루어지고 연출되는 무대다. 배우들은 식탁이라는 무대에 출연해 수저·뚝배기·그릇 등의 소품을 이용해 함께 음식을 나눠 먹는다. 때로는 예의를 지키기 위해 이야기를 자제하기도 하지만, 대부분은 음식의 맛에서부터 일상생활의 일들 혹은 정치 같은 무거운 주제에 이르기까지 많은 대사를 주고받기도 한다. 이처럼 식탁에 앉는 순간 인간관계의 사회적 상호작용이 시작된다.

2. 식탁, 문화에 이르는 공간

식탁, 문화를 차리다

한 사회가 자연상태의 야만을 극복해 일정한 사회적 행위양식을 만들어 나가는 것을 문화로 본다면, 식탁은 문화의 가장 전형적인 상징 장치다. 오늘날은 물론이거니와 수천 년 전의 벽화나 서적들에서도 알 수 있듯이, 원시시대 이후의 거의 모든 사회에서 식사는 음식을 놓을 '공간'을 마련한 후 이루어진다. 주거지가 아닌 산이나 들에서 식사를 하는 경우에도 최소한 손으로 한 번 쓸거나 간단히 정비한 뒤에야 준비해온 음식을 놓고 먹기 시작한다. 공간이 충분치 않은 곳에서도 작은 그릇이나 접시와 같은 용기에 음식을 담고 먹는 것이 보편적이다. 그래서 음식을 손에 들고 먹거나 길거리를 걸어 다니며 먹는 행위는 곧잘 훈계와 꾸지람의 대상이 되기도 한다.

이처럼 음식을 놓는 공간으로서의 식탁은 자연상태의 음식을 '문화'에 이르게 하는 장소가 된다. 등산이나 소풍 때 휴대하는 돗자리에서부터 집안의 소반·찻상·교자상 혹은 거실의 고급 원목 식탁 등이 바로 음식의 야만상태를 극복하는 문화적 공간인 것이다. 나아가 전통사회의 기우제와 같은 제사에서 쓰이던 제단, 오늘날의 각종 의식·의례나 공식 석상, 회의와 같은 연회 장소에서 쓰이는 공동 식탁은 이러한 문화가 가장 고양된 예다.

그러나 일정한 식사공간 위에 음식을 놓는 것만으로 문화화가 완료된 것은 아니다. 각 나라의 문화권에 따라 식탁 위의 사회적 양식은 서로 다른 방식으로, 그러나 거의 비슷한 형식으로 표준화가 발생한다. 식탁을 차린다는 것은 그 사회가 허용하는 음식의 규제부터 음식의 배치, 식탁 그 자체가 놓이는 시간과 공간까지 제약하는 것이다. 나아가 음식을 담는 그릇과 수저의 종류, 식탁 주변의 좌석, 식탁에서의 예절, 음식을 대하는 가치관 등에 이르기까지, 식사를 둘러싼 모든 것이 그 사회의 문화에 의해 고려되어 식탁 위에서 형성될 때 비로소 문화에 이른다. 삶의 가장 원초적이고 자연적인 행위이며 누구와도 공유할 수 없는 가장 개별적인 행위인 식사가, 공동체적이고 문화적인 행위양식2)으로 매일매일 상승되

2) 이 점에 관해 짐멜은 '식사의 사회학'(2005, 142~143)을 통해 다음과 같이 밝혔다. "모든 인간에게 가장 공통적인 것은 먹고 마셔야 한다는 사실이다. 그리고 이것이야말로 독특하게도 가장 이기적인 것이며, 그야말로 절대적이고 매우 직접적으로 개인에게 한정된 것이다. 한 사람이 생각하는 것은 다른 사람들도 알게 할 수 있다. 한 개인이 보는 것은 다른 사람들도 보게 할 수 있다. …… 하지만 한 개인이 먹는 것은 어떠한 경우에도 다른 사람이 먹을 수 없다. ……(공동식사)에서는 모든 사람이 전체 가운데에서 다른 사람에게 허용되지 않은 자기만의 부분을 차지하는 것이 아니라, 누구나 동일하게 분할되지 않은 전체를 차지한다는 생각 속에 모든 식사의 이기주의적 배타성이 철저하게 극복된다. 공동식사는 생리학적으로 원초적이고 불가피하게 보편적인 사건을 사회적 상호작용의 영역과 초개인적 의미의 영역으로 고양시킨다는 바로 그 이유 때문에, 이전의

는 것을 우리는 식탁 위에서 목격할 수 있다.

　원시적인 시기에 모두가 같이 식사를 한 커다란 대접에 비해서 접시는 개인주의적 형상을 지닌다. 접시는 거기에 담긴 음식이 전적으로 한 사람만의 몫이라는 사실을 공시한다. …… 이것은 구조화된 전체의 한 부분을 구성하는 개인에 — 다시 말해 식탁의 한 부분을 차지하는 개인에 — 귀속되지만, 동시에 자신의 한계를 넘어서지 않도록 하는 그 무엇이다(짐멜, 2005: 146).

　또한 식탁 위에 그릇이나 접시들도 그 사회의 문화를 드러낸다. 공동체문화를 중시하는 우리나라의 경우 하나의 상징으로서 '한솥밥'문화를 들 수 있다. 이는 한 가마솥에서 지은 밥을 가족들이 함께 나눠 먹기 때문에 유대감이 깊어질 수밖에 없음을 이르는 말로, 화합이 잘되는 모임을 비유할 때 종종 쓰이기도 한다. 물론 서구의 경우에도 잘 알려진 바와 같이, 요리사가 통째로 구운 돼지를 식탁 주위로 가져와 조금씩 썰어 식탁 위에 앉아 있는 사람들의 접시에 덜어주는 것처럼 우리와 크게 다를 바가 없다. 그러나 찌개나 국과 같은 요리를 하나의 뚝배기나 대접에 담아두고 식탁에 앉은 여러 사람이 숟가락으로 함께 떠서 먹는 행위는 우리의 독특한 식사문화로, 많은 외국인들이 비위생적이라고 비난하는 문화다. 그러나 이는 개인화가 심화된 서구의 관점이며, 우리의 문화에서는 구성원 간의 화합과 평등이 이루어지는 상징적인 행위양식으로 볼 수 있다.
　한편으로 상차림의 다양한 차이에서도 문화 속에 위치하는 식탁을 확인한다. 부엌에서 개인용 좌식 소반에 음식을 올린 후 이동, 집안의 어른부터 순서대로 식사하고, 식기는 밥그릇과 국그릇을 구별하며, 숟가락과 젓가락을 동시에 사용해 한 번의 상차림에서 대부분의 모든 음식을 동시에

여러 시기에서는 막대한 사회적 가치를 획득했다."

섭취하는 우리의 전통 상차림 방식은, 주로 여러 명이 둘러앉는 부엌의 고정된 입식 식탁 위에서 개별 접시와 나이프, 포크를 사용해 시간적 순서에 따라 음식을 섭취하는 서구적 방식과는 확연한 차이가 있다.

　서양과 한국 사이에서 포크와 나이프/숟가락과 젓가락의 대립을 두고서 숟가락을 그리고 젓가락을 단순히 포크와 나이프의 기능상의 대체물로 제한할 수 없듯이, 한국과 일본 사이에서 숟가락의 쓰고 안 씀이 어느 하나의 추가 또는 결여로서만 얘기되고 말 수는 없는 것이다. 다 같이 쌀밥 또는 곡식 밥을 주식으로 삼고 있고 주식과 부식의 구별이 행해지고 있는 등 중요한 부분에서 공통점을 서로 공유하고 있음이 굳이 크게 강조될 수 있다고 하면, 거의 전적으로 젓가락에 의존하는 일본인의 밥 먹기와 젓가락과 숟가락 양자에 더불어서 의존하는 한국인의 밥 먹기 사이의 차이는 두드러져 보이게 된다(김열규, 1999: 8～9).

　마찬가지로 생일상·백일상·폐백상·환갑상 혹은 제사상 등과 같이 동일한 문화권 안에서도 상황에 따른 다양한 방식의 상차림이 존재한다. 때와 장소에 따라서 차려지는 음식의 종류뿐만 아니라, 음식을 준비하는 요리방법이나 차려내는 방식, 음식 그 자체의 색채감과 식사도구도 다양하다. 평범하고 소박한 밥상에서부터 임금의 수라상, 상류층의 사치스러운 고급 식탁에 이르는 천차만별의 식탁들이 존재하며, 같은 식탁이라도 누구와 함께 둘러앉느냐에 따라 달라지는 예절과 방식 등은 결국 '식탁을 차린다'라는 것이 한 사회 또는 한 공동체의 문화를 '차려'내는 것임을 의미한다.

　식탁에 '오르다'
　흔히 '유기농식품 식탁에 오르다'·'새싹 봄나물 식탁에 오르다'·'한국, 세계인의 식탁에 오르다' 등과 같이 우리는 종종 '식탁에 오르다'라는 표현을 쓴다. 사전적으로는 식탁 위에 음식이 놓이고 그것을 먹는 것을 의미하는데, 이 표현은 함축적으로 음식과 음식을 둘러싼 문화적 규제와 맞닿아 있다. 먹을 수 있는 것과 먹을 수 없는 것에 대한 사회적·문화적 규제다. 세상을 시끄럽게 만드는 각종 음식 파동이나, 2008년 한국의 역사적 사건이 된 '촛불집회'도 기본적으로는 안전하지 않은 먹을거리가 우리의 식탁 위에 '오르는' 사회적 체계에 대한 불신과 두려움에서 시작된 것이다. 프랑스 여배우 브리짓 바르도가 한국을 미개한 나라로 평가했던 것도, 일본의 사가현(佐賀縣) 정부가 아랍에미리트(UAE: United Arab Emirates) 정부에 사과3)한 예들도 각 문화권에 따라 식탁 위에 오를 수 있는 음식(같은 종류의 음식이라 하더라도)이 서로 다르게 허용··규제됨을 의미하는 것이다.

그러나 식탁 위에 오른다는 것은 음식에 대한 문화적 통제만을 가리키지는 않는다. 여러 문화권에서 같은 식탁에 오른다는 것은 곧 개인이 그 공동체에 결합됨을 의미하면서, 동시에 식탁 위에는 오를 수 있는 자격과 같은 공동체의 경계와 규제가 나타나는 곳이기도 하다. 비록 식탁 그 자체는 평평하지만, 그 위에는 상하의 권력과 계급 그리고 경계가 엄연히 존재한다.

예를 들어, 우리의 전통사회에서는 남성과 여성, 주인과 머슴, 부모와 자식 간에도 서로 다른 밥상으로 구분되었다. 밥그릇이 한식탁 위에 놓이느냐 안 놓이느냐는 공동체적 경계의 상징적인 의미로 나타나는 것이다. 또한 대개 집안의 어른이나 중요한 손님이 앉는 '상석' ― 그래서 우리는 종종 회식자리에서 이런 자리를 무의식적으로 피하려 한다 ― 은 자리의 배치가 지위와 신분에 따라 구분됨을 상징적으로 의미한다. 현대화된 지금의

---

3) 일본 측이 두바이 현지인들과의 만찬에서 돼지고기를 가공하는 업체의 쇠고기를 접대하고, 뒤늦게 이를 사과한 사건이다("'부적합 고기 접대' …… 일본, UAE에 사과", ≪연합뉴스≫, 2009년 4월 28일자).

식탁 위의 상황과 달리 전통시대에 위계화된 권력구조와 가부장제가 반영된 '반상의 구분'이 바로 그것이다. 서구에서도 식탁의 좌석은 지위와 서열에 따라 배치되었다. 손님에게는 푹신푹신한 소파를, 그 외의 사람들에게는 팔걸이가 없는 동그란 의자나 등받이가 없는 간단한 의자를 준비했다(메르클레, 2005: 174). 식탁을 둘러싸는 의자에도 사회적 규제가 형성되는 것이다.[4]

11세기의 어떤 길드는 길드 구성원을 살해한 자와 먹고 마시는 사람에게 무거운 형벌을 가했으며, 1267년의 비엔나공회는 강한 반유대적 경향 때문에 기독교인들은 유대인들과 같이 식사를 할 수 없다고 특별히 규정했다. 인도에서는 낮은 카스트에 속하는 사람과 함께 식사를 함으로써 자신과 자신의 카스트를 더럽히는 사람은 때로 죽임을 당하기까지 한다(짐멜, 2005: 143). 함께 식탁 위에 앉을 수 있는 사람과 아닌 사람을 구분하는 것은 공동체 내에서도 상하관계와 권력관계를 구분 짓는 것이며, 나아가서는 공동체의 소속감을 확인하고 타 공동체와 구분을 짓는 일이다.

한편 정상적으로 식탁에 오르기 위해서는 각 사회 및 공동체의 문화 속에서 형성된 특별한 매너와 규제를 익혀야만 한다. '밥 먹을 때는 말하지 마라'·'음식 씹는 소리를 내지 마라'·'밥은 조금 남겨두어라' 등으로, 우리의 식탁 위에서의 행위는 사회적으로 규제된다. 잘 알려진 바와 같이 상류층의 식사예절은 하층의 그것과는 또 다르며, 누구와 함께 혹은 어떤 모임이냐에 따라서 우리의 식사예절은 달라질 수밖에 없다. 그래서 여러 문화권에서 다양한 방식으로 식사에 어울리는 예절들이 통제되고 규제된다. 개인은 이러한 초개인적 규칙들을 스스로 통제하고 규제함으로써

---

4) "로마의 가정에서는 정반대의 모습이 펼쳐졌다. 같은 식탁이지만 아버지는 소파에, 어머니는 등받이 의자에, 그리고 자녀들은 걸상에 앉아서 밥을 먹었다. 권력의 서열과 의자는 정확히 일치했다. 의자에 앉은 자, 의장(chairman)이라는 용어는 의자로부터 나오는 권위를 단적으로 보여준다"(권희정, "'의자'에 담긴 수많은 상징들", ≪한겨레신문≫, 2007년 8월 5일자).

비로소 같은 식탁에 오를 수 있다.

결론적으로 '식탁에 오른다'는 것은 곧 그 세력으로 편입됨을, 집단은 이를 통해 스스로를 정비하고 공고히 함을 의미한다. 이와 같은 사회적 행위는 최고위층의 권력층[5]부터 사회적 최하층에 이르기까지 전 사회의 일상생활 속에서 매일매일 다양한 방식과 형태로 일어난다. 식탁 위에 오른다는 것은 음식이든 사람이든 그 공동체의 문화가 각인된 상태임을 뜻하는 것이다.

3. 식탁 위에 그려지는 한국

식탁은 그곳에서 밥을 먹고 생활하는 사람들의 삶의 양태를 보여주는 척도다. 식탁은 가족이 모여 일상을 위한 에너지를 비축하는 자리인 동시에, 가장 많은 정보를 무리 없이 교환하고 감정을 교류할 수 있는 유일한 장소이기도 하다. 그래서인지 한국 드라마에서는 유독 식사하는 장면이 많다. 한때 대한민국 일일극에서 식사하는 장면을 빼고 나면 식사준비하는 장면, 식사 치우는 장면이 전부라는 말이 있을 정도였다. 이에 대해 한 드라마 작가는 "인간의 삶 자체가 먹으려고 살고, 먹으면서 사는 것, 드라마는 그것을 보여줄 뿐인데 어떻게 하란 말인가?"라며 항변했다(조경아, "[조경아의 푸드 온 스크린] 밥상 세상, 드라마 속 드라마", ≪동아일보≫, 2008년 4월 30일자).

---

5) "노대통령은 탄핵정국 이전에도 곧잘 우리당 인사들을 청와대로 불러 식사회동을 가졌다. 당시 야당으로부터 "낮엔 무당적(無黨籍) 대통령, 밤엔 우리당 총재로 2중 플레이 한다"는 핀잔을 듣기도 했다. 노대통령은 이 같은 청와대 식사회동을 미국 7대 대통령 앤드루 잭슨의 '키친 캐비닛(Kitchen Cabinet, 부엌내각)'에 비유해 설명했다. 노대통령은 잭슨의 '부엌내각'을 거론하며, "한국에서도 대통령이 식탁에서 국정을 논의하는 다양하고 자유로운 문화가 만들어지기 바란다" 했다("식탁정치", ≪경북일보≫, 2008년 10월 21일자).

〈사진 4-1〉 **식탁 위의 상차림 예**
ⓒ 송교성

우리가 종종 '밥상머리교육'이라 일컫듯이 식탁은 가족공동체의 유지와 존속, 세대 간의 전승 등 여러 가지 사회적·문화적 의미가 이루어지는 장소다. <사진 4-1>에서 보는 바와 같이 오늘날 우리 사회에서 식탁의 상차림은 4인을 기준으로 중앙에는 큰 뚝배기에 담긴 찌개 등의 주음식이 놓이고, 주변에 여러 반찬들이 놓인다. 그리고 각자의 자리에는 밥과 국, 수저가 놓이는 등 코스에 따라 음식이 놓이는 서양과 달리 대부분 한상에 모든 메뉴가 놓이고 소화된다. 그런데 한국사회에서 입식 식탁을 사용한 것은 그리 오래된 일이 아니다.

소반에서 식탁까지

근대화 이전 조선시대까지 대개는 운반기능과 식탁기능을 겸한 좌식가구인 '소반(小盤)'을 사용해 식사공간을 마련했다. 기실 조선시대 이전 고려시대나 삼국시대에는 입식생활과 좌식생활이 혼용되었으나, 온돌양식이 보편화된 조선시대에는 평좌식 생활문화가 완전히 자리 잡았다. 주거지의 각 공간은 문을 기준으로 분리되었으며, 이렇게 분리된 안방·마루·건넌방·사랑방·부엌은 부엌과 생활공간으로 분리되면서 식사를 하는 공간이 따로 없었다. 결국 생활공간에서 식사를 할 수 있게 하고 부엌은 조리공간으로 독립되면서 이 두 공간의 연결을 소반으로 해결했다. 부엌에서 조리된 음식을 소반에 올려 방으로 나르고, 방에선 소반을 받은 그대로 식사를 할 수 있었다(박상현, 2006: 17). 명절이나 축하연 등 많은 사람이 모여 함께 식사를 할 때는 교자상(交子床)을 사용했지만, 대부분 1인용의 독상을 사용했다. 그러나 오늘날 대부분의 가정에서는 부엌공간과 식사공간이 혼재된 '주방'이라는 공간이 마련됨에 따라, 더 이상 음식을 나를 필요성이 사라지고 서양식의 입식 식탁이 보급되기 시작했다. 이에 따라 계층이나 계급, 혹은 가정 안에서의 지위 및 성별에 따라 1인용의 독상(獨床), 2인용의 겸상(兼床) 등으로 구분했던 식사공간의 경계선이 점차 사라져갔다.

따라서 여성의 개인영역[6]이었던 — 그래서 천시되었던 — 부엌공간은 근대화와 함께 가족 전체의 주방으로 변화되었다. 이에 따라 좌식 밥상문화는 입식 식탁문화로 변화되었고, 이를 둘러싼 가족 구성원의 일상생활도 변화되었다. 모든 음식의 저장과 조리·차림·정리가 여성의 몫에서 가족 전체의 분담으로 변해간 것이다.

1970년대는 부엌이 거실 등의 타 공유공간과는 벽으로 철저하게 구분되어 사실상 부엌이 입식화되면서 능률화되었다뿐이지 전통주택에서 주부만의 작업공간이라는 본질적 의미에서는 크게 변화된 것이 없다. 그러나 1980년대에는 부엌의 격리현상이 사라지면서 거실과 부엌이 일체화되는 소위 LDK(일체형)형식이 선보이고 부엌이 주부만의 공간에서 가족 모두에게 열린 공간으로 등장한다(강순주, 2005: 19).

부엌에서 음식을 조리해 밥상에 올려놓고 안방으로 들고 이동했던 시대

---

6) 흔히 '사내가 부엌에 들어오면 중요한 것이 떨어진다'는 말 혹은 '사나이가 부뚜막 맛을 알면 계집을 못 거느린다'는 속담처럼 남성이 부엌에 출입하는 것은 금기의 대상이었다. 김광언(1997: 7)은 "부녀자는 이곳(부엌)에서 몸을 씻었고 아랫사람들은 밥을 먹었으며, 며느리는 시집살이의 고달픔을 달랬고 글을 모르는 이는 부지깽이를 붓 삼아 문자를 깨치기도 했다. …… 새색시에게는 시집와서 사흘째부터 '부엌데기'가 되어 적어도 이삼십 년 동안 하루도 빠짐없이 들락거려야 하는 근무처이기도 했다. 아낙네는 이처럼 평생의 대부분을 부엌에서 보냈다"라고 말했다.

와 달리 주방에서 조리해 바로 옆의 식탁에 음식을 차리게 됨에 따라 가족 구성원 누구나 식사의 전 과정을 책임질 수 있게 되었다. 특히 여성의 사회 참여와 취업이 많아진 현대에 식탁이라는 무대는 개방되었고, 간단한 라면에서부터 간편한 취사를 통해 만들어 먹을 수 있는 가공식품의 다양화, 때로는 배달음식 등 어머니의 손맛을 '닮은' 외부의 음식들이 식탁이라는 무대 위에 놓일 수 있게 됨에 따라, 무대의 연출 감독은 때로는 아버지가 혹은 성장한 자녀가 맡을 수 있게 된 것이다. 장독과 곳간·뒤주·부뚜막 등이 사라지고 편리한 주방용품 및 가전제품의 보급, 증대된 외식산업은 이러한 변화[7]를 더욱 가속화한다.

그러나 이것이 곧 여성의 해방을 의미하지는 않는다. 과거에 비해 여성이 절대적인 시간에서 음식준비에 할애하는 시간은 줄었지만, 대개의 가정에서는 여전히 여성이 음식준비에 상대적으로 많은 시간을 할애하는 것이 사실이다. 다만 여기서는 그러한 여성의 위상 변화를 간단히 지적하고자 한다. 예전에는 부엌데기라고 해서 음식준비와 그것을 담당하는 여성을 낮춰서 생각하는 경향이 강했다. 그러나 오늘날 음식의 외부화와 외식의 증가는 아이러니하게도 가정의 식문화의 위상을 높였다. 직장이나 학교와 같이 외식이 잦아진 오늘날 주말 혹은 명절·기념일 같은 날에는 아내 혹은 어머니의 특별하고 맛있는 메뉴는 달콤함과 행복함 그 자체다. 그러나 낮은 성적이나 여러 사건으로 어머니의 심기를 건드리거나, 잦은 술자리와 외박 등으로 아내의 화를 돋우는 날에는 김치와 간장 종지만

---

7) 또 하나의 중요한 변화는 부엌의 신성함이 사라졌고 쓰임새가 변화했다는 것이다. 역사적으로 우리의 부엌은 한 집안의 살림의 뿌리였으며, 매우 큰 비중을 차지했다. 부엌의 청결 정도는 한 집안을 평가하는 잣대였으며, 부엌 지킴이 '조왕신'을 위해 주부가 새벽에 우물에서 길어온 깨끗한 물로 온 가족의 안녕과 행복을 비는 장소였다. 현대식 주방은 이러한 신성함의 의미가 사라진 대신, 가족모임의 장소, 손님접대 등 개방화된 일상적 공간으로 변화했다. 또한 취사뿐만 아니라 세탁과 생활용품의 보관, 휴식과 TV시청, 혹은 식탁 위에서 공부나 컴퓨터 작업이 이루어지는 등 다양한 공간으로 활용된다.

〈표 4-1〉 **10세 이상 인구의 평균 식사시간 ― 식사 및 간식**

행동별	행동분류별		1999 요일평균 (시:분)	2004 요일평균 (시:분)
주 행동	12	식사 및 간식	1:33	1:37
	121	가족과의 식사	0:40	0:37
	122	혼자 식사	-	0:16
	123	가족 외 사람과의 식사	0:35	0:22
	124	간식과 음료	0:18	0:21
모든 행동	12	식사 및 간식	1:43	1:50
	121	가족과의 식사	0:40	0:37
	122	혼자 식사	-	0:16
	123	가족외 사람과의 식사	0:35	0:23
	124	간식과 음료	0:27	0:34

자료: 통계청 생활시간 조사.

덩그러니 놓인 식탁을 대할 것이다. 식탁의 주도권을 쥔 주부는 상차림을 통해 자신의 의사를 표현하고, 식탁 위에 놓이는 그릇과 수저·장식물을 통해 상징적으로 자신의 개성을 드러내는 것이다.

가벼워진 식기, 식구가 떠난 식탁

그리고 산업사회 다음 단계에 이르게 되었을 때 일본은 식사의 개인화현 상이 현저하게 되었다. 그것은 개인 선택이 자유로운 외식이 차지하는 비중 이 증대하였기 때문만은 아니다. 한가족 안에서 아침식사로 빵을 선택하는 사람과 밥을 먹는 사람으로 나뉘고, 통학과 출근시간에 맞추어서 시차를 두고 먹게 되었다. '공동식사'와 '개별식사'의 시비가 사회적 문제로 논하게 되었다는 것이다(이노우에 다다시 외, 2004: 35).

고 정주영 현대그룹 명예회장이 새벽마다 아들과 며느리·손자까지 모두 함께 둘러앉도록 해서 아침식사를 했다는 일화는 가족이 함께하는 식사가 갖는 의미와 그 힘을 상징적으로 드러내준다. 하지만 통계청 생활시간 조사(<표 4-1>)에 따르면 오늘날에는 가족 간의 식사시간이 줄어들고 혼자 식사를 하는 시간이 늘었음을 알 수 있다. 가부장의 권위(옳고 그름의 가치판단의 문제를 잠시 유보해두고)조차 3~4명에 불과한 식구들을 한식탁에 함께 머물게 하는 것이 힘든 사회인 것이다.

현대화된 식기가 보편화되기 전에 놋그릇이나 수저와 같은 전통 식기들의 '대물림', 혹은 몇 대째 어머니에서 어머니로 이어지는 부엌과 장독대, 옹기, 제기와 제수들의 전승은, 그 자체가 마치 한 뿌리에서 자라 가지가 나뉘듯이 우리의 가족을 좋든 싫든 한자리에서 식사를 하도록 묶어주고 결합해주는 역할을 했다. 그러나 무거운 유기그릇에서 가벼운 플라스틱이나 스테인리스와 같은 재질로 식기구가 변화되었듯이 식사공간은 가벼워졌고, 오래전부터 유지된 함께하기의 구속성과 강제성도 점차 흐려졌다. 고정된 밥상으로서 식탁은 아이러니하게도 식구를 식탁에서 떠나게 만들었다. 같은 시각, 같은 식기를 사용하며 함께 식사를 하던 풍경은 사라지고, 아이들을 위해서는 빵이나 우유 등의 서양식을 준비하고, 남편을 위해 된장찌개를 준비하고, 그리고 주부 자신을 위해 남은 반찬을 비벼 먹는, 세 번 차려지는 아침식탁 풍경이 등장한 것이다.

현대사회를 비관적으로 바라보는 사람들은 가족의 붕괴를 지적하며, 그 예시로 같이 식사를 나누는 모습이 사라져간다고 한다. 마찬가지로 드라마나 영화에서도 가족공동체가 해체되는 것을 자녀들이나 어머니·아버지가 혼자 외로이 식사를 하는 장면으로 상징적으로 묘사한다. 영화 <우아한 세계>에서 가족을 외국으로 떠나보낸 기러기 아빠(송강호 분)가 가족의 모습이 담긴 DVD를 보며 혼자 라면을 끓여 먹다가 울분에 차 라면을 던져버리는 마지막 장면은 바로 그러한 상징적 묘사의 예일 것이다.[8]

오늘날 가족 구성원은 음식을 함께 먹는 입구라는 뜻의 '식구(食口)'의 의미를 상실했고, 다 같이 식탁에 둘러앉아 정답게 이야기를 나누는 모습은 기념일이나 명절과 같은 특별한 날에만 볼 수 있게 되었다. 아버지의 권위로 가족 개개인의 스케줄을 통제하는 모습은 오래된 농담처럼 들린다. 어머니가 일을 나가는 가정에서 아이들은 혼자 식탁에 앉아 음식을 먹을 수밖에 없다. 물론 부모가 상주한다고 해도 아이들은 학원시간에 맞춰 근처의 패스트푸드점을 이용하거나 친구들과 외식을 즐기며 점점 가족과 함께하는 시간을 상실해간다. 설령 가족이 한자리에 모이는 식사시간이라 하더라도 대화 대신 텔레비전 드라마가 그 위치를 차지한다. 텔레비전이 가장 잘 보이는 장소가 오늘날 식탁의 상석이 되었다. 오죽하면 가족이 함께 식사를 하도록 권장하는 책이나 캠페인이 등장할까?[9]

같은 식사공간에 앉아 같은 음식을 나누는 행위는 상호작용의 기초이면서 동시에 공동체의 유지와 결속을 가져온다고 볼 때, 요즘처럼 가족이 함께 어울리지 못하는 식탁은 그 기능을 유지하지 못한다. 또한 음식 자체

---

8) 현대사회에서 가족들이 함께 '식사'를 하는 시간이 줄어드는 것을 공동체가 무너지는 전형적인 예로 지적한다. 흔히 영화나 드라마에서는 가족관계가 무너짐을 표현하기 위해 혼자 식탁에 앉아 있는 아버지·어머니 혹은 자녀들의 모습을 연출하기도 한다. 이 점에서 2003년 개봉한 한국 공포영화 <4인용 식탁>은 식탁을 통해 인간관계의 감정적인 긴장감과 공포감을 다루었다. 이에 관해 영화잡지 ≪씨네 21≫은 이렇게 평했다. "그 식탁엔 온기가 없다. 가족의 단란한 한때, 따끈한 음식에서 김이 솟아나고, 두런두런 이야기와 웃음이 피어나야 할, 그 식탁에서 정원은 차라리 혼자이고 싶었을 것이다. 스쳐 지나간 애들의 주검이, 그 환영이 식탁을 지배하면서부터 그는 다시 악몽을 꾸기 시작한다. '스위트 홈'의 신성한 환상이 조각나는 순간, 그렇게 공포는 입을 연다"(박은영, "재능 있는 이야기꾼의 발견", 2003년 8월 5일자). 마찬가지로 2005년 개봉한 일본 공포영화 <노리코의 식탁(Noriko's Dinner Table)> 또한 붕괴되고 해체되며 급기야 인위적인 렌탈까지 등장하는 가족이라는 공동체 혹은 사람과 사람 사이의 관계를 묘사하면서 '식탁'을 제목에 붙였다.

9) 『부부와 자녀의 미래를 바꾸는 가족식사의 힘』(와인스타인, 2006), 『아빠와 함께 저녁 프로젝트 — 따스한 가족의 식탁으로 돌아가기 위한 아빠의 선택』(스트래처, 2008) 등 가족이 함께 식사하기를 권장하는 책들이 출간되는가 하면, "아침식사 가족과 함께 실천하세요"(≪광양경제신문≫, 2008년 10월 1일자)·"노벨과 개미, 온 가족이 '아침 먹기 캠페인'"(≪프라임경제≫, 2008년 5월 13일자) 등 최근에는 가족 식사의 중요성을 강조하는 이벤트성 캠페인도 일어나고 있다.

가 외부화됨에 따라, 차려진 음식에 담긴 전통적인 의미로서의 '가족 간의 사랑과 정'과 같은 가치들이 사라져간다. 가벼워진 식기만큼 가벼워진 가족의 모습들이 나타나는 것이다. 물론 이것이 반드시 부정적인 변화만은 아니다. 계급과 권력에 따라 철저히 나누어진 권위주의적 위계사회, 여자라는 이유로 밥상머리에 오르는 것을 금기하는 등의 부정적인 모습들이 사라져가는 긍정적인 변화이기도 하다. 하지만 가벼운 플라스틱 그릇에 비닐 포장된 음식이 물질적으로는 식욕을 채울 수 있겠지만, 묵직한 뚝배기에 정성스레 담긴 음식을 옹기종기 둘러앉아 먹던 그 맛을 살릴 수 있을까?

4. 식탁의 다변화

현대의 식사양식과 공간 등이 달라진 만큼 우리의 식생활문화는 많은 면에서 변화되었다. 식사시간조차 24시간 문을 여는 편의점과 음식점의 등장으로 아침·점심·저녁의 구분이라는 경계가 모호해졌다. 혼자 밥을 먹는 모습들이나 길거리에서 패스트푸드로 한 끼를 해결하는 사람들의 모습은 더 이상 낯선 풍경이 아니다. 이미 싱글을 위한 식탁을 배치해두는 식당도 늘어났으며, 식탁 가구도 1인용이 등장했다.

온 식구가 다 같이 둘러앉아 밥을 먹는 것을 하루 중대사로 여기던 우리나라 사람들의 관념이 바뀐 지는 이미 오래. 직장이나 학교에서 삼삼오오 떼를 지어 밥을 먹어야만 한다는 의식도 많이 사라져가고 있다. 나 홀로 식사를 하고 커피를 마시는 사람이 늘면서 혼자서도 여유 있고 맛있게 식사할 수 있는 공간이 속속 생겨나고 있다. …… 식당은 1인용 식사공간을 많이 늘리고 1인용 메뉴를 개발해 내놓고 있다. 서너 명이 앉을 수 있는 테이블 대신 바 형태의 긴 테이블을 마련해 혼자 마음 편히 식사할 수 있게 하는 것도 적극적인 1인 고객 대상 마케팅이다. 고기촌 플러스 바처럼 바형 테이블을 도입해 혼자 고기를 구워 먹을 수 있는 곳도 생겨나고 있다. 가게 한 켠에 바 형태 좌석을 만들고, 메뉴에도 '싱글메뉴'를 따로 마련해 삼겹살, 항정살, 청정한우 등 다양한 고기를 조금씩 맛볼 수 있도록 했다("나 홀로 먹어도 맛있어! 싱글레스토랑", 《매일경제》, 2008년 4월 11일자).

비판적으로 본다면, 현대사회는 야만을 극복한 문화적 상징으로서의 식탁을 점차 사라지게 한다. 화려한 거실의 값비싼 유럽식 식탁에도 식구가 같은 시간에 모두 모이기란 지난한 일이다. 가장 원초적인 자연을 문화로 이르게 하기에, 과거에는 신성시되었던 식탁은 이제 아이들의 컴퓨터가 놓이거나 예쁜 장식물을 놓을 수 있는 큰 테이블에 불과해졌다. 종종 자동차 안에서 김밥이나 빵으로 한 끼를 때우고, 길거리를 걸어다니며 식탁 없이 식사를 하는 모습도 목격한다. 빠름을 요구하는 현대사회에서 잘 먹고 잘 살기 위한 삶의 그 궁극적인 목적이 아이러니하게도 사라져가는 것이다.

그러나 인터넷 세대는 컴퓨터 앞에 앉아 라면을 먹으면서도 온라인공동체에 접속해 그 유대감을 확인하며, 가벼운 패스트푸드를 쥐고 휴대전화로 친구와 담소를 나누며 서로를 확인하는 것 또한 현대사회다. 중요한 것은 이러한 문화에 대한 가치판단보다는 그것이 의미하는 바를 이해하는 것이다. 2008년 촛불집회에 등장해 사람들에게 무료로 커피를 제공한 '촛불다방'은 오늘날에도 여전히 음식을 통한 공동체적 의식의 존속을 확인해주었다. 집회가 열린 도로는 대규모 식탁이 되었고, 낯선 사람들은 커피 한 잔의 여유를 나누며 하나가 되었던 것이다. 무수히 많은 사람들이 편린처럼 스쳐 지나가는 현대적 삶에서 공동체를 가르고 가족을 확인하던 식탁의 경계는 모호해졌지만, 그만큼 새로운 방식과 형식으로 우리는 식탁을 차리고, 식탁에 오른다.

참고문헌

단행본

김광언. 1997. 『한국의 부엌』. 대원사.

메르클레, 하이드룬(Heidrun Merkle). 2005. 『식탁위의 쾌락』. 신혜원 옮김. 열대림.

스트래처, 카메론(Cameron Stracher). 2008. 『아빠와 함께 저녁 프로젝트 ― 따스한
　　　　가족의 식탁으로 돌아가기 위한 아빠의 선택』. 박선령 옮김. 로그인.

와인스타인, 미리엄(Miriam Weinstein). 2006. 『부부와 자녀의 미래를 바꾸는 가족식
　　　　사의 힘』. 김승현 옮김. 한스미디어.

이노우에 다다시(井上忠司) 외. 2004. 『식의 문화. 식의 정보화』. 동아시아식생활학회
　　　　연구회 옮김. 광문각.

짐멜, 게오르그(Georg Simmel). 2005. 『짐멜의 모더니티 읽기』. 김덕영·윤미애 옮김.
　　　　새물결.

Goffman, Erving. 1967. *Interaction Ritual.* New York: Pantheon Books.

논문

김열규. 1999. 「먹기와 요리 그리고 상차림의 문화론」. ≪인제식품과학FORUM논
　　　　집≫.

박상현. 2006. 「소반에 관한 연구 ― 전통소반과 현대소반의 연계성을 중심으로」.
　　　　홍익대학교 산업미술대학원 석사학위 논문.

강순주. 2005. 「부엌 공간 사용 형태로 본 주거문화의 변화」. ≪한국가정관리학회
　　　　지≫. 제23권 2호.

신문 · 잡지 · 방송 · 인터넷 및 기타 자료

권희정. 2007.8.5. "'의자'에 담긴 수많은 상징들". ≪한겨레신문≫.

박은영. 2003.8.5. "리뷰: <4인용 식탁> 재능 있는 이야기꾼의 발견". ≪씨네21≫.

이현경. 2007.1.31. "리뷰: <노리코의 식탁> 잔혹한 판타지". ≪씨네21≫.

조경아. 2008.4.30. "<조경아의 푸드 온 스크린> 밥상 세상, 드라마 속 드라마".
　　　　≪동아일보≫.

≪경북일보≫. 2008.10.21. "식탁정치".

≪광양경제신문≫. 2008.10.1. "아침식사 가족과 함께 실천하세요!".
≪매일경제≫. 2008.4.11. "나 홀로 먹어도 맛있어! 싱글레스토랑".
≪연합뉴스≫. 2009.4.28. "'부적합 고기 접대' …… 일본, UAE에 사과".
≪프라임경제≫. 2008.5.13. "노벨과 개미, 온 가족이 '아침 먹기 캠페인'".

통계청. 2004. 「2004 국민생활시간조사」.

제 5 장

음식은 교육이다

이미식(부산교육대학교 교수)

1. 인간의 품격은 밥상머리에서 시작한다

만승천자(萬乘天子)도 먹어야 산다

인간이 인간답게 산다는 것의 의미는 다양하게 정의할 수 있다. 그런데 대체적으로 인간답게 사는 것의 특징은 살맛을 느끼며 사는 것이다. 살맛은 삶의 맛을 느끼는 주체와 객체의 적절한 만남에서 가능하다. 그런데 무엇보다도 산다는 것이 '맛'이라는 단어를 통해 표현된다는 것이 의미 있게 보인다. 속담에 '등 따습고 배부르면 더 바랄 것이 없다'·'만승천자(萬乘天子)도 먹어야 산다'·'잘 먹고 잘 입어 못난 놈 없다'·'금강산도 식후경'·'먹어야 양반 노릇도 한다'·'먹어야 체면도 지킨다' 등은 맛과 살맛을 적절히 표현한 내용이다.

사는 것이 음식을 통해 가능하다면 인간은 음식을 소중하게 생각해야만 한다. 음식 자체가 귀하기도 하지만 음식을 먹는 행위를 존중하는 것이 인간의 모습을 존중하는 한 표현이기 때문이다. '먹은 죄는 없다'·'먹은 죄는 꿀 종지로 하나다'·'배고픈 데 장사 없다'·'먹는 것이 하늘이다' 등은 인간의 삶의 과정이 음식을 소중하게 여기는 것이어야 함을 말해주는 것이다.

그런데 인간이 음식을 먹는다는 것은 음식이라는 대상에만 국한되지 않는다. 음식을 먹는다는 것은 사회화과정에 참여함을 의미한다. 즉, 음식을 먹는다는 것은 오래 전승된 문화를 알고 배우며 미래를 만들어간다는 것을 의미한다. 그래서 음식을 같이 먹는 가족을 일컬어 식구라고 하는 것이다. 그리고 식구가 된다는 것은 동일한 문화와 가치의 지배를 받음을 의미한다. 그리하여 인간이 음식을 나누고 먹는 과정은 삶의 태도를 배우는 과정이었다. '부모 말을 들으면 자다가도 떡이 생긴다'·'먹는 데는 친구요 궂은일에는 친척이다'·'밥은 주는 대로 먹고 일은 시키는 대로 하라'·'걱정이 없어야 먹는 것도 살로 된다'·'냉수도 불면서 마신다'·'하루 세 끼 밥 먹듯'·'쑨 죽이 밥 될까?' 등의 속담은 인간이 태어나면서 음식을 통해 삶의 태도나 가치를 배웠다는 것을 보여주는 속담이다.

인간에게 음식은 생존의 수단이자 목적이다. 즉, 음식은 생물학적인 의미에서 생명을 유지하는 것뿐만 아니라, 사회문화적으로 잘 사는 것과 관련되어 있다. 그래서 음식은 먹되 잘 먹어야 하고 잘 먹기 위해서는 교육이 필요하다.

밥 먹는 태도가 인격 형성에 영향을 준다

인간은 태어나면서 맛을 통해 세상을 알게 된다. 태어나면서부터 처음으로 느끼는 맛은 따뜻한 어머니의 모유다. 모유나 우유를 잘 먹는 신생아는 건강하게 잘 살 수 있다. 잘 먹는 아기는 세상을 친밀하게 느끼고, 나와 타자, 주체와 객체를 탐색하는 데 적극적일 수 있다. 인격발달론자인 콜즈(1986)는 인간이 유아기 → 아동기 → 청소년기 → 성인기·노년기의 발달단계를 거친다고 보았다. 인간은 각 단계에 당면한 문제를 해결하는 과정을 통해 인격적으로 성장한다. 그에 의하면 유아기 단계는 태내에서 초등학교에 입학하기 이전까지의 시기다. 이 시기에 형성된 자녀와 부모의 관계성 정도가 인격형성에 지대한 영향을 미친다. 정신분석학자인 프로이트 역시 구순기에 자녀와 부모가 애착관계를 잘 형성해야 타인을 신뢰할 수 있다고 보았다. 유아기에 애착관계가 잘 형성되면 성장하면서 타인을 존중하고 세상을 진취적이고 적극적으로 사랑하는 내적인 힘을 가질 수 있다는 것이다.

콜즈(1986)는 유아기를 정서적 안정감을 형성할 뿐만 아니라 세상을 배울 기회의 시기라고 했다. 신생아는 우유를 먹으면서 세상이 어떤 존재인지를 탐색한다. 한 예로 신생아는 우유를 먹다가 어머니의 가슴을 깨물어보기도 하고 발길질도 해본다. 이때 어머니의 반응이 중요하다. 어머니가 해야 할 것과 하지 말아야 할 것을 분명히 가르쳐주면 아기는 성장하면서 타자의 고통을 이해하고 공감할 수 있는 능력, 나와 타자를 구분하고 관점 채택을 할 수 있는 태도를 배운다. 만약 이 시기에 부모가 도덕교사로서의 역할을 못하면, 응석과 투정이 강한 고집 세고 이기적인 아이로 성장할 가능성이 높다고 한다. 그래서 콜즈는 인격교육은 유아기에 수유나 밥을 먹는 방법과 태도로부터 시작되어야 한다고 보았다.

수유나 밥을 먹는 태도가 삶의 태도에 영향을 준다는 사고는 동서양을 불문하고 동일하다. 물론 우리나라 전통교육도 밥상머리교육을 강조했다. 밥상은 밥의 중요성, 밥을 먹을 때 갖는 심리적 안정감을 통해 세상살이를 가르치는 장으로 여겨졌다. '밥 먹을 때 소리 내지 마라'·'어른이 수저 들기 전에 먹지 마라'·'수저로 음식을 휘젓지 마라'·'모서리에 앉지 마라'·'복스럽게 밥을 먹어라'·'밥이 약보다 낫다' 등은 밥상머리교육의 한 예다. 밥상머리교육이 타자의 시선이나 체면을 강조해서 나를 타자의 감옥에 살게 강제하기도 하지만, 대체적으로 먹는 것을 소중하게 생각하고 타자를 겸손하게 인정하는 방법, 주어진 삶을 낙천적으로 보는 방법 등 품격 있게 사는 원리와 방법을 가르쳤다. 그래서 우리는 그 사람이 밥을 먹는 모습과 태도만 보아도 그 사람을 알 수 있게 된다. 우연히 어떤 모임에서 밥을 같이 먹을 경우, 맛있는 음식을 혼자서 허겁지겁 먹는 사람, 밥상을 지저분하게 어지럽히면서 먹는 사람, 음식 먹는 소리를 과도하게 내는 사람에게서 우리는 인간의 품격을 느낄 수 없다. 오히려 정갈하게 밥을 먹으면서 타자를 배려하고 상황과 때에 맞는 적절한 대화를 즐기는 분위기를 연출하는 사람이 좋은 인상을 남기며, 같이 있고 싶은 사람으로 기억된다.

멀쩡한데 밥맛이 없다는 사람, 그래서 밥을 먹다가 예사로 남겨서 버리는 사람을 나는 미워한다. 그런 사람을 나는 믿을 수가 없다. 아무리 훌륭한 말을 하고, 근사한 글을 써도 나는 안 믿는다. 그 인격을, 그 사상을, 그가 믿는 종교를 그가 창조한다는 문학이고 예술을 학문을 …… 나는 의심한다. 밥은 목숨이고, 모든 사람이 먹어야 하는 것이기 때문이다(박완서 외, 2004: 148).

그래서 음식은 교육이다. 왜냐하면 인간은 음식을 잘 먹어야 살 수 있기 때문이다. 잘 먹기 위해서는 음식교육이 필요하다. 이 경우 '음식은 교육이다'는 음식에 대한 교육(education about food)을 의미하고 음식에 대한 객관적이고 영양학적 정보, 요리방법 등이 포함된다.

그런데 인간이 잘 먹는다는 것, 맛있게 먹는다는 것은 정신적 노력이 필요한 활동이다. 음식은 인간의 욕구와 욕망의 대상이다. 욕구의 대상으로서 음식은 육체적으로 부족한 것을 만족시키기 위한 것이다. 욕망으로서 음식은 정신적 결핍의 대상이다. 채울 수 없는 욕망의 대상인 음식은 먹어도 허기의 연속이다. 욕구의 대상이든, 욕망의 대상이든 음식이 나에게 살이 되고 피가 되려면 교육이 필요하다. 즉, 우리는 몸과 맘이 일치될

때만 먹는 행위 그 자체에 집중하고, 먹을 수 있음에 감사한다. 몸과 맘이 따로 놀지 않고 같이 움직일 수 있도록 하기 위해서는 지속적인 노력과 교육이 필요하다. 이 경우 '음식이 교육이다'는 음식을 위한 교육(education for food)을 의미하고 올바른 식습관과 예절, 몸과 맘에 맞는 음식교육 등이 포함될 수 있다.

그리고 음식은 인간이 세상을 만나는 최초의 창이다. 우리는 음식을 통해 나를 형성하기도 하고 타인을 만나기도 한다. 그래서 우리는 가족이나 친한 사람과 밥을 먹는다. 친하지 않은 사람과 밥을 먹는 행위는 밥을 먹는 이외의 목적을 갖는 경우가 대부분이다. 그래서 우리가 "밥 먹을래?"라고 하는 행위는 친근함의 표현이거나 친하고 싶다는 암시다. 즉, 밥을 먹는다는 행위는 같은 가치나 규범을 공유한 사람과 편하게 나누고 싶다는 것을 표현한 것이다. 그리고 음식을 먹는다는 것은 세상을 살아갈 가치를 배우는 기회를 제공한다. 음식은 삶의 가치와 문화를 배우는 창이고, 나눔과 공존으로 가는 길인 것이다. 그래서 음식은 교육이다. 이 경우 '음식이 교육이다'라는 것은 음식을 통한 세상배우기(education through food)를 의미한다.

위에서 살펴본 것처럼 음식교육은 음식에 대한 교육, 음식을 위한 교육, 음식을 통한 교육을 포함했고, 전통사회에서 음식교육은 특히 음식을 통한 세상배우기를 강조했다. 그런데 21세기의 오늘날 우리 시대는 어떤 모습의 음식이 교육으로 이루어지는지를, 유아기와 아동기의 가정과 청소년기의 학교음식의 일상문화를 통해 살펴보고자 한다.

2. 사라지는 몸과 맘 교육의 현실

상품화되어가는 태교

음식을 먹는 것은 몸과 맘을 건강하게 하는 것뿐만 아니라 한 사회의 문화와 가치를 계승하는 행위라고 생각했기 때문에, 어머니 배 속에서 아기가 자랄 때부터 교육, 즉 태교를 중시했다. 태교는 산모의 몸과 마음을 태아를 위한 최적의 상태로 만들어서 건강한 태아를 출산하기 위한 것일 뿐만 아니라, 반듯한 성품을 지닌 후손을 출산하기 위한 것이었다.

　　아비 낳음과 어미 기름과 스승 가르침이 모두 한가지다. 의술을 잘하는 자는 아직 병들지 아니함을 다스리고, 가르치기를 잘하는 자는 태어나기 전에 가르친다. 그러므로 스승의 10년 가르침이 어미가 잉태하여 열 달 기름만 같지 못하고, 어미 열 달이 아비 하루 낳은 것만 같지 못하니라.[1]

　　그리고 태교에서 음식이 중요했다. 왜냐하면 음식이 태아에게 주는 영향이 크기 때문이었다. 산모는 먹어야 할 음식, 먹어서는 안 될 음식, 금기하는 것 등을 알고 지켰다. 예컨대 산모는 과일의 모양이 바르지 않아도 먹지 않았으며, 벌레 먹은 것, 썩어 떨어진 것, 익지 않은 풀의 열매인 과일과 채소, 찬 음식, 쉰 음식, 썩은 고기, 빛깔이 좋지 않은 것, 냄새가 좋지 않은 것, 때 아닌 것, 잘못 삶은 것, 술도 먹지 않았다. 그리고 태어날 아기의 모습과 연상시켜 생각되는 오리·닭·토끼·오징어·말고기·당나귀, 비늘 없는 것 등을 금기했고, 잉어·보리·해삼·미역·새우 등은 적극 권장했다. 태교음식에는 금기시할 내용이 많았는데, 이는 정숙하고 절제된 산모의 태도가 태아에게 좋은 영향을 준다고 생각했기 때문이다.

　　전통사회에서 산모와 태아에게 태교음식이 중시되었듯이 현대에서도 태교음식은 중요하게 생각된다. 그런데 자본주의가 발달하고 과학이 발달할수록 태교음식의 양상이 바뀌었다. 태교음식이 산모와 태아의 건강의 목적과 함께 머리 좋은 아이를 출산하기 위한 것으로 변형되었다. 산모는

---

1) 최삼섭·박찬국 역해, 『(역주)태교신기』(성보사, 1991), 제1장 제2절, "父生之 母育之 師敎之 一也 善醫者 治於未病 善敎者 敎於未生 故師敎十年 未若母十年之育 母育十月 未若父一日之生".

건강한 아기, 특히 머리 좋은 아기를 출산하기 위해 노력한다. 태교음식은 영향학적으로 과학화되고 상품화되어간다. 그런데 전통사회에서 태교음식에서 강조되었던 가치나 삶의 태도보다는 영양과 과학적 정보가 더 중시되고 유아기의 이유식이나 음식 역시 이러한 유형에서 크게 벗어나지 않는다.

엄마는 지금 외출 중·엄마가 밥을 안 해줘요!

태어난 아기가 이유식을 하기 시작하면서 음식의 맛을 알기 시작한다. 이유식을 시작하는 유아와 아동기에 엄마의 음식의 맛은 매우 중요하다. 이유식으로 죽을 먹든 밥을 먹든 이 시기에 유아와 아동은 언어사용이 가능하고 관계망이 넓어지기 시작한다. 밥을 먹기 시작하는 유아기부터 본격적인 음식교육은 시작된다. 음식맛은 그 집안의 전통을 의미하기에 밥맛을 느낄 수 있다는 것은 한 가문의 성원이 된 것이기에 교육을 더 강화한 것이다.

그런데 유아기에 음식교육은 대체적으로 어머니의 몫이었다. 왜냐하면 역사 이래 음식맛은 어머니의 '손맛'이었기 때문이다. 어머니의 '손맛'은 물리적인 것뿐만 아니라 심리적이고 정서적인 맛이었다. 어머니의 '손맛'을 통해 성장했다. 밥 하나 김치 한 조각이 전부인 경우도 많았지만 어머니의 '손맛'으로 맛있는 밥상이었다. 어머니는 손맛을 통해 소박한 밥상이 미덕이라는 것, 밥이 곧 하늘이라는 교육을 했다. 그래서 우리는 어머니의 손맛을 통해 된장국 하나에 밥만 먹어도 호사스러운 산해진미를 먹는 사람보다 진실한 사람일 수 있다는 것을 배우면서 자랐다.

뜨끈뜨끈한 감자를 먹으며 젓가락 끝에 꿰어 후우후우 불며 먹으면 그 어릴 적 생각난다. 네 살이던가 다섯 살이던가 그러니까 70년이 지나간 그때도 꼭 이렇게 감자를 먹었지 …… 후우후우 나는 그 감자를 받아 먹으면서 더러 방바닥에 마당에 떨어뜨리고는 울상이 되기도 했을 것인데 그런 생각은 안 나고 일찍이 돌아가신 우리 어머니 모습도 안 떠오르고 후우후우 불다가 뜨거운 감자를 입에 한가득 넣고는 하아 하어 김을 토하던 생각만 난다 …… 감자를 먹고 학교 선생이 되어서도 감자 먹고 살아가는 아이들을 가르쳤다. 나는 지금 할아버지 나이가 되었는데도 아직도 어린애처럼 감자 먹기를 좋아해서 감자 먹는 아이들을 생각하고 감자 먹고 살아가는 사람들의 마을에 오두막집 지어 사는 꿈을 꾼다. 내가 믿는 하느님도 그렇다. 감자를 좋아하실 것이다. 맑고 깨끗하고 따스하고 부드러운 감자 맛을 가장 좋아하는 우리 하느님. 내가 죽으면 그 하느님 곁에 가서 하느님과 같이 뜨끈뜨끈한 감자를 먹을 것이다(이오덕, 2004: 150).

어릴 적 각인된 어머니의 '손맛'은 원초적이고 본능적으로 살아 움직여서 노년이 되어서도 그 맛을 찾게 만든다. 우리는 그 맛을 잊을 수 없다. 그래서 그 맛을 찾게 되고 그 맛을 잃지 않는 한 '살맛'도 느낀다. 어머니의 '손맛'은 세상을 따뜻하게 열어준 온기였고, 삶의 든든한 터전과 버팀목이 되었다.

그런데 근대화 이후 가정이 공적인 영역으로 편입되면서 '손맛'을 지키는 어머니는 지금 외출 중이다. 이제 어머니는 '손맛'을 통해 자녀들에게 사회의 관계망에 자리매김하는 방법을 가르치는 것이 아니라, 공부를 잘하는 것을 통해 남을 이기는 방법을 가르친다. 근대화 이후 많은 어머니들은 자녀들이 사회에 잘 편입했다는 것의 의미를 공부 잘하고, 돈 잘 벌고, 능력 있는 배우자를 만나서 걱정·근심 없이 사는 것으로 이해했다. 공부 잘한다는 것은 학생들에게 통과의례를 위한 징표와 같은 것이다. '공부 잘함'이 관료주의에 가볍게 승차할 수 있는 승차권이다 보니, 부모와 자녀 모두 바쁘다. 경쟁사회에서 이기기 위해 엄마는 손맛을 갖고 식탁을 지킬 수 없다. 어쩌면 음식을 하는 시간이 낭비라는 생각마저 들 수 있다. 그래서 엄마는 식탁을 떠나 외출 중이다.

엄마가 외출 중이라 혹은 일하는 중이라 자녀의 식탁은 배달음식, 공장형 즉석음식, 패스트푸드들이 차지하고, 온 가족이 같이 식사할 시간이 없으니 밥상공동체가 위기에 처해 있다. 대부분의 아이들은 가족들과 함께 식사를 하는 시간은 물론 밥을 먹으면서 대화를 나누는 기회도 적어졌다.[2] 그리고 어쩌다 가족이 밥을 같이 먹는다 해도 서로 말이 없다. 함께 식사하며 나누는 이야기 속에서 느껴지는 여유로움과 편안함은 텔레비전의 큰 볼륨 속에 그대로 잠식되어 버린다.

밥상공동체가 형성되기 어려우니 아이들의 삶이 고단하다. 한 예로 영양과잉으로 인한 비만아동과 소아병이 해마다 증가하고 있다.[3] 몸과 맘에 맞지 않는 음식, 패스트푸드의 섭취량이 증가함에 따라 칼슘의 결핍으로 집중력 장애 및 정서장애 등 심리적 어려움을 겪는 아이와 청소년들이 증가하고 있다(이선영, 2007). 이러한 현상들은 유아기와 아동기에 가정에서 음식교육이 인격교육으로 이어지지 않았음을 보여준다.

남기지 않고 경쟁적으로 먹어야 하는 퀵서비스 급식

유아기에 가정에서의 음식교육이 어렵다 보니 아동기와 청소년기 대부분의 시간을 보내는 학교가 그 역할을 담당해야 한다. 그런데 학교에서 이루어지는 음식교육은 어떠한가?

대부분의 학교음식은 급식의 형태로 이루어진다. 1980~1990년대 학교의 주된 음식은 도시락이었다. 가난한 시절 학교에서 먹을 수 있던 유일한

---

2) 서울의 한 초등학교 5학년생 197명을 대상으로 학생들의 아침식사 상황을 조사했다. 아침 식단은 물론 함께 먹은 사람, 식사의 상황이나 분위기, 그때의 기분 등 몇몇 항목을 그림으로 표현하게 해본 결과 전체의 49%, 197명 중 97명의 학생들이 아침식사를 혼자 하는 것으로 보도되었다(MBC 스페셜, <내아이의 밥상> 2006년 5월 28일).

3) 캐나다의 영양학자인 필드-하우스(Paul Field-house)는 개인이 성장하면서 입맛과 음식습관이 어떻게 정착되어가는지를 탄생과 초기 정착화→2차 정착화→재정착화로 구분했다. 초기 정착화는 가족과 친구를 통해 이루어지는 유아기와 유년기로 정의하고 2차 정착기는 청년기로 학교와 직장 등을 통해 정착되며, 재정착화는 성년기와 중년기 그리고 노년기에 해당하는데, 사회적 지위와 지역적인 맛의 선호와 전문가들의 조언에 영향을 받으면서 음식습관과 맛이 결정된다고 여겼다(주영하, 2001: 184에서 재인용).

음식인 도시락은 몸과 맘에 체험된 아름다운 추억들이었다. 음식을 통한 체험된 기억은 몸과 맘에 각인된다. 그리고 음식을 통해 각인된 체험의 기억은 추억이 되고 역사가 된다. 음식에 대한 기억은 그때 그 음식의 맛, 같이 음식을 먹었던 사람·상황, 그리고 나누었던 기억과 정서들과 함께 상승작용을 해 몸과 맘에 차곡차곡 저장된다. 그리고 그 맛 혹은 음식은 되살아나서 확산되고 재생산된다. 몸과 맘의 기록에 저장된 그 음식 혹은 그 맛은 그 대상이 사라질지라도 영원히 존재한다.

리쾨르(Paul Ricoeur)는 기억이란 미래에 대한 기대와 더불어 현재하는 것에 대한 주목의 교호 작용에 놓여 있는 것이라고 했다. 과거는 존재하지 않는 것의 현존이다. 과거는 이미 존재했던, 더 이상 존재하지 않는 것이다. 과거를 과거이도록 하는 존재론적 기준은 그것이 상실된 대상이라는 것이다. 그것은 우리의 기억 속에서는 기억이 지시하는 대상으로서만 존재한다. 기억에는 상상력이 부가되기 때문에 과거의 인식론과 존재론은 일치하지 않는다. 과거는 우리에 의해 능동적으로 해석되어 추억으로 남는다. 기억이 남는다는 것은 과거와 현재를 연결하고 미래를 열어준다.

해방 이후, 그리고 근대화과정을 거쳐 베이비붐시대에 태어난 이들에게 도시락은 아주 맛있는 음식이었다. 어려운 학교생활에서 즐거운 시간이기도 했지만, 음식을 먹는 그 자체가 감사하고 즐거운 일이었다. 물론 어머니가 싸준 도시락은 학생의 가난과 신분을 그대로 드러냈다. 가난한 학생은 반찬도 없는 주먹밥 하나를 담아 오지만, 부잣집 학생은 밥 위에 맛있게 구운 달걀 하나를 넣어서 오거나 반찬으로 소시지까지 담아 왔다. 부잣집 친구들이 가져온 반찬과 도시락이 부럽기도 하고 가난한 내 도시락이 부끄러워 밥을 먹기가 힘들었을 때도 있지만, 학기 초가 지나면 학생들은 서로에게 익숙해졌고 가난하면 가난한 대로 부자면 부자인 대로 도시락을 한자리에 내놓고 함께 먹었다.

도시락을 먹는 시간은 허기를 채우고, 힘든 공부를 쉬기도 하며, 친구들과 이야기를 나누는 행복한 순간이었다. 경제적 가난도, 정신적 허기도 도시락을 먹고 나눔에 잊혔다. 더구나 겨울철이면 4교시 수업은 교실 한복판에 자리 잡은 난로 위에 도시락을 올려놓는 시간이었다. 맛있는 자리에 도시락을 올려놓기 위한 쟁탈전이 벌어지고, 도시락 타는 냄새에 4교시 수업은 후딱 지나갔다.

교실 난로에서는 벌써 솔방울과 조개탄이 타고, 덜 마른 솔방울의 매운 연기는 교실 안의 애들이 보이지 않을 정도로 자욱했다. 여기에 석탄냄새까지 섞여 우린 눈물과 콧물이 범벅이 되었다. 둘째 시간이 끝나면 양은도시락들이 난로 위에 앉는다. 서로 자기 도시락을 밑에 놓으려고 실랑이를 벌였다. 담임선생님께서는 수업 중에도 밑에 있는 도시락의 밥이 탈까봐 아래위를 번갈아가며 바꿔놓으셨다.

넷째 시간 수업이 끝나는 종을 치면 우리들은 우르르 몰려 내 도시락을 찾아 옹기종기 앉는다. 도시락을 열면 김이 모락모락 오르고, 장아찌·콩자반·멸치·단무지·어묵무침 등등 금방 훌륭한 상차림이 되었다. 어쩌다 계란부침이나 소시지를 싸온 아이, 그리고 시금털털한 김치만을 싸온 아이는 돌아앉아 혼자 먹기도 했다. 반찬을 넣어 도시락을 위아래로 흔들어 비벼 먹는 아이, 노랗게 누른 밥에 주전자의 따끈한 보리차를 부어 깨끗하게 긁어 먹는 아이…… 밥이 적은 듯한 아이는 남의 밥을 한 숟갈씩 더 퍼가기도 했다. 밖에는 찬바람이 불고 눈보라가 쳐도 우린 난로 옆에서 추운 줄 몰랐다. 지금은 추억의 도시락이 된 노란 양은도시락, 이맘때만 되면 그때 그 교실이 그리워진다(농촌진흥청 http://blog.daum.net/rda2448).

도시락에 담긴 기억은 오랜 시간이 지나도 그때의 밥맛에 따뜻함과 정겨움이 묻어난다. 도시락을 함께 먹었던 동창생에 대한 기억도 빛바랜 사진처럼 희미하지만 따뜻하다. 도시락에 담긴 밥처럼 모두가 다른 얼굴을 하고 성격도 다르고 삶의 양태가 다르지만, 정을 나눈 친구여서 세월을 두고 사랑스럽고 만나고 싶어지는 얼굴인 것이다.

도시락은 근대화의 과정을 거치면서 그 성능과 모양이 진화했다. 노란색 양은도시락에서 보온도시락으로 변화했고, 음식재료와 내용도 다양해졌다. 그리고 1981년 학교급식법이 제정되면서 1998년부터 초등학교에서 전면 급식을 시작했고, 현재는 전국의 초·중학교의 99%가 직영과 위탁의 형태로 단체급식을 해 더 이상 도시락을 들고 다닐 필요가 없다.[4]

학생들은 줄을 서서 도시락 대신 진화한 철판 식판에 밥과 반찬을 배식받아 공부하던 그 책상에 그대로 앉아서 먹는다. 급식의 생명은 빠름(fast)에 있다. 급식은 효과적으로 먹을 수 있는 식재료를 구입해서 요리하고, 요리된 음식은 빠르게 배급되어서 학생들이 남기지 않고 빠르게 먹는 것이 중요하다. 그리고 교실이나 학생 수를 감당하지 못하는 급식실에서 단체로 빠르게 남김없이 먹어야 하니 음식교육은 질서교육이다. 그러므로 급식은 한 끼니를 해결하는 차원에서 먹는 행위 그 이상도 이하도 아니다. 학생들이 직접 쓴 학교대사전은 급식문화를 다음과 같이 설명했다.

급식은 가장 싸면서도 위험한 식사이다. 정부에서는 이 때문에 일 년에 한 번씩 학생들의 폐 X-레이 사진을 찍게 했다. X-레이 찍을 돈으로 급식을 개선하는 것이 나을 듯하다. 정부의 학생 흡연율 통계는 사실 X-레이로 정확히 통계낸 것 같다.

급식은 학교에서 제공하는 점심식사를 일컫는다. 이 밥을 먹기 위해선

---

4) 2007년 개정 학교급식법 제1조에 의하면, 학생의 심신의 건전한 발달을 도모하고 국민식생활개선에 기여함을 학교급식의 목적으로 한다고 명시했다. 즉, 학교급식을 통해 미래사회를 위한 건강한 인간을 육성한다는 투자의 목적에서 국가의 경쟁력 강화를 목적으로 실시한다고 규정한 것이다. 학교급식의 형태는 직영과 위탁의 두 가지로 이루어진다. 학교급식형태를 나타내는 통계에 의하면, 전국 11,192개 학교 중에서 88.6%가 직영급식을, 11.4%의 학교가 위탁급식을 실시한다(인천학교급식시민모임, 2009).

엄청난 경쟁을 뚫고 가야 하는데 학생들이 겪는 경쟁 중에선 대학 입시 다음으로 가장 치열한 경쟁이 아닌가 싶다. 정작 식사를 받고 나면 실망한다. 언젠가 필자는 "오늘은 왜 이리 안 좋아"라고 불평하는 친구에게 "언제나 안 좋으니 당연하지. '오늘은'이라니 맨 날 안 좋은데"라고 깨우쳐준 적이 있다. 필자의 학교의 경우 전날 식단에서 남은 음식을 다음 날 활용하여 다른 메뉴로 만드는 경우가 빈번하며, 생선가스 25장당 3천 원이라는 불길한 소문도 있다. 메뉴에 쓰여 있는 음식과 분명 같은 음식을 내놓으나 직접 대하면 반드시 실망한다.

급식도구는 식판·수저·물컵 등을 일컫는다. 학생들이 사회에 나가 그 어떠한 비위생적인 식기로라도 맛있는 식사를 할 수 있게 훈련해주는 기구이다. 남학생들의 경우 급식도구 덕택에 군대에 빨리 적응할 수 있을 것으로 판단된다.

급식 줄은 매우 변화무쌍한 모습을 보이는 줄을 통칭하는 말이다. 한 줄이다가 금세 세 줄, 네 줄로 옆으로 불어나는가 하면 멍하니 서 있다 보면 한없이 줄의 뒤쪽으로 밀려나게 되는 특성을 보인다(학교대사전편찬위원회, 2005).

실제 학교급식은 대량으로 조리해야 하니, 부패되거나 상하기 쉬운 음식, 채소와 생선은 피할 수밖에 없다. 단체급식이므로 개개인의 체질이나 건강 상황이 고려될 수 없고, 급식비에 의존하다 보니 원산지가 표기된 고가의 식재료, 고가의 유기농 식재료는 사용하기 힘들다. 그리고 빠르고 간편하게 조리해야 하기 때문에 튀김음식, 설탕과 소금으로 맛을 낸 음식을 만들 수밖에 없다. '싸구려 급식재료'·'맛없고 양 적고'·'설탕과 소금의 맛을 낸 고당음식' 등 학교급식을 비유한 말들이 나오는 이유다. 환경호르몬·유전자조작식재료의 사용으로 생리적인 문제와 함께 환경성 질환을 앓는 학생들이 증가하고 있다고도 한다(인천학교급식시민모임, 2009년 1월 20일).

배식과 위생관리의 소홀로 단체 식중독이 발생하는 일이 빈번하다. 그것을 신속하고 남김없이 먹어야 하니, 학생들은 외친다. 우리가 잔반통이가!

그러므로 학교를 졸업한 후 도시락을 기억하는 동창생과 식판을 기억하는 동창생들이 음식에 대한 것, 음식을 둘러싼 친구를 기억하는 내용이 다를 수밖에 없다.

고기의 지방을 도저히 먹을 수 없었던 저는 돼지고기 생강구이가 나오는 날이 괴로웠습니다. 당시엔 절대로 남겨선 안 된다는 규칙이 있어서 급식시간이 끝나고 청소시간이 되어서도 저 혼자 그대로 교실 뒤쪽으로 밀어놓은 책상과 의자와 함께 저도 급식을 들고 이동해서 먹었습니다. 먼지가 날리는 교실에 남겨진 죄인 같았습니다. 요즘 학교에서는 '남기는 것 절대 금지' 같은 규칙은 없어진 것 같지만요(급식의 추억 http://layner.egloos.com/1869432#none).

도시락 동창생이 맛을 통해 따뜻함과 먹는 것의 감사함, 그리고 도시락을 싸주시던 어머니의 정과 연결되어 있다면, 급식 동창생은 식판의 냉정함과 맛없는 음식을 빨리 먹어야 하는 통제성, 식단에 대한 불신으로 연결되어 있다. 전자가 '살맛'과 연결되어 있다면, 후자는 '죽을 맛'과 연결되어 있다.[5]

상품화된 태교음식과 이유식, 대화가 사라진 밥상공동체, 경쟁적으로 먹어야 하는 학교급식 등을 통해 성장한 청소년들이 음식을 통해 배운 교육은 이 사회가 냉엄한 생존경쟁사회이며, 이 사회에서 살아남기 위해서 음식을 먹는 것은 수단적 행위라는 것이다. 나를 둘러싼 타자도 나를 위한 도구적 존재거나 대상적인 존재에 불과하다는 것이다. 그래서 아이들과 청소년들은 '입맛'도 '살맛'도 느끼기 어렵다. '죽을 맛'만 강하게 느낀다.

---

5) 학교급식에 대한 관심이 높아지면서 급식이 많이 좋아진 것도 사실이다.

3. 우리에게 희망은 있는 것인가?

누군가의 땀과 눈물로 거두어들인
따뜻한 밥 한 그릇을 떠먹으며
밥알들이 걸어간 하얀 길을 따라 간다
캄캄하다
종이로 만든 안경을 벗는다
어둠 속으로 사라져간 활자들의 나라
저편 환한 밥의 세상까지
나의 시는
갈 수가 없다

— 「밥시」, 이병금(2005) —

시인이 말하듯이 밥의 세상까지 우리는 갈 수 있는지? 밥을 통해 세상을 만나고 행복해질 수 있는지 하는 것이다.

엄마 손 밥상을 지키려는 노력

먹는 것이 남는 것이고 잘 먹는 아이들이 잘 클 수 있다고 생각하는 엄마들이 식탁을 지키고자 노력한다. 식탁을 지키고자 하는 엄마들의 활동은 음식을 하는 것이 시간낭비가 아니라, 귀한 일이라는 것을 자각하는 데서 이루어진다.

식탁을 지키고자 하는 엄마들은 안전하고 제철에 맞는 음식재료를 구입해서 몸과 맘에 맞는 음식을 만들어 같이 먹고 나누고자 한다. 몇몇 지역에서는 바쁜 엄마를 대신해 방학 중에 엄마표 식당을 직접 운영하거나 동네 부엌을 만들어 이웃의 아이들에게도 밥상을 나누고자 한다. 이들은 패스트푸드 대신 슬로푸드를 만들고, 식품첨가제가 들어 있는 식재료를 멀리하고 유기농재료를 구입하고, 직접 만든 간식을 주기도 하고, 가족들과 함께 장보기도 하고 요리도 하면서 밥 먹는 즐거움과 함께 가족의 행복을 밥상을 통해 이루고자 한다. 가정의 밥상을 지키고자 하는 엄마들의 노력은 학교급식문화에도 영향을 주었다.

우리나라의 경우 급식문제가 심각하게 제기되면서 2002년 '학교급식네크워크'가 조직되었고, 이를 계기로 '안전한 학교급식을 위한 국민운동본부'가 만들어졌다. 그리고 기타 사회단체들을 통해 학부모들의 실천적 의지가 농촌을 살리고자 하는 운동과 결합되어 학교급식 및 음식문화를 변화·개선시키는 활동들을 한다. 그 결과 급식조례법과 지역조례 등이 제정되었고, 지역단위의 급식지원센터가 확대·설치되어 제도적이고 안정적인 급식개선을 이루어냈다. 이들은 무엇보다도 아이들과 청소년들이 안전한 음식을 섭취하는 것이 인간의 기본적인 권리임을 알리고 실현하고자 한다.

학교에서 직접 장 담그기를 하는데, 이날은 마을 주민들도 총출동입니다. 전통음식이라면 외면하던 아이들이 마늘장아찌도 맛있게 먹습니다. …… 점심시간이 기다려져요. 학교에서 제일 즐거운 시간은 밥 먹는 시간이에요 (KBS 수요기획, <밥상재건프로젝트>, 2009년 4월 8일).

가정과 학교에서 제대로 된 밥상을 아이와 가족에게 주고자 하는 이들은 음식교육을 적극적으로 시도한다. 특히 급식운동을 하는 단체들은 음식교육을 적극적으로 하는데, 그 내용을 보면 다음과 같다. 우선 이들은 음식소비자 스스로가 개개인의 건강관리능력과 안전한 식재료를 선택할 수 있는 능력을 향상하는 것을 목적으로 한 음식교육을 한다. 이를 위해 먼저 아이들과 청소년들 그리고 엄마들이 안전한 먹을거리의 주체자가 되도록 교육을 한다. 그리고 식재료를 직접 구입·유통시키고 생산과정에 참여하여 그 과정을 알 수 있는 체험의 기회를 갖고자 한다. 이들은 한국적 음식과 농촌을 살리는 일이 먹을거리를 지키는 것이라는 인식을 토대로 해 우리 땅에서 재배한 제철 음식을 먹을 수 있는 방법과 과정을 배운다. 음식은 인간에게 도구적 행위가 아니라 인간의 생명을 살리는 행위이기 때문에 감사하게 먹고, 밥을 먹는 것은 공존과 나눔으로 가는 것임을 체득하고자 한다. 또한 음식재료뿐만 아니라 음식을 요리하는 방법과 올바른 식습관 교육방법을 공유하고자 한다. 그리고 음식을 먹는다는 것은 노동과 일에 참여하는 신성한 일임을 교육하고자 한다. 엄마들은 가족의 밥상공동체를 회복하고, 급식을 통해 아이들과 청소년들의 몸과 맘을 지키고자 하는 사람들은 음식교육이 인격교육의 시작임을 인식해서 음식에 대한, 음식을 위한, 그리고 음식을 통한 교육을 하고자 노력한다.

음식교육은 시간이 필요하다

음식교육의 변화와 개선을 시도하려는 노력들이 현재 가정이나 학교에서 긍정적인 결과를 가져온 것도 사실이나 다소 아쉬운 부분도 있다. 그것은 음식교육을 위한 시간과 관련된 것이다.

음식은 시간이 필요하다. 그것도 많은 시간이 필요하다. 땅에서 거두는 잎 하나 열매 하나, 어느 것 하나 쉽게 빨리 거두어질 수 있는 것은 없다. 음식이 밥상에 오기까지는 적당한 햇빛과 물, 그리고 농부들의 땀과 세월이 있어야 가능하다. 음식을 요리하는 데도 시간이 필요하다. 물론 음식을 먹는 데도 시간이 필요하다. 음식은 기다림이고 시간의 산물이다. 그러므로 현재 아이들과 청소년들이 당면한 음식문화의 위기를 극복하고 가정과 학교에서 밥상공동체를 형성하려 한다면, 밥을 품위 있게 먹고 편안하게 대화하며 먹을 수 있는 시간이 있어야 하고 이를 위한 제도적인 개선이 있어야 한다.

우리나라의 경우 안전한 식재료를 구입·공급해야 한다는 시급한 문제의 해결에 대한 관심은 많다. 그러나 아이들과 청소년들이 최소한 대화하고 즐기면서 밥을 먹을 수 있을 급식시간에 대한 관심은 부족해 보인다.[6] 가정과 학교 모두 마찬가지다. 초등학교 급식시간은 다소 여유가 있으나 중고등학교에서 급식실이 학생 수를 감당하지 못하는 경우에는 급식시간에 촌각을 다투어야 할 정도라고 한다. 짧은 급식시간에서 이루어지는 음식교육은 질서와 통제교육이 될 수밖에 없다. 음식이 시간의 산물이라면 음식교육을 위해서는 시간이 필수적이다. 음식교육을 위한 시간확보를 위해 개인적인 차원에서는 물론 제도적인 개선을 위해 노력해야 할 시점인 것이다.

음식은 교육이라는 측면에서 가정과 학교의 음식문화를 살펴본 결과, 다음의 몇 가지 특징이 발견된다. 첫째, 가정·학교 모두 음식에 대한 교육이나 음식을 위한 교육이 부분적으로 이루어지지만 음식을 통한 교육은 거의 이루어지지 못한다. 둘째, 음식교육을 위한 최소한의 시간이 확보되지 못한다. 공부에 지친 아이, 외출 중인 어머니, 집 밖에서 일하는 아버지의 밥상공동체는 흔들리고, 학교의 급식시간은 관료적이다. 음식을 한 끼니 정도 해결하는 차원에서 받아들이는 세대가 되었다. 그 결과 영양결핍 혹은 설탕과 소금의 과다 섭취, 칼슘 부족, 환경호르몬과 중금속 오염 등으로 건강은 물론 심리적인 어려움을 겪는 아이와 청소년들이 증가하고 있다. 셋째, 음식교육의 위기는 인간다운 품위를 배울 수 있는 기회의 상실이라는 것을 절감해, 밥상공동체를 회복하고 살림을 위한 밥상과 급식 만들기·먹기·나누기를 실천하는 단위들이 꾸준히 늘고 있다. 그러나 여전히 상품화·관료화·규격화된 음식이 가정과 학교에 배달되며, 먹는

---

6) 일본의 경우 2005년에 '식육기본법'을 제정해, 2020년까지 유아 및 청소년들의 아침결식 비율 0%, 학교급식에 지역농산물 사용 30%, 가정·학교·지역사회에서 영양균형, 식탁을 통한 가족의 유대, 올바른 식사예절, 식문화의 계승 및 풍부한 미각형성, 식품안전의식 증진, 학교에서 교과목과 급식시간을 통한 바람직한 식생활교육을 강조한다(유정규, 2009). 우리가 관심 있게 봐야 할 것이 급식시간이 학교교육과정에 편성되어 확보되어 있다는 것이다.

행위에서 더 이상의 기쁨을 누리지 못하는 아이들과 청소년들의 숫자가 증가하고 있다.

음식이 교육이라는 측면에서 본 가정과 학교에서 나타난 일상문화에는 두 가지 일상적 삶이 공존하는 것을 알 수 있다. 즉, 도구화·상품화·규격화된 음식을 통해 소외되고 고립된 일상적 삶과 몸과 맘에 맞는 음식과 건강한 음식을 통해 성숙한 세상만들기를 실천하려는 일상적 삶이 그것이다. 그러므로 비동시적인 것이 동시적으로 공존하는 가정과 학교의 일상 음식문화에서, 음식교육이 인격교육 더 나아가 삶에 희망을 줄 가능성을 여는 힘은 밥을 먹는 우리의 힘에 달려 있는 것 같다. 희망 있는 음식교육을 위해 '밥 힘'이 절대적으로 필요한 오늘이다.

참고문헌

단행본

구달·매커보이·허드슨(Jane Goodall, Gary McAvoy and Gail Hudson). 2006. 『희망의
　　　밥상』. 김은영 옮김. 사이언스 북스.
박완서·이오덕 외. 2004. 『잊을 수 없는 밥 한 그릇』. 한길사.
박재은. 2008. 『밥시』. 지안.
이병금. 2005. 『저녁 흰새』. 문학수첩.
이선영. 2007. 『대한민국초등학생이 위험하다』. 노브.
주영하. 2001. 『음식전쟁, 문화전쟁』. 사계절.
최삼섭·박찬국 역해. 1991. 『胎敎新記』. 성보사.
학교대사전편찬위원회. 2005. 『학교대사전』. 이레.
후시키 도루·기타야마 도시카즈(伏木亨·北山敏和). 2005. 『우리 아이를 살리는 급식혁
　　　명』. 안수경 옮김. 청어람미디어.

Coles, R. 1986. *The Moral Life of Child*. New York: Guilford.

논문

유정규. 2009. 「일본의 식육추진 실태와 시사점」. ≪지역과 농업≫ 4호.

신문 · 잡지 · 방송 · 인터넷 및 기타 자료

인천학교급식시민모임. 2009. 「인천학교급식워크샵 자료집」, 2009.1.20. 발표자료집.

MBC 스페셜, <내아이의 밥상> 2006년 5월 28일.
MBC/ Kbs /http://geubsik.org/ver2/index.html.
농촌진흥청 http://blog.daum.net/rda2448.
http://layner.egloos.com/1869432#none.
KBS 수요기획, <밥상재건프로젝트>, 2009년 4월 8일 방영.

제6장

음식 속의 계급

장현정(울산대학교 강사)

1. 음식과 일상, 그 계급적 의미

오늘날 '계급'이란 말은, 사회과학에서조차 한물간 개념으로 취급받는 경향이 있다. 물론 여기에는 그럴 만한 이유가 존재한다. 우선, 우리 사회가 일정 수준 이상의 경제성장을 달성함에 따라 표면적으로 드러나는 계급의 구분이 예전보다 상당 부분 희석된 것이 하나의 이유가 될 것이다. 그러나 보다 근본적으로는 경제적 조건이 사회와 인간에게 중요한 기반이 됨은 물론이지만 사회의 갈등이 오롯이 "희소자원의 분배를 둘러싼 문제에만 한정되지 않는" 까닭이며, "객관적 조건과 인간 의지가 결합해 발현된다는 사실"이 조금씩 재인식되어가는 탓이리라(박재환, 1992: 9). 따라서 최근에는 기존의 노동이나 산업을 연구하는 전문가들도 계급의 개념을 보다 확장하거나 변화시킴으로써 시대에 맞게 유연한 접근을 모색하며, 한편에서는 상징이나 기호, 대중문화와 소비 등 이른바 문화를 강조하는 접근이

부상하면서 나름의 성과를 얻어낸 것도 사실이다.

그러나 이렇듯 문화적 측면을 강조하는 경향에도 문제가 없는 것은 아니다. 대개 문화를 강조하는 입장에서는 역설적으로 거시적인 사회배경과 물질적 조건에 대한 진지한 고민이 결락(缺落)되어 있는 경우가 많기 때문이다. 이럴 경우 문화 중심의 연구들은 추상적이고 현학적인 담론으로 흐르기 십상이라, '물질적 조건만으로 사회를 설명하려던 것'과 마찬가지로 그 역의 우(愚)를 범하게 된다(이성철, 2003).

오늘날 거시적 사회구조의 변화와 긴밀히 연동하면서도 그 속에서 펼쳐지는 보다 구체적이고 생생한 삶의 모습을 복합적으로 살펴보기 위해 '일상생활의 사회학'이 요구되는 까닭도 여기에 있다. 이 글에서는 바로 이와 같은 문제의식을 '음식'이라는 대상을 통해 드러내고자 한다.

음식은 당대 사회구성원들의 일상생활을 이루는 가장 기본적인 요소임과 동시에 사회의 물적 조건과 분배의 지형이 가장 노골적으로 드러나는 영역이기도 하다.[1] 실제로 시·공간을 막론하고 음식이 개인의 사회적 위치를 확인하고 다른 사람들과 구분 짓기 위한 가장 일상적이면서도 직접적 도구가 되고 있음은 쉽게 확인할 수 있다. 즉, 음식을 먹는다는 것은 반드시 '내 입을 통해 내 몸 속으로 들어간다는 점'에서 가장 개인적인 행위지만, 이를 통해 내가 속한 '집단과 그 문화가 끊임없이 내 안에 각인된다는 점'에서 가장 사회적인 행위기도 한 것이다.

요즘과 같은 전 세계적인 경기침체와 불황의 국면에서는, 국가들 사이에서나 한 국가 내부의 수준에서나 중산층이 붕괴되고 상류층과 하류층의 구분이 확연해지는 사회 불평등의 고착화가 진행되게 마련이다.[2] 사회적

---

1) 1980년대까지만 해도 각 계층의 '엥겔계수'를 측정하는 것은 사회조사의 중요한 주제 중 하나였다. 엥겔계수란 1875년 독일의 통계학자 엥겔(E. Engel)이 노동자의 가계조사에서 발견한 법칙으로, 저소득 가정일수록 전체 생계비에서 음식물에 지출하는 비중이 높아진다는 사실을 말한다. 그러나 오늘날 엥겔계수는 예전만큼의 중요성을 인정받지 못한다.

부(富)의 총량이 증가하면 무엇을 먹고 마시느냐라는 선택의 문제가 대두되면서 '계급의 차이는 취향을 통해 은폐'(부르디외, 2005)될 수 있지만, 그렇지 않은 경우 계급의 차이는 먹느냐 굶느냐의 절박한 수준에서 노골적으로 드러날 수밖에 없다. 이 글이 음식을 취향이나 미적 감각과 같은 미시적 관점보다 계급을 좀 더 강조하며 접근하려는 까닭은 이러한 시대적 상황과도 관련이 있다.

식량가격의 세계적인 폭등으로 이미 아프리카와 아시아·남미 등 가난한 지역의 1억 3천만 명 이상의 사람들이 극심한 빈곤으로 고통받는 가운데 이들에게 굶거나 진흙 따위로 끼니를 때우는 일 등은 어느덧 일상이 되었고(≪경향신문≫, 2008년 7월 30일자; ≪경향신문≫, 2008년 7월 21일자), 미국이나 유럽·일본 등 이른바 선진국이라고 하는 나라들조차 비정규직·파견사원·청년실업 등의 문제와 맞물리면서 노숙자와 빈곤층이 급격히 늘어가는 추세다. 아울러 이러한 실업증가와 세계적인 식량가격의 폭등은 버는 돈의 대부분을 생존, 즉 먹는 데 사용하는 가난한 이들을 더욱 가난하게 만드는 악순환으로 이끈다(≪한겨레신문≫, 2008년 5월 9일자). 이렇듯 암울한 상황 속에서 오늘날 한국사회의 구성원들은 각각 무엇을, 어떻게, 누구와, 어디서 먹으며 일상생활을 영위하는 것일까.

이제부터 살펴볼 5개 집단의 음식문화는 이와 같은 문제의식에서 나온 일종의 소묘들이다. 노동자와 자본가라는 전통적 계급의 구분이 현대사회의 일상의 영역에서는 훨씬 파편화되어 나타나기에, 일반적 계급의 범주를 활용하기보다 자의적이지만 특화된 몇몇 집단의 구체적 소묘를 시도했다. 특히 이 글은 점심식사를 중심으로 작성했는데, 외식 등 특수한 상황에서

---

2) 이런 경향에 대해, 최근 우석훈은 『촌놈들의 제국주의』(2008)에서, "한국이 주거공간·교육기관·시장의 세 가지 부문에서 상류층과 하류층이 완전히 분리되는 8자 형 경제로 진입하고 있다"라고 경고한 바 있다. 하층민이 많은 피라미드형 경제에서 중산층이 많아지는 마름모형 경제를 지나, 사회양극화가 뚜렷이 고착되는 8자 형 경제로 진입하고 있다는 얘기다. 이런 형태는 중남미형 경제의 특징이기도 하다.

소비하는 음식보다 가장 일상적으로 접하는 음식들을 살펴봄으로써 우리 시대 음식문화의 일단을 짚어보려는 의도에서다. 물론 외식 등을 통해 비교해보는 것이 계층별 차이를 훨씬 적나라하게 보여줄 수 있지만, 가장 일상적이며 반복적으로 소비하는 음식을 통해 미세하게나마 각 집단이 갖는 차이를 드러내 보이는 것도 가치가 있으리라 생각한다.

나름의 기준으로 구분해 살펴본 5개 집단은 다음과 같다.

첫째, 노숙자와 생활보호대상자들이 주로 끼니를 해결하는 무료 배식 현장을 살펴보았다. 2009년 2월 10일 화요일과 2월 13일 금요일, 부산진역 근처에서 이루어진 2차례의 취재를 통해 작성했다.

둘째, 고용이 불안정한 저소득 비정규직들의 음식문화다. 여기에는 택배나 트럭운전 등 지입사업자들이나, 이른바 '핑크칼라(pink collar)'3) 라 불리는 판매직 여성노동자들, 또 정규직과 함께 일반 기업에서 일하는 비정규직 등이 포함된다. 부산의 대형할인매장들에서 일하는 판매직 여사원들과 택배·화물운전기사 등 6명에 대한 전화 및 대면 인터뷰를 통해 작성했다.

셋째, 비교적 안정된 규모의 회사에서 정규직으로 일하는 생산노동자들을 살펴보았다. 부산 녹산공단에 위치한 르노삼성자동차 공장과 부산역 근처에 위치한 114 전화번호 안내서비스를 제공하는 코이드(KOID)를 취재해 작성했다.

넷째, 흔히 '화이트칼라(white collar)'라 일컫는 일반 사무노동자들을 살펴보았으며, 부산 중앙동과 남천동 사무실 거리 및 근처 맛집 등을 취재해 작성했다.

다섯째, 부유층의 음식문화를 살펴보았는데, 그 특성상 폐쇄적이고 정

---

3) 1970년대 미국에서 처음 쓰기 시작한 말로, 처음엔 점원이나 비서직에 종사하는 여성들을 뜻했으나 가정의 생계를 위해 사회에 진출하는 주부 전체를 의미하는 용어로 확대됐다. 블루칼라나 화이트칼라처럼 이들이 입는 옷의 주된 색깔에서 비롯된 용어이며, 자아성취를 위해 일하는 여타 직장 여성과는 거리가 멀다.

〈표 6-1〉 각 집단별 음식문화의 특징

	식사 시간	비용	공간	분위기
노숙자 빈민	10분 남짓	0원	거리, 광장	대화 없고 밥 먹는 일에 집중
비정 규직	20분 남짓	0원 ~ 5천 원	휴게실 회사식당	시간에 쫓김, 먹으면서도 손님을 의식하거나 운전하는 등 업무의 연장
정규 생산직	50분 남짓	1천2백 원~2천5백 원 (30%~50% 회사지원 공제)	회사식당	많은 동료들, 편한 대화, 분위기 주도하는 사람
정규 사무직	50분 ~ 2시간	4천 원~1만 2천 원	일반 식당	삼삼오오 친한 이들끼리, 주로 회사나 업무 관련 대화
부유층			고급식당 호텔	둘에서 많아야 넷 정도가 모여 주로 고급정보 공유

보가 많이 공개되지 않은 탓에 한계가 많았다. 선행연구와 신문기사, 호텔 관계자의 인터뷰 등에 의존했다.

계급은 접근하는 관점에 따라 여러 각도에서 살펴볼 수 있다. 가령, 같은 부산이라도 구시가지와 신시가지의 생활수준이 다르기에 지역으로 구분할 수도 있으리라. 이 글에서 주로 직업을 중심으로 나눈 이유는 그 구분이 다소 피상적일지라도 현대사회의 일상생활이 무엇보다 당사자의 직업과 연동하며 가장 많이 영향을 받는다고 판단했기 때문이다.

2. 길바닥에서 호텔까지

노숙자와 도시빈민들

지금은 폐쇄된 부산진역 근처는 노숙자들을 위한 부산의 대표적인 무료

〈사진 6-1〉 **무료급식공간**

ⓒ 장현정

급식공간이다. 이 지역은 부산의 대표적인 쪽방 밀집 지역이기도 한데, 그런 이유로 노숙자뿐 아니라 기초생활수급자나 독거노인 등 도시빈민들이 쉽게 찾을 수 있는 곳이기도 하다. 이곳에서는 교회 사람들이 주축이 된 '밥퍼공동체'라는 이름의 단체가 매주 이틀, 점심과 저녁식사를 제공한다. 정해진 시간이 되면 노숙자들뿐 아니라 장애인이나 노인, 근처의 생활보호대상자들이 이곳으로 향하고 최근에는 경기침체를 반영하듯 평범한 자영업자들조차 공짜로 한 끼를 때우기 위해 이곳을 찾는 경우가 늘고 있다고 한다.

배식 예정시간인 11시 30분이 한참 남았는데도 이미 100명을 훌쩍 넘긴 많은 사람들이 일찌감치 나와 간이로 마련된 천막 아래 옹기종기 모여 밥 차를 기다리고 있었다. 여기저기 커다랗게 뚫린 천막 사이로 불어오는 바람은 매서웠다. 서로의 처지를 누구보다 잘 이해할 텐데도 말 한마디 나누는 일 없이 묵묵히 앉아 시간을 보내는 이들을 보니, '먹고산다는 일'의 신산함이 새삼 피부로 느껴졌다. 단순한 음식섭취만이 아닌 다양한 정보 공유와 친목 도모 등을 목적으로 하는 여타의 집단과는 확연히 다른 분위기로, 이들은 말 그대로 오직 '한 끼 밥'을 위해 이곳에 모여 있었다.

개중에 눈에 띄는 초로의 남자에게 다가가 말을 걸었다. 그는 사람들

〈사진 6-2〉 **무료급식의 예**

ⓒ 장현정

사이에서 '반장님'으로 통했는데, 그래서인지 같은 노숙자들 사이에서도 표정이나 걸음걸이 등 전체적인 분위기에 남다른 구석이 있었다.

"왜 사람들이 서로 얘기를 안 하죠?"

"할 얘기가 뭐 있나. 그저 밥 한 끼 먹고 헤어지면 그뿐이지. 다들 마음이 닫혀서 …… 얘기하다 보면 싸움이나 나기 쉽지 뭐. 담배 내기 도박이나 술 먹을 때 정도나 말이 많아질까."

"무료급식이 없는 날엔 끼니를 어떻게 해결합니까?"

"여기서 화·목·토 이런 식으로 무료식사를 주고, 건너편 건물(부산일보사)을 끼고 골목 위로 쭉 올라가면 무료급식해주는 데가 또 하나 있는데, 거기서 월·수·금 이런 식으로 또 무료식사를 주거든. 그러니까 실제로 일요일 정도를 빼면 일주일 내내 끼니는 무료로 제공받을 수 있지. 보통 150명 정도 수준이지만 반찬이 맛있는 날에는 250명에서 300명까지 늘어나기도 해."

"식단계획이 따로 있나요? 어떻게 맛있는 반찬이 나오는 날을 알 수 있죠?"

"식단이 따로 나와 있는 건 아니지만 몇 개월 이상 먹다보면 경험상 아는 거지, 뭐. 대개 금·토요일이 반찬이 좋은 편이고."

교회 소속이자 부산 밥퍼공동체의 책임자가 분주하게 지휘하며 배식 준비를 끝내는 동안, 7개월째 이들과 함께 봉사활동을 한다는 대형할인매장의 직원들도 한쪽에서 이들을 돕고 있었다. 무료급식의 재원은 대개 교회를 중심으로 한 자체 자금과 몇몇 지역 업체 등의 후원으로 충당되고 있었다. 식기는 군대나 학교에서 일반적으로 쓰이는 식판이며, 대개 김치와 국·밥을 제외한 두 가지 정도의 반찬이 바뀌면서 나온다. 필자가 취재하러 간 날은 멸치와 감자 등을 함께 삶아 으깬 것과 미역줄기를 매운 양념에 무친 것이 반찬으로 나왔는데, 대개 이름을 댈 수 없는 것들이었다. 주최 측에서 영양과 재료비 등을 고려해 나름대로 만들어온 반찬들이리라 추측해볼 뿐이다.

식사시간은 대략 1시간 정도로, 배식과 설거지 등에 소요되는 시간을 제외하면 실제로 각 개인이 식사를 하는 데는 10분 남짓의 시간이 걸렸다. 그러나 거의 대화가 전무한 가운데 오직 식사 그 자체에만 집중하기에 10분 남짓한 시간도 모자라기보다 오히려 충분하다는 느낌이었다. 식사시간과 공간·메뉴나 그 밖에 식사를 둘러싼 어떤 것에도 결정권을 갖지 못한 채 그저 묵묵히 밥을 떠 입으로 가져가는 행위만 단순 반복하는 이들의 모습을 보자 '소외'라는 말의 무게가 묵직하게 다가왔다.

오늘날 음식은 정체성의 표현, 미적 감각이나 취향의 문제 등으로 설명되는 일이 많다. 그것들이 나름의 의미와 설득력이 있음을 인정하면서도, 적어도 이들에게만큼은 음식이 그 자체로서 물질적인 것 이상의 의미는 가질 수 없는 것처럼 보였다. 사회적 맥락을 상실한 채 말 그대로 생물학적 요구를 위해 한 끼를 때우는 일 속에서 흔히 말하는 '즐기는'·'음미하는' 식사의 흔적은 찾아볼 수 없었다. 무료배식이 아니면 시에서 관련단체들과 함께 운영하는 '푸드뱅크' 등을 통해 음식문제를 해결하는 저소득층·독거노인들·노숙자 등에게 외식은 먼 나라의 풍문으로만 존재하는 아득한 얘기인지도 모를 일이다. 싸게는 중국집에서 자장면 한 그릇을 먹거나,

비싸게는 패밀리 레스토랑이나 호텔에서 유행하는 스테이크를 먹는 동시대의 일상적 외식문화가 이들에게는 어떤 의미를 가질 수 있을까.

최근 경기불황의 여파로 무료급식소도 휘청대는 경우가 태반이라고 한다. 후원금이 10% 이상 급감했는데 식품 관련 물가는 30% 이상 상승하는 이중적 압박이 수많은 무료급식소들을 연쇄적으로 문 닫게 하는 것이다(≪한국일보≫, 2008년 11월 10일자). 이는 미국이나 유럽 등 여타 국가들의 경우에도 비슷하게 나타난다(≪세계일보≫, 2008년 5월 28일자).

저소득 비정규직 노동자들

불황의 그림자가 갈수록 짙어지면서 가족구성원들도 저마다 비좁은 취업전선의 한 틈으로 스며들기 위해 집 밖에서 부유하고 있다. 등록금 등 학비를 위해 이른바 '맥잡(Mcjob)'[4]에 매달리는 대학생, 생활고 해결을 위해 취업전선에 뛰어드는 기혼여성, 실직해 택배나 화물운전 등으로 생계를 꾸리는 남성 등이 늘고 있는 것이다.

여성경제활동인구는 2008년 8월 기준으로 1년 사이 5만 5천 명이 늘었다(≪한국일보≫, 2008년 10월 15일자). 이른바 핑크 칼라로 불리는 이 여성들은 고된 업무에도 웃음을 잃지 않아야 하는 '감정노동(emotional labor)'[5]과 관련된 업무에 종사하는 경우가 대부분이다. 그러나 갈수록 고용이 유연화되는 상황에서 이들이 얻는 대부분의 일자리는 비정규직이다.

정규직과 비정규직 노동자의 임금격차는 2007년 73만 2천 원에서 2008년에는 83만 1천 원으로 벌어졌으며, 이 기간 물가상승률이 5%를 넘은 것을 감안하면 비정규직의 실질임금은 지난해보다 더욱 줄어든 셈이다(≪세계일

---

4) Mcdonald와 job의 합성어다. '임금도 낮고 전망도 없는 일자리'를 가리킨다.
5) 사전적인 정의에 따르면 '업무에서 요구되는 특정한 감정상태를 연출하고 유지하기 위해 행하는 감정관리활동이 직무의 대부분을 차지하는' 노동을 의미하며, 미국 사회학자 알리 혹실드(Arlie Hochschild)가 처음 사용한 용어다.

보≫, 2008년 10월 30일자). 게다가 1만 원으로 살 수 있는 식료품도 1년 사이 20%나 줄었다 하니(한국일보, 2008년 11월 4일자), 강도 높게 노동을 해도 이들에게 먹고사는 일은 날이 갈수록 팍팍하기만 한 상황이다.

필자는 우선 부산의 대형할인매장 세 곳과 쇼핑몰 한 곳을 찾아 점심식사 현장을 둘러보았다. 또 택배기사와 지입사업자의 자격으로 트럭을 운전하는 지인들에게 전화로 인터뷰를 시도했다.

대형할인매장의 계산대 등에서 흔히 볼 수 있는 판매직 여사원들은 회사 안에서 대개 협력사원이라 불리며, 고용이 불안정한 비정규직 신분이었다. 이들과 달리 아예 시급으로 보수를 받는 매장 안의 아르바이트생들도 있었다. 이들의 절반 정도는 도시락을 싸와 휴게실 같은 곳을 이용해 교대로 식사를 했고, 나머지 절반 정도는 사무실을 통해 들어가게 되어 있는 직원식당을 이용했다. 식대는 2천8백 원 선으로 비교적 저렴한 편이었는데, 정규직 사원의 경우 회사에서 식대의 일부를 지원했지만 비정규직의 경우는 해당사항이 없었다.

그래도 식사를 위해 마련된 휴게실이나 식당 등의 공간에서 점심을 먹는 대형할인매장의 여사원들은 조금 나아 보였다. 쇼핑몰 판매직의 경우에는 도시락이나 배달을 통해 주로 상점 안에서 점심을 해결했는데, 언제 손님이 올지 몰라 자리를 비울 수 없기 때문이다. 또한 식사 도중에도 지나가는 손님들을 붙잡기 위해 신경을 쓰고 있었다. 이렇듯 시간이나 상황에 쫓기며 식사를 즐기기 힘든 상황은 교대로 근무하는 대형할인매장의 협력사원들이나 쇼핑몰 직원들, 그리고 택배나 화물차 운전기사들 역시 마찬가지였다.

택배나 화물차 운전기사의 경우, 대개는 빠듯한 시간 때문에 김밥 몇 줄이나 빵과 우유 등으로 차 안에서 해결하는 경우가 많다고 했다. 특히 혼자 일할 때는 혼자서 식당에 들어가기도 어색하고 시간상으로나 여러모로 번거로워 차 안에서 해결하는 경우가 많다고 했다. 보조자가 있어

둘이 돌아다니는 경우는 시간이 허락하면 주로 기사식당을 이용한다. 외지로 돌아다니는 경우가 많으니 어떤 식당이 맛있는지를 알 수 없고, 그래도 조금이나마 맛이나 가격의 위험부담이 적은 곳이 기사식당이기 때문이다. 정식은 4천 원이고 다른 메뉴도 5천 원 정도에서 해결할 수 있다고 한다.

이들 중 가장 열악한 환경은 이른바 맥잡이라 불리는 편의점이나 패스트 푸드점 아르바이트생의 경우다. 저임금·장시간노동으로 대표되는 맥도널 드식 노동문화 속에서 제대로 된 음식을 먹기란 쉽지 않다. 최근 한 기사에 따르면("'맥잡'의 진실과 유혹", ≪시사인≫ 81호, 2009년 4월), 맥도널드의 경우 식사를 햄버거로 지급하는데, 당일 근무시간을 기준으로 4시간 미만 은 '작은 식사', 그 이상은 '큰 식사'를 준다고 한다. 작은 식사에는 불고기 버거 혹은 치즈버거에 탄산음료를 주고, 큰 식사에는 빅맥·치킨버거·새우 버거 중 하나에 감자튀김과 탄산음료를 준다. 다른 메뉴가 먹고 싶으면 사 먹어야 하고 다른 지원은 없다. 그래서 감자튀김이나 햄버거에 질린 이들은 서로 돈을 모아 떡볶이나 순대 등을 사 먹기도 했다.

정규직 생산노동자들

부산 녹산공단에 위치한 르노삼성자동차 공장의 직원들은 회사식당을 이용해 점심을 해결하는 경우가 대부분이었다. 공단지역이기 때문에 근처 에 상가가 형성되어 있지 않아 일반 식당을 찾기 위해서는 자동차를 이용 해 먼 길을 떠나야 했다. 또 최근의 경기불황 때문에 주머니가 가벼워져, 식대의 일부를 회사에서 지원해주는 데다 가격 자체도 비교적 저렴한 회사 식당을 제쳐놓고 다른 일반 식당에서 점심을 먹을 이유가 없기 때문 이기도 하다. 회사규모에 따라 조금씩 차이는 있겠지만 근처 하청업체들이 나 중소기업의 경우도 마찬가지라고 했다.

또 생산직으로 분류하긴 다소 무리겠으나 부산역 근처에 위치한 114

전화번호 안내업체인 코이드(KOID)의 경우도 회사식당에서 대부분 점심을 해결하고, 가격은 2천8백 원 정도라고 했으며, 이런 사정은 어느 정도 규모를 가진 회사라면 대부분 사정이 비슷해 보였다.

회사식당에서의 한 끼 비용은 르노삼성자동차가 5천 원 정돈데, 이 중 50%를 회사에서 지원해주었으며 직원들은 식대를 직원용 카드로 결제했다. 코이드(KOID)는 2천8백 원 선이었고 역시 회사에서 50%를 지원해주었다. 대형할인매장도 정규직 사원들은 이와 비슷한 형태로 점심을 해결하고 있음을 앞에서 살펴본 바 있다.

메뉴는 A와 B 두 가지로 나뉜 경우가 대부분이고, 예를 들어 A의 경우 한식인데 매일 달라지긴 하지만 육개장·김치·제육볶음·나물무침·잡채 등의 수준에서 대동소이하다고 했다. B는 퓨전식으로 돈가스·감자튀김·스파게티·메밀국수 등이 나온다. 음식들도 비교적 정갈하고 맛도 괜찮은 편이라 실제 직원들의 만족도도 높은 편이라고 했다. 물론 늘 같은 시간, 같은 자리에서 반복적으로 이루어지는 식사행위에 간혹 지루함을 느끼는 이들도 있을 테고 어쩔 수 없이 먹는다는 식의 반응도 없었던 것은 아니다. 그러나 대부분 메뉴의 종류나 맛에 만족하는 분위기였고 양에서도 먹고 싶은 만큼 먹을 수 있는 시스템이었지만 건강을 염려하는 최근의 분위기를 반영하듯 대개 적당량을 덜어 알아서 먹는 분위기였다.

이들의 점심시간은 대략 1시간 정도였지만 밀린 업무, 혹은 개인적 휴식시간 등을 이유로 식사를 조금 서두르는 것 같은 인상도 있었다. 평균 25분에서 30분 정도에 걸쳐 와자지껄한 분위기 속에서 식사를 마치면, 삼삼오오 모여 남은 30분가량을 커피를 마시거나 담배를 피며 잡담을 하거나 때론 족구나 심심풀이 내기 등을 하며 시간을 보냈다. 그러니 이들에게 점심시간은 끼니를 해결하는 것 이상으로 대화나 운동을 통해 정신과 육체를 재충전하는 시간이기도 했다. 가끔 외부에서 거래차 찾아온 운전기사들이나 타 업체 직원들이 혼자서 식사를 하고 가는 모습도 눈에 띄었지만, 회사식당인 탓에 역시 대부분의 사람이 직원들이었고 자연스레 식당 안에는 어떤 소속감·일체감·결속력 같은 것이 느껴졌다.

동료들끼리 모여 편하게 대화를 나누며 식사를 하는 한 식탁에 다가가 주로 무슨 얘기를 하며 밥을 먹는지 물었다. 저마다 자기 생각을 말해주었는데, 요약하면 대개 드라마나 영화 같은 대중문화의 얘기나 각자의 가정사, 아이 키우는 일, 잡다한 농담 등 일상적이고 편한 주제의 얘기들이었다. 또 이런 경우 분위기를 주도하는 사람이 늘 있게 마련이라는 얘기도 들을 수 있었다.

흔히 음식의 사회적 기능을 얘기할 때 집단의 일체감을 확인하거나 타 집단을 배제하는 양면성을 언급하곤 한다. 그런 관점에서 보자면 이들은 모두 같은 종류의 음식을, 같은 시간에, 같은 공간에서 먹는다는 점에서 일체감이 가장 강한 문화를 갖는다고도 볼 수 있을 것이다. 적어도 점심식사시간만큼은 특별한 박탈감이나 위화감이 존재할 수 없는 상황이었으며, 회사에서 고용한 영양사들이 만든 음식들은 그들이 받는 임금의 액수와 관계없이 일상의 한 부분을 안정적으로 떠받치는 느낌이었다. 다음에서 살펴보겠지만 압축된 시·공간 속에서 분초를 다퉈가며 가격대비 성능을 꼼꼼히 따지는 사무노동자들과 달리, 이들의 음식은 종류가 단일하며 식사분위기도 비교적 여유 있는 느낌을 주었다.

정규직 사무노동자들

생산노동자들의 화기애애하고 여유로운 분위기와 달리 사무노동자들의 점심식사는 그야말로 분초를 다투는 전쟁의 느낌이라고나 할까. 어떻게 하면 한 끼 식사를 가장 만족스럽게 해결할 수 있을까를 고민하고, 각종 정보와 지식을 동원하고, 자동차를 이용해 시·공간을 압축하며, 다양한 메뉴 속에서 갈등하고, 최소 비용으로 최대의 만족을 구하려는 이들의 욕망, 그 속에서 필자는 이 시대를 관통하는 현대인과 그 일상성의 단초를 예각적으로 목격할 수 있었다. 이들의 특징은 경기불황의 시대에 식대를 아끼거나 최소비용으로 최대의 만족을 구하려는 데 있는데, 모두 '효율성'이라는 코드로 소급가능하다.

우선 최근 취업정보업체 '커리어'가 직장인 1,671명을 대상으로 도시락에 관한 설문 조사를 했는데, 그 결과 약 3분의 1인 523명이 최근 경기불황으로 점심식사 해결방법을 바꿨다고 응답했고, 이 중 39.2%는 집에서 도시락을 싸온다고 했다(≪동아일보≫, 2009년 2월 20일자). 지갑이 얇아질수록 값싼 먹을거리를 찾는다는 말을 증명하듯, 최근 직장인들은 2천원 남짓하는 도시락을 주문해 먹거나 출근길에 사가는 경우가 많아진 것이다. 또 맥도널드의 한 매니저가 인터뷰에서 말했듯("명품녀와 노숙자 맥카페에서 만나다", ≪시사인≫, 81호, 2009년 4월), 흔히 영양가 없는 싸구려 음식으로 통하는 맥도널드에도 오전 8시가 좀 넘으면 말끔한 차림의 직장인들이 몰린다는데, 이들은 '맥모닝'이라 불리는 메뉴를 주로 '포장'해가서 아침을 해결한다.

필자가 점심시간 취재를 위해 나선 중앙동과 남천동 거리는 낮에는 사무원들로 시끄럽고 밤에는 적막한, 그야말로 전형적인 도심지역이다. 빌딩숲을 이루고 각종 관공서와 은행·증권회사 등 주요 기관들이 밀집되어 있는 이곳은 점심시간이 되면 삼삼오오 식당으로 향하는 발걸음이 이어진다. 대도시의 삶은 이렇듯 도심이라는 공간과 정오라는 시간이 교차할 때 가장 적나라한 느낌을 던져주는지도 모른다. 이 시·공간 속에서 필자는 몇 가지 특징을 발견했다.

첫 번째는 어디서 무슨 음식을 먹을 것인가에 관한 선택의 다양성이다. 이것은 그대로 다양한 욕망과 정보의 홍수로 상징되는 포스트모더니즘의 특징이기도 하다. 이들은 점심시간이 되기 전부터 인터넷 등을 통해 맛집을 검색하는 등 정보에 민감하고 검색에 익숙하며 각종 음식 관련 지식에 해박하다. 요즘 몸의 어디가 안 좋으니 무엇을 먹어야겠다는 식의 유사

한의학적 지식부터 어디어디에 원조 막국수집이 개업했는데 그 조리방법 이 어떻다는 식의 유사 전문가적 지식까지.

두 번째는 시·공간의 압축이다. 12시 전부터 시계를 보며 점심시간만을 기다렸다는 듯이 이들은 일찌감치 검색 등으로 선택한 맛집을 향해 각종 교통수단을 이용해 동이나 구를 넘나들며 이동한다. 한국 사람을 상징한다 는 '빨리빨리'라는 말도 바로 이들로부터 가장 많이 들을 수 있다. 어느 식당을 가나 넥타이를 맨 사람들이 식당종업원들을 향해 이 소리를 외치니 말이다. 실제 직장인들을 주 고객으로 하는 식당들은 시간에 맞춰 반찬 등을 미리 준비하고, 주문한 음식도 곧바로 내올 수 있도록 만반의 준비를 해두게 마련이다. 직장인들의 점심문화에 관한 한 방송 인터뷰에서도 음식점 직원은, "5분 내에 음식이 나가야 하니 미리 초벌구이를 해둔다"라 고 말했다(SBS, <생방송 투데이>, 3월 16일). 이동시간이나 유명한 식당에서 기다리는 시간 등을 포함하면 이들에게 할애된 시간이 넉넉한 편은 아니 니, 식사 자체에 들이는 시간도 생산노동자들보다 오히려 적은 편이다.

세 번째는 '최소 비용으로 최대 만족'이란 것이다. 이것은 근대를 관통하 며 주류 경제학이 우리의 일상생활 곳곳에 심어둔 이데올로기적 성격이 짙음에도 산업의 최전선에서 일하는 사무노동자들은 이 원칙을 완전히 체화한 듯했다. 특히 불황의 여파 때문인지 허리띠를 바짝 졸라맨 직장인 들에게 '절약'과 '효율성'은 가장 원초적 행위랄 수 있는 먹는 일에도 그야말로 금과옥조와도 같은 것. 그러니 이들은 가격대비 맛과 영양을 꼼꼼하게 따져가며 1분 1초를 아끼고, 천 원을 아끼며, 조금이라도 더 많은 서비스를 욕망한다. 음식을 먹으며 주로 나누는 얘기도 업무 혹은 재테크 등과 관련됐는데, 일상사에 관한 얘기들을 통해 소소한 정을 나눈 다기보다는 점심시간조차도 정보의 교환을 통해 각각의 이해관계를 충족 하려는 욕망을 느끼게 했다.

이들의 점심문화를 요약하면 아마도 다음과 같은 문장이 되지 않을까.

건강, 맛, 저렴한 가격이라는 세 가지 조건을 충족시켜주는 식당을 각종 매체를 통해 '찾아다니고', 그곳을 향해 '전력질주'하는 '런치 노마드(Lunch Nomad)'들.

이 모습 속에는 넘치는 활기만큼이나 급속히 고갈되어가는 현대인의 피폐함이 공존한다.

부유층

사실 부유층이 무엇을, 누구와, 어디서, 어떤 방식으로 먹는지를 말하기는 쉬운 일이 아니다. 우선 어떤 사람들을 부유층이라고 해야 할지 범주의 구분에 관한 문제가 도사리고, 설령 대상이 정해진다 하더라도 상류사회의 특성상 접근이 용이하지 않은 까닭이다. 상류사회의 음식문화에 대한 최항섭(2004)의 연구에서도 나타나듯, 부유층은 "일반인의 눈에 잘 드러나지 않으며, 최대한 자신들을 분리하고 그 모습이 노출되는 것을 꺼리는 경향이 있어 일반인들은 그들의 살아가는 모습을 단지 TV 등을 통해 어렴풋이 짐작만 할 수 있을 뿐"이라는 것이다. 그러나 분명한 것은 이들이 비록 소수일지라도 어떤 경로로든 언제나 모방의 대상이 되며, 한 사회의 문화에 강력한 영향을 끼친다는 사실이다. 그러니 고급호텔이나 회원제 레스토랑 혹은 대중문화에서 묘사되는 양상 등 피상적이고 한정된 접근을 토대로 해서라도 살펴볼 필요는 있다.

최근 한 신문기사에 따르면(≪동아일보≫, 2009년 1월 13일자), 불황에도 소비심리가 위축되지 않는 최상위 고객들을 상대로 호텔들이 각종 전략을 마련하고 있다고 한다. 예를 들어 웨스틴조선호텔의 일식당 '스시조'는 은밀한 비즈니스 미팅을 원하는 고객을 위해 주방장이 직접 방 안에 들어가 요리를 해주는 '스시 라이브 별실'을 운영하는데, 가격이 1인당 35만 원이라고 한다. 신라호텔도 '스시 갈라 디너'라는 1인당 40만 원짜리 음식을 제공한다.

최항섭(2004)에 따르면, "대개 상류 계층으로 인정되는 집단 속에서도 실제로 그 구성원들 간에는 그 위치를 인정하지 않으려는 사례들이 적지 않게 발견"된다면서, "그들 간에도 다시금 직업·소득·문화수준·가문 등에 따라 나름대로 엄격히 분절되어 있음을 보여준다"고 한다. 물론 앞에서 소개한 사례보다도 훨씬 비싼 가격의 음식들이 있겠지만 이 정도의 가격만으로도 충분히 타 집단에 대해 배타적이고 과시적 기능을 하기에 무리가 없다. 이들의 한 끼 식대는 5천 원을 기준으로 하더라도 평범한 직장인들이 두 달 동안 점심식사를 위해 치르는 비용을 훌쩍 넘는다.

여기에 외국어로 표기되어 있거나 한국어라 하더라도 음식의 이름만으로는 어떤 재료로 만든 무슨 음식인지 알 수 없는 메뉴 등이 비싼 가격과 더불어 일반인들에겐 구별짓기의 장치로 기능한다. 더불어 음식을 먹는 방식, 예를 들어 와인이나 음료의 선택이라든지 식기의 사용방법 등도 훈련받지 않은 사람이라면 단순히 경험 삼아 이런 식당을 찾더라도 다시 찾고 싶지 않을 만큼 곤란함을 겪게 만든다.

부산의 한 호텔관계자의 말을 빌리면, 이곳을 찾는 손님들은 유기농제품·한우 등 신선한 재료를 중시하고 칼로리를 계산해가며 음식을 먹는 등 건강이나 미용을 중시하기 때문에, 많은 양의 음식을 좋아하지 않으며 4명이 정원인 테이블을 다 채우지 않을 만큼 소규모로 찾아와 독립된 공간에서 식사하기를 선호한다고 했다. 이들의 식사는 가족 단위보다 주로 타인과 함께 이루어지는 경우가 많은 걸로 보아 고급 정보를 공유하거나 그들만의 인맥을 쌓기 위한 친목의 목적으로 이루어지리란 예상이 가능하다.

최근 <꽃보다 남자>라는 TV 드라마가 유행하면서 학생이나 젊은이 사이에 '서민'·'귀족' 등의 단어가 함께 유행이라고 한다. 여중생이 어머니와 함께 그 드라마를 보다 난데없이 "엄마, 우린 서민이지?" 하고 묻는

식이다. 서구의 시민혁명, 가까이는 민주화 등을 통해 이제는 우리와 상관 없는 것이 되었다고 생각하지만, 사실 계급은 이처럼 드라마나 그 밖의 일상 속에서 매 순간 마주하는 현실로 적나라하게 존재한다. 이 드라마에서도 음식은 귀족으로 구분되는 주인공의 지위를 드러내는 중요한 소재로 등장하곤 했는데, 말 그대로 '식재계급(食在階級)', 즉 음식 속에 계급이 살아 있음을 제작자나 대중 모두 몸으로 공감하기 때문일 것이다.

3. 食在階級? 食在階級!

지금까지 살펴본 다섯 집단은 명확한 기준으로 구분했다기보다는 자의적인 것이라, 당연히 여기서 나온 사례들과 결과를 일반화하기란 매우 힘들 것이다. 그것이 이 글의 한계임을 고스란히 인정하면서도, 지금 우리 사회의 다양한 집단들이 어떤 음식을 대하고 어떻게 먹고 마시는지를 보다 생생하게 살펴보는 것이 무의미한 일만은 아니리라 기대한다.

취향, 미적 감각, 정체성 등 오늘날의 사회를 분석하기 위해 사용하는 개념들은 저마다 중요한 의미를 갖는다. 필자가 이 글에서 다소 거칠게나마 계급을 강조하며 음식을 둘러싼 제 집단들의 소묘를 시도한 이유는 이와 같은 개념들을 부정하기 위해서가 아니다. 오히려 구조와 행위의 관계를 보다 중층적으로 살펴볼 때 한층 균형 잡힌 시각을 가질 수 있을 것이기에, 가장 미시적이면서도 동시에 거시적이기도 한 음식의 특정 부분을 들추어보려 했을 따름이다. 한편 사회학에서 빈곤·실업·노숙자문제·사회복지 등 다양한 사회구조적 쟁점들조차 개인의 문제, 즉 심리학이나 미학의 차원으로 빠르게 소급되는 경향에 대한 우려도 있었다.

영어로 같은 단어를 사용해 표현하듯, 입맛(taste)은 말 그대로 취향(taste)이다. 그러나 문제는 이것이 '길든' 입맛·취향(taste)이라는 데 있다. '몸'이

문제가 아니라, '길든 몸'(메를로-퐁티, 2002)[6]이 문제인 것이다. 부르디외는 유명한 저서 『구별짓기』(2005)에서 개인들의 취향이 사실은 계급적·이데올로기적 의미로 가득함을 고발했다. 즉, "취향이란 말의 이중적 의미는 통상 '취향은 자연스럽게 타고난다'는 환상을 정당화하는 데 봉사하는데, 실제로 문화를 통해 형성됨에도 불구하고 마치 타고난 것처럼 보이기 때문에 이런 환상이 나타난다"라는 말이다. 초역사적 현실성을 가진 사회현상이 있을 리 없고, 모든 것은 권력관계의 산물이라는 점을 그는 강조했다.

음식의 경우, 영양과 생존이라는 일차적 차원에서는 적어도 한국사회에서만큼은 계급의 구분이 무의미해졌는지 모른다. 상업화와 교통의 발달로 경계는 무너졌고 오히려 영양의 과다, 비만 등 각종 질병이 문제가 되는 실정이니 말이다. 그러나 한 겹 벗겨보면 아직도 계급은 사라지지 않았고, 오히려 더욱 강력하고 은밀한 방식으로 스며들어 있음을 목도할 수 있다. 일찍이 앙리 르페브르(H. Lefevre)는 초기 자본주의 사회에서 계급적 구분이 확연했던 반면 후기 자본주의로 진입하면서 그 구조적 모순들이 일상성의 형태로 보다 은밀하고 파편화되어 진행하는 양상에 주목한 바 있다.[7] 실제로 교통이 발달하고 기술이 발달했다 하더라도 그것을 임의로 사용할 수 있는 시간과 여유는 누구에게 있는가. 맛집을 찾아다니는 것이 혹 아직은 경제적 의무에서 비교적 자유로운 일부 젊은이의 얘기는 아닐까. 시간과 에너지를 필요로 하는 적극적인 음식소비는 대개의 사람들과는 먼 얘기가 아닐까. 오히려 분초를 다투며 고용불안과 실업의 위기 앞에

---

6) 지각의 현상학자로 불리는 그에게 '몸'은 중요한 대상이다. 그런데 세계에 대한 우리의 일차적 지식은 사물에 대한 '신체의 길들임(habituating)'에 기초한다고 그는 말한다. 이미 우리 안에 각인된 '휘장들(emblems)'이 문제라는 것이다. 이는 개인적 취향이나 감각 혹은 몸의 문제가 아니라, 이미 그 자체로 사회적 문제라고 필자는 해석한다. 그 휘장들이 이른바 '육화된 공식(carnal formula)'을 우리의 신체에 주입한다고 보면 개인의 취향이나 감각, 그 기반인 몸조차도 이미 개인적인 것이 아님을 알 수 있을 것이다.

7) 앙리 르페브르, 『현대세계의 일상성』, 박정자 옮김(기파랑, 2005).

하루하루를 살아가는 오늘날의 대다수의 사람들은 취향이나 스타일처럼 우아한 말과는 거리가 먼 '아점(아침 겸 점심)'으로 배를 채우고 다시 노동현장을 향해 전력질주하는 것은 아닐까. 특정 신분에 의해 향유되던 음식도 요금만 지불할 수 있다면 누구나 음미하게 되었다지만, 문제는 '요금만 지불할 수 있다면'이라는 자유주의적 문구가 훨씬 심각한 모순을 은폐하고 있을지 모른다는 사실이다.

시인 백무산(1996)은 다음과 같이 노래한다.

아침에 먹은 밥상 위에도
국가의 질서가 고스란히 박혀 있다
지배와 착취의 질서가 고스란히 박혀 있다
부분이라고 전체보다 작은 것이 아니다.

— 「모든 것이 전부인 이유」, 백무산 —

밥상 위에는 그야말로 모든 것이 있다. 그러니 우리가 어디에 초점을 맞추는가에 따라 다양한 의미를 읽어낼 수 있을 것이다. 필자는 이 글을 통해 음식을 둘러싼 계급적 의미들을 그리려 시도했는데, 그것은 오늘날의 사회학이 이전부터 중요하게 취급해오던 구조적 모순과 계급의 의미를 유행처럼 축소하는 것은 아닌가라는 질문에서 출발해 나름의 환기를 해보기 위함이었다.

이 글은 '오늘날 음식에 계급은 있는가(食在階級?)'라는 질문에서 출발했다. 이제 여러분의 생각은 어떤가. 필자는 '분명히 계급은 있다(食在階級!)'라고 말하며 글을 맺으려 한다. 음식이라는 대상에 스며 있는 다양한 문화적·미시적 의미들을 조망하면서도 그 물적 조건과 분배의 왜곡 및 불평등을 선명하게 의식할 때 음식에 대한 우리의 시각도 한층 넓고 깊어지리라 생각한다.

참고문헌

단행본

르페브르, 앙리 (H. Lefevre). 2005. 『현대세계의 일상성』. 박정자 옮김. 기파랑.
메를로-퐁티, 모리스(Maurice Merleau-Ponty). 2002. 『지각의 현상학』. 류의근 옮김.
　　　문학과지성사.
박재환. 1992. 『사회갈등과 이데올로기』. 나남.
백무산. 1996. 『인간의 시간』. 창작과비평사.
부르디외, 피에르(Pierre Bourdieu). 2005. 『구별짓기』(상·하). 최종철 옮김. 새물결.
우석훈. 2008. 『촌놈들의 제국주의』. 개마고원.
지글러, 장(Jean Ziegler). 2007. 『왜 세계의 절반은 굶주리는가』. 유영미 옮김. 갈라파
　　　고스.

논문

오재환. 1996. 「일상생활의 구조와 정치」. ≪사회조사연구≫. 11권1호. 부산대학교
　　　사회조사연구소.
이성철. 2003. 「노동자계급과 문화실천: 이론적 서설」. ≪산업노동연구≫. 9권 2호.
　　　한국산업노동학회.
최항섭. 2004. 「상류사회의 연결망과 문화적 자본」. ≪한국사회사학회≫. 66집.

신문·잡지·방송·인터넷 및 기타 자료

≪경향신문≫. 2008.7.21. "엄마는 굶어도 배고프다 말할 수 없어요".
　　　　. 2008.7.30. "식량난 때문에 …… 중남미의 두 표정".
≪동아일보≫. 2009.1.13. "눈 가리니 음식의 맛 ― 향이 확 살아나는 느낌".
　　　　. 2009.2.20. "도시락의 재발견".
≪세계일보≫. 2008.10.30. "비정규직의 설움 …… '고용의 質' 뚝 뚝 뚝 ……".
　　　　. 2008.5.28. "식품값 오르는데 빈민층은 늘고 …… 美 푸드뱅크들 '이중고'".
≪시사인≫. 81호. 2009.4. "'맥잡'의 진실과 유혹".
　　　　. 81호. 2009.4. "명품녀와 노숙자 맥카페에서 만나다".
≪한겨레신문≫. 2008.5.9. "식료품값 급등에 그라민 은행 휘청".
≪한국일보≫ 2008.11.10. "무료급식소도 '불황 찬바람', 다음 달에도 밥 차 몰고

나올 수 있을지".

≪한국일보≫ 2008.11.4. "작년·올해 가계부 비교해봤더니……".
≪한국일보≫. 2008.10.15. "[경제위기, 벼랑 끝 몰린 사람들] <1> 10년의 절망 IMF학번".

SBS. 2009.3.16. <생방송 투데이>.

제 7 장

맛·길·멋의 오디세이

인태정(부산대학교 BK21연구원)

1. 음식의 사회적 의미와 변화

음식은 역사적으로 오랫동안 생리적으로나 사회적으로 일상생활의 중심이 되어왔다. 인간은 동물과 기타 생물과 마찬가지로 생명을 유지하기 위해 필요한 식품 및 영양소를 섭취해야 하기 때문에 해가 바뀌고 계절이 바뀌어도 매일매일 노동을 하며 음식을 얻고, 음식을 먹으면서 생명을 유지해왔다. 음식은 어느 무엇보다 생명에 절대적이다. 그래서 아널드(Arnold, 1988: 3)는 "음식에 대한 우리의 극단적인 욕구로 인해, 식량은 가장 근본적이고 명백하고 절대적 형태의 파워이고 앞으로도 계속해서 그러할 것이다"라고 했다.

또한 음식은 단순히 육체적인 배고픔만을 해결하는 것이 아니라 사회적 관계를 유지하는 중요한 매개체기도 하다. 식구란 한솥밥을 먹는 사람들이란 뜻으로서, 매일 같은 상에서 같은 음식을 먹으면서 유사한 식습관을 익혀오고 그럼으로써 동질성을 확인하고 집단의 결속을 유지한다. 유사한 식습관과 음식의 선호와 기대의 유사한 가치관들은 가족뿐만 아니라 마을 공동체, 민족 또는 국가의 동질성과 결속력을 확인해주는 중요한 매개체가 되기도 한다.

일상생활에서도 같이 식사하면서 음식·취미·가치관, 그리고 서로의 특성을 공유하며 친근한 관계들을 형성해간다. 축제의례 등을 통해 슬프고 기쁜 일들을 위로하고 축하하며 회사나 학교·교회 등의 회식·소풍·파티 등에서 사회적 모임과 연대감을 키워나간다. 배가 고플 때 맛난 음식을 먹으면 행복감을 느끼기 때문에 연회나 식사는 긍정적 인간관계를 만드는 데 촉매제의 역할을 한다. 반면 서로에게 호감이 없거나 사이가 나쁜 사람과 함께 식사를 하는 것은 고역일 수 있다. 그래서 프로이트(Freud, 1918: 174)는 "누군가와 먹고 마시는 것은 사회적 공동체의 상징이며 확인이기도 한 동시에 상호 의무 수락의 상징이며 확인이기도 하다"라고 언급했다. 관계를 결속하는 매개로서 음식의 기능은 단순히 살아 있는 사람들의 관계에만 국한되는 것이 아니라, 제례나 종교의식을 통해 살아 있는 자와 죽은 자, 인간과 신의 관계로도 확대된다.

식품을 섭취하는 행위는 특정 집단 내의 동질감과 결속력을 확대하기도 하지만 사회 구성원 내의 성별·신분별, 계급·계층별 차별과 배제의 기능도 함께 수반한다. 음식 나누어 먹기를 거부하는 것은 적의와 적개심의 표현이자 차이의 표식이기도 하다. 음식을 함께 먹는 것은 친척관계, 신의·우정·호감·동등성의 표현이기도 하다.

예를 들어 인도의 카스트제도에는 브라만·크샤트리아·바이샤·수드라 4개의 위계단위가 있는데, 이 체계 내에서 직업·의복·의례·지위의 차이가 난다. 카스트 간의 분리를 확인하는 방식은 특히 음식물 수수에 관한 제한과 허용으로 나타나는데, 가족이 아닌 다른 사람으로부터 음식물을 받아들인다는 것은 자신과 같은 카스트 성원이거나 자신보다 높은 카스트

성원이라는 것을 나타낸다. 즉, 음식물 수수는 카스트 간의 분리와 차이를 재확인하는 사회적 장치라고 할 수 있다. 이처럼 엄격하지는 않지만 한국 사회에도 상층에서 하층으로 음식양식을 내림받는 전통적인 제도가 있는데, 이를 '봉송(奉送)'과 '꾸러미'라고 한다. 봉송은 왕이 양반들에게 하사하는 음식이고, 꾸러미는 왕에게 받은 음식을 다시 꾸러미로 만들어 민간에 전달하는 것을 말하는데, 이것이 궁중음식이 민간으로까지 전달되는 과정이 되기도 한다.

음식은 육체적 생존과 사회적 생존을 유지하는 수단으로서 역사적 보편성을 갖지만, 다른 한편으로는 음식의 생산·분배·소비를 둘러싼 역사적 특수성과 집단별·종족별 차이를 보이는 사회적 특수성도 내포한다. 즉, 음식은 가장 폭넓고 친숙한 상태에서 형성된 사회조직의 산물이자 특수성의 반영이기도 한 것이다. 전통사회와 달리 근현대 자본주의에 들어서면서 음식의 사회적 의미에서 두드러지게 달라진 점이 있다면, 생존을 위한 식사에서 쾌락과 미를 위한 식사로의 이행이 대중화되었다는 것이다. 자본주의체제에서 생산의 근본적인 동기는 공동체의 사회적 욕구를 만족시키기 위한 사용가치의 창조가 아니라, 생산수단을 소유해 타인의 노동을 전유할 수 있는 자본가의 가치 증식을 위한 교환가치의 창조, 잉여가치의 증대에 있다. 그에 따라 이윤 추구의 확대를 위해 사회 전반의 영역들이 상업화·상품화되어갔다. 음식 역시도 가족 혹은 마을공동체 내에서 자급자족하던 전통사회에 비해, 보다 많은 사람들이 구매와 소비를 함으로써 이윤을 증대할 수 있는 상업화·상품화의 과정이 가속화되었다. 이러한 음식의 상업화에 따라 음식소비의 다양성이 증대되었고, 교통 및 통신의 발달로 인한 이동의 확대 등이 단순히 허기를 면하는 문제를 벗어나 어떤 것을 어떻게 먹는가에 대한 강렬한 집착으로 나타난다. 그리고 생존을 위한 음식소비가 아니라 쾌락을 누릴 수 있는 인간의 권리로서, 여가로서, 취향으로서 음식소비가 이루어진다. 이 글에서는 여가로서의 음식소비의 사회적 변화와 특징들을 살펴보면서, 특히 맛과 길과 멋을 따라 음식을 추구하는 다양한 실태와 현대적 의미들을 살펴보고자 한다.

2. 맛 따라—대식 추구에서 미식 추구로

한국인은 예로부터 대식하는 것으로 외국인에게 알려져 있었다. 송나라 사신의 견문을 적은 『고려도경』에서 이미 고려 사람들이 많이 먹는 것을 무척 좋아한다 했고, 18세기의 견문을 모아 쓴 달레(C. C. Dallet)의 『조선교회사서설』에도 조선 사람은 빈부반상 할 것 없이 많이 먹는 것을 명예롭게 알고, 어릴 적부터 숟가락 자루로 배를 두들겨가며 많이 먹음으로써 배를 늘려놓는다고 했다. 그리피스의 『은자의 나라 한국』이란 책에서도 밥을 많이 먹는 것은 자랑스러운 일이요, 잔치의 가치는 음식의 질에 있는 것이 아니라 양에 있다고 했다(이규태, 2000: 67).

예전에도 잘 차려진 상이나 잔칫상을 두고 '상 다리가 부러지게 나온다'는 말로 칭찬을 했다. 이러한 대식은 왕이나 귀족들에게서 더 많이 발견할 수 있는데, 『삼국유사』「태종 춘추공조」는 그 당시 왕의 식사내용을 "왕은 하루에 쌀 서 말과 꿩 아홉 마리를 먹더니, 경신년에 백제를 멸한 후로는 점심을 그만두고 다만 아침·저녁뿐이었다. 그러나 계산을 해보면 하루에 쌀 여섯 말, 술 여섯 말, 꿩 열 마리였다"라고 기록했다(윤서석, 1999: 229). 이에 비해 서민들은 마을의 잔치나 집안의 제사, 생일에는 평상시보다 많은 음식과 쌀밥으로 주린 배를 실컷 채울 수 있었다.

그러나 근현대에 와서 사회적 생산력과 농업생산력이 엄청나게 증가해 대부분의 사람들이 기아와 허기로부터 비교적 자유로워졌다. 그에 따라 양보다는 질을 추구하는 현상이 나타났고 외식을 통한 음식의 다양성을 추구하기 시작했다. 한국에서는 1970년대 후반기부터 급속한 경제성장과 국민소득의 증가, 핵가족화 등의 사회경제적 변화에 따라, 식생활 면에서도 양적인 충족에서 벗어나 질적인 향상을 추구해 식품 소비 형태에 변화가 나타나기 시작했다. 특히 곡류 위주의 식생활에서 조금씩 탈피해 육류·난류, 우유 및 유제품의 동물성식품과 신선한 과일 및 채소류의 소비가 증가했다. 1970년대에는 국수와 빵, 간식·분식이 서서히 일상식으로 자리를 잡았고, 1970년대 말에는 패스트푸드를 중심으로 외식업체가 급격히 증가하고 어린이들이 햄버거와 피자를 즐겨 먹게 되었다. 그리고 통조림 등의 가공식품, 마가린·마요네즈·토마토케첩 등 서양식 식품도 생산했으며, 우유와 요구르트·아이스크림 등 유가공품의 종류가 많아졌다(한복진, 2002: 51~54).

무엇보다도 1980년대 들어서 식생활 관련 산업이 빠른 속도로 신장했는데, 특히 86아시안게임과 88서울올림픽 등의 국제운동경기와 각종 국제행사의 유치와 관광산업은 식품산업과 외식산업의 붐을 더욱 가속화하는 촉매가 되었다. 급속한 경제성장과 소득 증가로 외식 소비가 급속도로 증가하기도 했다. 단적인 예로 식료품비·주거비·가구집기비·가사용품비·보건의료비·교육비·교양오락비·교통통신비, 기타 소비지출을 포함한 도시가구 소비지출 항목 구성비에서 소득이 높아짐에 따라 식료품비가 차지하는 비율은 감소한 반면, 식료품비에서 외식비가 차지하는 비율은 증가했다.

이는 <표 7-1>을 통해 확인할 수 있다. <표 7-1>에 의하면 1980년대는 도시가구 소비지출 항목 구성비에서 식료품비가 차지하는 비율이 거의 50%에 가까웠는데, 2000년대 들어서면서 26% 정도로 낮아진 반면 외식이 차지하는 비율은 식료품비의 절반에 가까워졌다.

이러한 현상은 음식의 상업화와 아울러 보다 다양한 음식을 추구하고자 하는 경향을 반영한다. 게다가 영양가가 높은 고칼로리의 음식들을 일상적으로 섭취하다 보니 비만, 각종 성인병이 유발되었다. 그래서 최근에는 전통음식과 웰빙음식을 찾게 되었다. 그런데 아이러니하게도 전쟁이 발생

연도	1981	1991	2001	2006
총 식료품비율(%)	43.2	31.6	26.3	26.4
외식비의 비율(%)	1.7	6.8	10.8	12.2

자료: 통계청 kosis 데이터베이스에서 작성.

하거나 가뭄이나 홍수로 기근이 들었을 때 평소에 먹지 않던 것들을 시험 삼아 가공해 발명한 식품이었던 구황식(救荒食)이 요즘 들어서 건강식 혹은 웰빙식으로 인기가 높아지고 있다. 즉, 예전 못 먹던 시절에 못사는 사람들이 소나무의 꽃가루로 만드는 송화병이나 송화주, 토란으로 만드는 토란국, 도토리로 만드는 도토리묵과 도토리떡, 감자를 갈아 만드는 감자전, 두부를 만들 때 나오는 비지로 만든 비지찌개 등으로 주린 배를 채우던 것이, 이제는 중산층 이상의 사람들이 건강을 위해 애써 찾아 먹는 음식이 되었다.

이렇게 변화된 추세와 아울러 자가용을 소유하는 가구가 증가함에 따라 입소문이 났던 맛집을 찾아다니는 사람들이 많아졌다. 이러한 경향은 대중매체를 통한 광고로 더욱 대중화되었는데, 예를 들면 각 방송국에서는 전국 및 전 세계의 맛집과 다양한 요리를 소개한다. SBS는 <웰빙 맛 사냥>, MBC는 <찾아라! 맛있는 TV>, KBS는 <VJ특공대>에서 맛집 기행 등의 내용을 보여준다. TV뿐만 아니라 각 신문에서도 맛집들을 소개했는데,『잘나가는 그들은 여기서 먹는다』라는 책은 중앙일보 음식담당 유지상 기자가 지난 6년 동안 연재해온 맛 칼럼 '맛집 풍경'과 '맛있는 나들이'에 새로 취재한 내용을 추가해서 엮어낸 본격적인 맛집 가이드북이다. 이 책은 만남의 성격에 맞는 분위기 좋은 맛집 446곳을 소개하는데, 품격 있는 분위기 맛집, 어른들 모시기에 좋은 맛집, 성공을 부르는 비즈니스 맛집, 와자지껄 즐거운 회식, 몸이 좋아지는 웰빙 맛집, 원기회복에 좋은 탕과 해장음식, 고향의 맛 향토음식, 온 가족이 함께 즐거운 외식, 서울에서 즐기는 외국음식, 분위기 있게 한 잔 와인바 등 모두 10가지 주제에 따라 분류했다. 또한 여기에 패밀리 레스토랑 가이드, 테이블 매너, 서울시내 유명 포장마차, 일품요리 즐기는 법, 유지상이 추천하는 인터넷 맛집 사이트, 본전 뽑는 뷔페 공략법, 기내식 맛나게 즐기기 등 재미있고 다양한 정보가 가득하다. 그 외에 인터넷 사이트로는 메뉴판닷컴·오푸드· 비밀닷컴 등이 있는데, 이 사이트에서는 전국의 맛집 정보, 추천 맛집, 음식점 이벤트, 별미여행, 와인 정보, 음식점 지도 검색, 요리법 검색 및 온라인 주문·예약서비스 등을 제공한다.

　이러한 정보를 찾아 사람들은 실패와 성공을 거듭하면서 음식점들을 탐색하곤 한다. 그래서 이제는 살기 위해 먹는 것이 아니라 먹기 위해 사는 것이 되었고, 먹는 즐거움이 사는 즐거움과 이유의 일부분이 되기도 한다. 또한 음식과 맛을 좇아가는 행위는 취미와 여가생활의 일부분이 되기도 한다. 린나이·동양매직 등의 가스오븐레인지 회사에서는 음식 종류별로 쿠킹 클래스를 운영하면서 요리 동호회를 조직하고, 동호회 회원들은 각자 배운 요리를 하나씩 들고 와서 파티를 하곤 한다. 또 맛집 기행과 미식을 취향으로 삼는 사람들이 맛집기행동호회·요리동호회 등을 조직하면서 새로운 미식가 커뮤니티를 형성한다. 그에 따라 현대에는 새로운 '맛 부족민'이 생겨났다.

3. 길 따라——금욕적 여행에서 쾌락적 여행으로

　관광(Tour)의 어원을 언어학적으로 보면 그리스어의 ropvos(tornis), 라틴 어의 Tornus(회전)에서 전환되어온 것으로, 이는 여러 나라를 순회 여행하 는 것을 가리킨다. 한편 영국에서는 일정한 주거지를 떠나 장소의 이동이 라는 개념의 Travelling이라는 용어를 사용했다. Travel은 실제 Trouble(격 정)·Toil(고통, 힘든 일)과 같은 용어에서 파생된 것이다. 이는 중세 때 종교적 순례여행의 성격을 반영한 것으로, 그 당시에는 음식점이나 숙박시설 및 교통시설 등의 기반시설이 없었기 때문에 힘들고 먼 여행이기도 했지만, 정신적 수행을 위해서나 정신적 숭배대상, 신앙심을 추구하기 위해 힘들고 먼 길을 무릅쓰는 고행의 의미이기도 했다.

또한 동·서양을 막론하고 멀리 여행할 수 있는 사람들은 특정 상층 신분과 상업을 주업으로 하는 평민들이었으며, 특히 농업을 주업으로 하는 전통 한국사회에서 대다수의 평민들은 하루나들이 정도로나 여행이 가능했다. 그 대표적인 예로 신분여하, 남녀노소를 막론하고 3월 3일 삼짇날에는 진달래꽃, 9월 9일 중양절에는 국화꽃을 따서 화전을 부쳐 먹었다. 심지어는 출가 후 시집살이로 좀체 바깥출입을 하지 못했던 여자들도 삼짇날이면 찹쌀에 소금을 넣고 곱게 빻아서 약간 익반죽한 것을 소쿠리에 담아 이고 앞산에 핀 진달래꽃을 찾아 봄 소풍을 나섰다. 이러한 풍습은 유명한 「화전가」를 통해서 전해진다. 이들 외에 왕족 및 양반들과 같은 특정 신분계층들은 하인이나 하녀들을 동반하고 비교적 먼 곳으로 나가서 풍류를 즐기기도 했다.

한편 상업을 주업으로 하는 상인들은 봇짐에 주먹밥을 싸가지고 팔도를 돌아다녔다. 1900년 이전에는 집 밖에서 식사할 수 있는 음식점, 음식 장수 등이 거의 없었다. 다만 여행객들을 위해 전국 각지에 술집 겸 여인숙인 주막이 있었고, 도매상인·객주·관리의 경우는 관이 운영하는 역에서 밥을 먹든가 지방 유지의 집에서 숙박을 했다. 그 외에 유흥시설인 기생집에서 술과 밥을 먹을 수 있는 정도였다. 이렇게 여행을 위한 기반시설이 제대로 갖춰지지 못한 시절에는 특권계층을 제외하고서는 여행이 고행길일 수밖에 없었다.

근대사회에 접어들어 교통시설의 발달, 특히 철도의 발달로 지역 간의 고립과 폐쇄를 극복하고 보다 먼 지역으로 빠른 시간 내에 이동할 수 있게 되었다. 그와 아울러 각 지역 내에서 자급자족적으로 생산·소비되던 고유의 음식과 기호품 등의 특산물, 예를 들면 대전의 카스텔라, 대구의 사과설탕조림, 천안의 호두과자, 평양과 청주의 밤만두, 영주와 청주의 인삼전병, 청주의 삼색 라쿠간(다식의 일종) 등이 상품화되면서 특산물과 지방 특색 음식을 음미하는 여행도 시작되었다.

근현대에 올수록 여행이 상품화되고 여행을 위한 기반시설이 더욱 확충되면서 여행은 보다 즐거움을 위한 목적으로 행해진다. 게다가 가처분 소득의 증가와 교통·통신시설의 발달로 국내여행뿐만 아니라 해외여행도 보다 대중적으로 확산되었다. 한국인들의 관광소비는 1980년대 대중적 성장기를 거쳐 1990년대 대중관광의 성숙기와 질적 분화기를 맞았는데, 국내여행 경험률의 추이를 보면 1991년 72.7%, 1993년 93.2%, 1995년 92.6%, 1997년 87.9%, 1999년 91.8%, 2001년 96.7%, 2004년 95.8%로서 국민 대부분이 관광활동에 참여하는 것을 확인할 수 있다(한국관광공사, 관광동향에 관한 연차보고서 각호; 2004 국민여행실태조사). 게다가 해외여행 경험률의 추이도 1993년 12.4%, 1997년 15.9%, 2001년 96.7%, 2004년 95.8%로서 급성장했다.

전통사회에서는 여행이 고행과 금욕과 모험의 상징이었다면, 현재는 식도락과 오락과 더불어 쾌락적 여행으로 변화했으며 쾌락을 위해 고단함과 피로도 마다하지 않는다. 특히 여행에서의 식도락은 스케줄의 필수사항이 되어, 먹고 마시는 즐거움과 여행의 즐거움을 함께 넣은 패키지 상품이 쏟아져 나온다. 국내여행에서는 강진~장흥~보성 남도음식명가의 산해진미여행, 서해 해안선 따라 식도락여행, 경북 동해안 7번국도 식도락여행 등과 같이 음식점과 함께 홍보한다. 해외여행에서는, 중부 이탈리아의 토스카나 요리, 프랑스 부르고뉴 지방의 본격적인 프랑스 요리와 적포도주, 벨기에의 민족 요리와 수도원 맥주, 이탈리아의 무제한 백포도주와 즐기는 해물 특식 마짱꼴레, 스위스의 미트 퐁듀, 이탈리아의 정통 피자와 파스타, 프랑스의 달팽이 요리 전식 등의 지역 특징과 특산물을 대표하는 음식들과 음식점들을 소개한다. 또는 아예 식도락을 함께 끼워 파는 상품도 많다. 예를 들면 홋카이도의 핵심인 삿포로·오타루·도야, 야경을 자랑하는 하코다테와 함께 홋카이도의 맛집을 돌아보는 식도락 상품, 태국여행은 팔라이씨푸드세트메뉴[1]·태국정식[2]·스완미수끼[3] 등의 음식상품을 숙박과 여행일정과 함께 세트요금으로 제시한다.

혹은 역사관광·테마관광의 일종으로서 역사 속 인물들과 함께하는 30가지 요리의 향연을 소개하는 책자도 대중적인 인기를 끄는데, 예를 들면 클레오파트라의 꿩고기요리, 솔로몬의 무화과절임, 시바 여왕의 대추케이크, 레오나르도 다빈치의 송아지콩팥빵, 루이 14세의 포도주, 표트르 대제의 철갑상어알, 한니발의 양배추경단, 비스마르크의 청어조림 등이 세계사의 주요 장면과 호응을 이루며 흥미진진하게 재구성되었다. 따라서 역사관광과 다양한 테마관광을 위해 여행하지만 특정 지역의 사회문화적 특성을 한눈에, 한입에 음미할 수 있는 식도락 여행이 여행의 보다 중요한 요소가 되어가며, 각종 이벤트·축제·오락, 그리고 식도락과 함께 최고의 쾌락을 추구하고자 하는 길 떠남이 대중화되었다.

4. 멋 따라―과시적 소비

인류 역사에 계급이 생겨난 이후 누가 특이하고 맛있으며 귀한 음식을 독점하는가는 일종의 권력과 관련이 있다. 중국의 역대 왕들이 독점했던 각종 요리는 오늘날 중국을 요리의 대국으로 만들었고, 로마제국의 카이사

---

1) 게·새우·락랍스터·생선·오징어 등의 해산물요리다.
2) 태국 전통음식을 맛볼 수 있는 체험식으로 톰얌쿵(매콤한 새우탕)·파인애플볶음밥·푸팟퐁가리(카레를 곁들인 게요리)·쿵팃까띠얌(새우마늘튀김)이 포함된다.
3) 신선한 야채와 육·면류·해산물을 뜨거운 육수에 데쳐 먹는 태국 전통식사와 푸켓 노천 열대과일을 시식할 수 있다.

르는 온갖 향신료와 맛있는 음식들을 먹기 위해 나라의 땅을 넓혀갔다. 프랑스혁명이 일어나기 전 베르사유 궁전에서는 연일 진기한 요리들로 연회가 베풀어졌고, 그 덕택에 오늘날 프랑스 역시 요리의 대국이 되었다. 민중들이 먹는 음식은 일상적인 배고픔을 해결하고 최소한의 에너지를 신체에 공급하기 위해 존재했지만, 정치적 지배세력들은 권력을 표현하기 위해 요리를 먹었다. 즉, 음식은 예로부터 권력과 위세의 상징이었다. 비싼 향신료의 첨가와 오랜 기간의 노력과 숙성을 요하는 음식은 왕·귀족· 부유층의 상징이기도 했다. 서양에서는 마늘·양파·파슬리·박하·로즈메리·체빌·월계수·백리향·후추·골파 등이 향을 더하기 위해 음식에 섞였으며, 한국에서는 간장·고추장 등 각종 장과 젓갈 등이 상층 신분들을 위한 음식이었으며, 이러한 양에서 질로의 변화가 계급구조의 새로운 표현방식이기도 했다. 또 한 예로 서양에서 설탕은 처음에는 단지 부자들의 식품이었다. 부자들은 사람들이 갖고 싶어 하는 식품인 설탕으로 과일을 절이고 온갖 종류의 과자류를 만들기도 했으며, 심지어는 '트리논피'라는 설탕조각품을 만들어서 자신들의 부와 권력을 과시하기도 했다(코니한, 2005: 31). 한국에서는 신분적 지위에 따라 상차림과 명칭이 달랐다. 궁중에서는 수라상, 반가에서는 진짓상, 서민들은 밥상이라 했고, 반상의 첩수는 쟁첩에 담는 찬물의 가짓수에 따라 삼첩·오첩·칠첩·구첩·십일첩으로 분류했으며, 신분적 지위에 따라 첩수가 증가하는 경향이 있다.

동서양을 막론하고 세련되고 호화로운 최상의 요리는 궁정 혹은 궁중, 귀족관 혹은 양반집에서 맛볼 수 있는 것이었다. 그러다 서양에서는 시민혁명 이후, 한국에서는 조선왕조가 망하면서 특정 신분에 의해 향유되던 음식이 요금을 지불할 수 있는 경제력만 있다면 누구나 음미할 수 있게 되었다. 이는 음식제공자와 새로운 형식의 식당 출현을 통해 뚜렷이 나타났다. 서양에서는 왕족 혹은 귀족계급의 고용인이었던 요리사와 사환이 실직해 레스토랑을 개업하면서부터고, 한국에서는 조선왕조가 망하자 궁중조리사들이 시중에 나와서 요릿집을 차리면서부터다. 한국 최초로 궁 밖에 생긴 요릿집은 한말에 궁내부 주임관 및 전선시장으로 있으면서 임금의 음식과 궁중 연회의 요리를 담당했던 안순환이란 사람이 차린 '태화관'으로 그곳에서 궁중음식을 선보였다. 그 외에 명월관·식도원·송죽원·백양루·부벽루·열빈루·국일관·태서관 등이 일제강점기 당시 유명했던 요릿집이다. 조선 왕실이 존재했던 시절에는 왕족이 아니면 감히 맛보기 어려웠던 음식을, 이 시대부터는 일본인 각료, 대한제국의 고관, 친일파, 부유계층 등 돈이 많거나 정치적·사회적 권력을 가진 이들이 이러한 요릿집에서 사서 먹었다. 그들은 마치 예전의 임금처럼 화려한 요리를 차린 상을 받고서 폼을 잡았다. 요릿집에 출입하고 궁중요리를 먹을 수 있다는 사실은 그들의 사회적 지위를 표현해주는 것이었다.

현대로 올수록 한식·일식·양식·중식에 따라 혹은 테마별로 다양한 음식점들이 우후죽순처럼 생겨났다. 인터넷 사이트의 식도락 추천 맛집, 스타 맛집, TV에 방영된 맛집, 축제 및 이벤트 속의 맛집, 테마 속 맛집 등등이 그 예다. 이에 따른 광고도 다양하다. 한국의 맛을 느끼기 위해 하인스 워드도 찾은 옛골 토성, 오리지널 미국식 정통 다이너, 축구 스타 안정환 부인이 운영하는 퓨전 한식 레스토랑, 한가인과 동방신기, 그 외의 여러 스타들이 즐겨 찾는 맛집, 한류스타 배용준이 운영하는 레스토랑 등등이다. 이제는 음식점의 바다에서 노를 잘 저어 최상의 선택을 해야 할 판이다.

게다가 소비를 통해 자신의 사회적 지위와 자신의 정체성을 표현하는 소비사회에 접어들면서, 자신의 경제력과 사회적 지위를 과시하고 표현하는 수단으로서의 음식소비 또한 치열한 경쟁 속에 있다. 민츠(Mintz, 1985: 185)의 "사람은 먹는 것을 달리 먹음으로 해서 다른 사람이 될 수 있다"라는 언급처럼, 식사 한 끼에 1천 원짜리 토스트에서 20만 원에 이르기까지 음식소비의 비용은 철저히 계층화되어 있으며, 음식소비의 가격은 곧 사람의 품격이라고도 할 수 있다.

한때 대중적 인기를 모았던 주말 TV 드라마 <엄마가 뿔났다>에서 계층 간의 차이가 나는 두 집안이 사돈을 맺게 되었는데, 서민층에 속하는 집안의 어머니가 한번은 식사비를 내게 되었다. 그런데 4명의 식사비에 50만 원이 넘는 비용을 지불하고서는 '너무나 아깝고 억울해' 펑펑 우는 장면이 있었는데, 서민들로서는 충분히 공감이 가는 장면이었다. 부유계층에게는 한 끼의 식사비용이 몇 십만 원 하는 것이 대수롭지 않겠지만 서민층에게는 거의 한 달 식비에 가까운 큰돈이었던 것이다. 또 얼마 전에는 국방부의 고위 관리들이 한 그릇에 20만 원을 호가하는 불도장을 자주 먹는 것으로 알려져 눈총을 산 적이 있다. 일반 사병들이 '짬밥'을 먹는 동안 모범을 보여야 할 국방부의 고위 관리들이 비싸디비싼 불도장을, 그것도 국방회관에서 자주 먹었다는 것이 알려진 것이다.

그 외에도 비싼 음식점으로는 서울 세검정에 있는 한식집(1인당 12만 원), 강남 역삼동 르네상스 뒷골목의 여러 일식집(보통 1인분 10만 원부터 20만 원까지), 압구정동의 중국집 만리장성 코스요리(보통 1인분 10만 원부터 20만 원까지), 양식은 하이야트 호텔의 프랑스 식당(보통 1인분 20만 원) 등이 있다. 이런 음식점 외에도 상류층들은 보다 맛있고 희귀한 음식을 찾아다니는 경향이 있는데, 철갑상어알·거위간을 이용한 일명 푸아그라 프랑스 요리, 소의 혀를 이용한 요리, 활어 민어회, 토종 홍어 등이 그것이다. 맛있고 고급스러운 음식을 먹고자 하는 욕구는 상류층뿐만 아니라 중·하류층에게도 끊임없이 일어난다. 일 년에 한 번쯤, 혹은 일생에 한 번쯤은 큰맘 먹고 대장금 한정식 집에서 정성스러운 서비스와 함께 수라상을 받으면서 그날 하루만큼은 왕족이 되어보고 싶은 것이다.

한편 이러한 진기한 식품 외에도 음식에 형태와 색과 분위기를 입히려는 욕망이 커져간다. 이제 먹는다는 것은 먹는 즐거움뿐만 아니라 보는 즐거움을 더해간다. 그래서 음식물의 맛이나 향·질감, 요리된 모양, 그것을 담는 식기의 디자인 등을 통해 보다 풍요롭고 아름다우며 고결한 모습으로 음식의 외형이 화려해져 간다. 즉, 음식의 역사에서 혁명적인 변화가 일어나고 있다. 음식의 초점이 영양적인 측면보다는 미학적인 즐거움으로 이동했고, 이제 음식은 음악이나 인테리어·조명·서비스의 질까지 첨가되어 입에서 눈으로, 눈에서 온몸으로 느끼는 고감도의 체험장이 되고 있다.

5. 자아를 찾기 위한 몸부림?

생산력이 낮고 대다수의 사람들에게 음식이 부족했던 절대적인 빈곤의 시대에는 음식의 질과 맛을 음미하기보다 주린 배를 채우는 것이 급선무였다. 근대 산업사회로 들어서면서 생산력의 엄청난 증가와 음식의 상업화가 진행되었고, 사람들은 양적인 충족을 하게 되었으며, 점차 보다 다양한 음식과 질을 추구하게 되었다.

게다가 현대사회로 올수록 소비사회에 접어들게 되었는데, 이는 자동화된 포드주의 생산체계가 도입되면서 대량생산 및 대량소비가 가능해짐에 따라 생겨난 사회현상이다. 자본주의 초기에는 상품과 서비스에 대한 소비자의 수요가 공급량을 초과했기에 소비의 영역은 생산의 영역에 비해 부차적인 중요성을 가질 수밖에 없었지만, 생산력의 급속한 발전으로 상품의 생산능력이 소비를 위한 수요를 초과함에 따라 상품의 희소성문제보다는 넘쳐나는 상품을 구매할 수 있는 소비자의 기호와 능력의 문제가 보다 중요한 것으로 부각되었다. 이러한 소비사회에서 상품은 양적 팽창뿐만 아니라 질적인 발전을 가져와, 상품의 가치가 기본적인 물질적 욕구를 넘어서 이미지와 상징, 개성과 자유, 쾌락과 환상으로 포장되었다. 또한 이러한 대량생산체계의 발전은 노동자들의 소득증대를 가져와 상품의 유효수요를 증대시켰는데, 이에 기초한 물질적 풍요는 필요에 의한 소비에서 즐김을 위한 소비로 전환하는 기반이 되었다. 이제 현대사회에서 소비는 단순히 물질적 필요를 충족해주는 것을 넘어서 하나의 문화적 현상이 된다. 말하자면 소비는 현대인들이 자기를 표현하는 중요한 생활양식인 것이다.

특히 산업화 이후 사회 전반적인 생활수준이 높아지면서 사람들의 생활양식이 여가와 소비 중심으로 변화하기 시작했고, 여가영역이 우리 사회의 소비문화에서 매우 큰 비중을 차지하게 되었다. 여가는 이제 유한계급뿐만 아니라 일반대중들까지도 즐길 수 있는 영역이 되었으며, 여가시간을 어떻게 보내는가, 여가를 위해 무엇을 소비하는가, 그리고 여가시간에 그 사람이 무엇을 먹고 입으며 어디에 사는가 하는 것은 그의 사회적·문화적·경제적 지위를 드러내주는 상징적인 의미를 지니게 된 것이다.

기든스(1997)는 현대사회에서 사람들이 과거와는 달리 여러 개의 자아와 복수의 정체성을 동시에 지니며, 인간의 성찰 능력과 주체성이 보다 발전한다고 판단했다. 그래서 삶에서의 다양한 선택 가능성과 이에 대한 성찰은 과거에 비해 인간의 자유의 폭을 보다 넓히고, 자아정체성에 대한 사고를 심화·확대했다고 한다. 또한 페더스톤(1999)은 현대사회의 특성을 '일상생활의 미학화'라는 개념으로 설명했는데, 이러한 현상은 일반 사람들에 의해 예술적 하위문화의 라이프스타일의 모방이라는 계산된 쾌락주의로도 나타난다. 계산된 쾌락주의의 대중적 확산은 현대 소비문화의 한 특성이자 형성요인이기도 한데, 사람들은 다양한 상품 ― 특히 새롭고 이국적이며 독특한 상품 ― 의 구매와 소비를 통해 자신의 삶·감정·육체·정체성을 미학화하고 끊임없이 실험적으로 변형하는 예술적 실천을 시도한다는 것이다. 이러한 계산된 쾌락주의에 근거한 소비는 상상해온 자아를 재현하고 체험하는 연행이다. 페더스톤(1999)은 전통사회에서의 카니발이나 축제에서 발생하는 흥분, 상징의 전도, 정체성의 혼란을 상기하면서, 소비연행의 즐거움은 다름 아닌 정체성의 탈바꿈과 재창조의 즐거움이라 했다.

이러한 이론적 논의에 기초해서 현대사회의 음식소비를 살펴보면, 음식소비는 단순히 육체적 생존을 위한 필연적 영역이 아니라 사회적 지위와 문화적 스타일의 상징적 징표며, 자아에 대한 쾌락의 증여이자 전체 사회에서 자신이 위치한 사회경제적 지위를 가늠하는 인식적 지도그리기가 되는 것이다. 그래서 소문난 맛집을 따라 전국 팔도를 돌아다니고 심지어는 전 세계의 음식을 세계여행을 하면서 좇는 것, 그리고 자신의 미적 취향과 고유의 스타일을 찾기 위해 음악이나 인테리어·조명·서비스의 종합된 분위기의 음식점들을 찾아다니는 행위 — 맛 따라, 길 따라, 멋 따라 쉴 새 없이, 그리고 끊임없이 새로운 방식을 찾아다니는 기나긴 오디세이 — 는, 결국 자아를 탐색하고 발견하고 개발하고자 하는 자아 찾기의 몸부림인 것이다. 게다가 단순히 맛을 추구하는 경향에서 벗어나 자연과의 합일과 새로운 생태학적 의미를 부각시키는 새로운 미식학의 추구 경향도 대두되고 있다.

참고문헌

단행본

기든스, 앤서니(Anthony Giddens). 1997. 『현대성과 자아정체성』. 권기돈 옮김. 새물결.

바르트, 롤랑(Rorand. Barthes). 1995. 『신화론』. 정현 옮김. 현대미학사.

보드리야르, 장(Jean Baudrillard). 1991. 『소비의 사회』. 이상률 옮김. 문예출판사.

윤서석. 1999. 『우리나라 식생활 문화의 역사』. 신광출판사.

이규태. 2000. 『한국인의 밥상문화 2』. 신원문화사.

이노우에 다다시(井上忠司) 외. 2004. 『식의 문화. 식의 정보화』. 동아시아식생활학회
    연구회 옮김. 광문각.

주영하. 2000. 『음식전쟁 문화전쟁』. 사계절.

코니한, 캐롤(Carole M. Counihan). 2005. 『음식과 몸의 인류학』. 김정희 옮김. 갈무리.

페더스톤, 마이크(Mike Featherstone). 1999. 『포스트모더니즘과 소비문화』. 정숙경
    옮김. 현대미학사.

한복진. 2002. 『우리 생활 100년: 음식』. 현암사.

Arnold, David. 1988. *Famine: Social Crisis and Historical Change*. New York: Basil Blackwell.

Freud, Sigmund. 1918. *Totem and Taboo*. New York: Vintage.

Mintz, S. Sidney W. 1985. *Sweetness and Power: The Place of Sugar in Modern History*.
    New York: Penguin.

한국관광공사. 「관광동향에 관한 연차보고서」. 1991·1993·1995·1997·1999·2001·
    2004호.

_____. 2004. 「2004 국민여행실태조사」.

제8장

몸·건강·음식
—몸은 우리 것이면서도 우리 것이 아니다

김문겸(부산대학교 교수)

1. 관리되는 우리 몸

우리나라에서 몸과 건강에 대한 관심이 폭발적으로 증대한 것은 1980년대 들어와서다. 이것은 대중소비사회의 징후와 그 맥을 같이한다. 이 시기는 자가용과 컬러텔레비전의 대중화, 야구·축구·씨름 등 새로운 프로스포츠의 등장, 10대들의 대중음악 시장으로의 대대적인 편입 등이 이루어진 시기이자, 한국의 중장년층이 거대한 건강상품의 시장으로 편입된 시기이기도 하다. 헬스(호텔의 회원제, 수영의 대중화 등)와 에어로빅의 열풍이 휘몰아친 것도 바로 이 시점이며, 각종 건강보조식품과 보양제(탕제원 기계 발명의 효과)가 대중화된 것도 이때다.

건강에 대한 변화된 의식은 명절 선물 꾸러미에서도 나타난다. 최근에는 홍삼·스쿠알렌·오메가3지방산과 같은 건강상품을 비롯해 각종 건강보조식품들이 백화점의 진열대를 빼곡히 채우고 있다. 예전에 명절 선물로 유행했던 설탕·조미료·쇠고기갈비 같은 것과 비교하면 격세지감을 느끼게 한다. 또한 육류 소비량이 증가함에 따라 각종 성인병에 대한 공포가 증가하고, 여기에 대한 반작용으로 채식주의나 잡곡식도 유행한다. 보리밥보다 흰 쌀밥이 지위 표시를 하던 시대는 이미 지나갔다. 건강이라는 기호가 그만큼 대중화되고 민감해졌다는 이야기다. 이것은 의료분야도 예외가 아니다. 건강검진은 정례화되거나 의례화되었다. 심지어 효도상품으로까지 등장한다. 즉, 건강과 관련된 새로운 형태의 표준적 기준이 마련된 것이다.

사실 일상적으로 사용하는 건강이라는 말은 생활에서 몸의 기능상에 별 문제가 없는 상태로 인식된다. 의학적으로도 건강은 질병이 없는 상태를 의미했다. 따라서 건강은 별다른 관리를 필요로 하지 않는 것이었고, 의료는 단지 건강하지 않은 상태, 즉 질병을 관리해 건강의 일탈상태를 정상화하는 것이 예전에는 주된 역할이었다. 그러나 최근 의학적 지식의 발달과 더불어 건강의 범주는 그 스펙트럼이 확장되었다. 즉, 건강에 대한 정상과 비정상 사이에 '건강하지 않은 상태'라는 것의 범위가 점차 확장되어 온 것이다(Waitzkin, 1981). 이것은 한편으로는 예전에 과학적으로 밝혀지지 않았던 질병의 세계가 현대 의학기술에 의해 밝혀진 측면도 있지만(물론 예방의학적인 측면도 있다), 다른 한편으로는 건강에 대한 자의식의 범주가 확장되었음을 의미한다. '의료의 사회화'가 그 대표적 현상이다. 요즘에는 의사 없이도 자기 자신의 건강상태를 점검하는 '자가 검진방식'이 유행한다. 체온기와 체중계·혈압측정계·당뇨측정기 등의 의료기구는 보편화된 지 이미 오래다.

건강에 대한 이해는 사회·문화적 맥락에 얽혀 있다는 사실을 인식하는 것이 중요하다. 건강은 단순히 생물학적 현상으로서가 아니라 사회적 요인의 산물로 이해할 수 있다. 즉, 건강에 영향을 줄 수 있는 행동은 반드시 의학적 지식뿐만 아니라 사회문화적 의미도 함축하는 것이다.

건강과 몸에 대한 자의식의 범주가 확장된 이 시대에 우리 육체는 이제 관리되고 다듬어져야 할 대상으로 부상한다. 여기서 탄생한 새로운 아이콘은 건강의 범주를 넘어 '몸짱·얼짱', 그리고 '얼굴은 V라인·몸매는 S라인'이라는 말의 유행으로 대변된다. 건강 유지의 첩경은 음식이다.

통계청이 2006년도에 발표한 자료에 따르면, '100세 이상 고령자'의 장수 사유 중 '절제된 식생활습관'이 39.3%로 가장 많이 꼽혔다. 이어 낙천적인 성격(17.2%), 규칙적인 생활(13.7%), 유전적 특성(12.9%), 원만한 가족생활(4.5%), 건강보조식품 복용(3.4%), 운동 및 건강관리(2.9%) 등의 순으로 나타났다(통계청, 2006). 이 글에서는 음식을 키워드로 건강과 몸에 대한 문제를 살펴보기로 하자.

2. 살 빼려다 사람 잡는다

다이어트는 현대 문명의 산물이다. 예전에도 있었지만 보편적 문화 코드로 자리 잡은 것은 현대에 들어와서다. 물론 이것도 주로 선진국 반열에 서 있는 나라에만 해당된다. 아프리카나 북한에서는 아직도 허기진 배를 잡고 굶주림에 허덕이는 사람이 다수다. 이런 사회에서 깡마른 체격이 미적 기준으로 자리 잡기는 아마 어려울 것이다. 전통사회에서 식량기근에 허덕이던 시절에도 마른 체형이 미학적으로 아름답다고 인식되지는 않았을 것이다.[1]

우리나라도 1960~1970년대까지는 절대 빈곤에 주린 배를 움켜쥐어야

---

1) 피터 코리건도 이와 비슷한 유추를 했다. 그는 음식물 공급이 안정적이지 못한 시절에는 비대한 체격이 많은 양의 음식을 섭취한다는 징표였기 때문에 위세를 드러내 보일 수 있는 표식으로 작용할 수 있었다고 말한다(코리건, 2002: 207). 속설로 내려오는 바에 따르면, 미인의 대명사로 알려진 서양의 클레오파트라나 중국의 양귀비는 통통한 몸매의 소유자였다.

만 했다. 당시 학생들의 도시락 반찬에 달걀이 포함된다면 하나의 사건이었고, 점심을 가져오지 못한 학생은 수돗물로 허기진 배를 채우는 경우도 있었다. 또 채식 위주의 식단이다 보니 단백질 결핍은 물론이고, 각종 회충 때문에 정부 차원에서 정기적으로 학생들의 대변 검사를 실시해 회충약을 복용하게도 했다.[2] 이렇게 먹을거리가 부족한 시절에는 오히려 살찐 것이 미화되었다. 여성의 경우, 얼굴이 둥글고 몸매가 통통하면 '복스럽게 생겼다'·'맏며느릿감이다'는 칭송을 들었다. 남성의 경우에는 배가 불룩 나온 사람에게 '사장님'이라는 호칭을 붙여주기도 했다.

그런데 시대는 변했다. 절대 궁핍에서 벗어나기 시작한 1980년대 이후, 이제는 비만이 오히려 새로운 사회적 이슈로 등장한다. 이것은 새로운 법령을 제정하려는 시도에서 예각적으로 드러난다. 2008년 11월 12일 보건복지가족부는 앞으로 1회 분량이 200kcal 이상인 과자는 학교 내 판매가 제한되고, 오후 5~9시에는 TV 광고도 금지된다고 밝혔다. 또한 이 같은 내용의 「어린이 식생활안전관리 특별법」 시행령 안을 마련해 입법예고할 예정이라고 설명했다. 이 안에 따르면 과자와 음료 등 간식이나 라면·햄버거 등 식사대용품 가운데 '고열량·저영양'식품은 학교의 집단급식소나 매점에서 판매할 수 없으며, 오후 5시부터 9시까지 TV 광고도 할 수 없게 된다.[3] 또 광고금지 시간대가 아니라 하더라도 만화·오락 등 어린이 대상 프로그램의 중간광고에는 고열량·저영양식품의 광고가

---

2) 1960~1970년대 당시에는 비타민 결핍도 적지 않았는데, 비타민 결핍에 대한 오해는 오히려 비타민 알약만 복용하면 다른 음식을 먹지 않더라도 마치 우주식처럼 모든 영양분이 공급되는 것으로 착각하는 사람들도 생겨나게 했다.

3) 고열량·저영양식품에서 간식은 '1회 제공량'이 200kcal 이상이면서 단백질 또는 견과류 등 영양성분이 낮은 식품이거나, 단백질 또는 견과류 성분이 들어 있더라도 1회 제공량당 열량이 400kcal 이상인 식품에 해당한다. 식사대용식품으로는 나트륨 성분이 600mg 이상 들어 있으면서 1회 제공량당 열량이 500kcal 이상이거나, 나트륨 양이 많지 않더라도 1,000kcal 이상인 제품이 고열량·저영양식품으로 분류됐다. 열량 외에도 당이나 포화지방이 지나치게 많이 함유된 간식 또는 식사대용식품도 고열량·저영양식품으로 간주된다.

금지되며, 이 밖의 시간대에도 어린이에게 잘못된 식습관을 조장하는 광고를 규제할 수 있는 근거조항이 시행령 안에 포함되어 있다(≪식품환경신문≫, 2008년 12월 18일자). 이러한 법령을 제정하려는 시도에서 이 시대 음식문화의 문제점을 읽을 수 있다.

어린이 비만이 사회적 이슈로 등장하고, 뚱뚱한 학생은 학교에서 왕따를 당하기도 한다. 또한 비만 클리닉을 전문으로 하는 병원도 등장하고, 지방흡입술 때문에 사망하는 사건도 생긴다. 이러한 배경에는 외모중시풍조가 이 시대의 새로운 풍속도로 자리 잡으면서 육체에 대한 미적 기준이 마른 체형으로 변화되었다는 점이 깔려 있다.

어느 화장품 회사는 설문 조사를 통해 요즘의 젊은 세대는 '달덩이 같다'·'맏며느릿감이다'라는 표현을 가장 싫어한다는 점을 간파하고, '얼굴이 반쪽이네'라는 광고 카피로 대대적인 성공을 거둔다. 이런 맥락에서 이 시대의 미인은 '아파트 난간에 얼굴이 왔다갔다 할 수 있을 정도로 작아야 한다'는 에피소드를 남기기도 했다. 또한 몸짱·얼짱이라는 용어의 유행도 이 시대를 상징한다. 1980년대 에어로빅과 헬스의 등장과 함께 이 용어는 자연스럽게 자리를 잡았고, 각종 식이요법 또한 정착했다.

'몸짱 아줌마' 정다연의 등장은 이 시대의 변화된 가치관을 상징적으로 대변한다. 그녀는 어느 날 집에서 함께 비디오를 보던 남편이 여배우의 몸매에 감탄하는 모습을 보고, 그 여배우 사진을 냉장고에 붙여놓고 마음을 다잡았다고 한다. 당시 그녀는 둘째 아이를 낳고 몸무게가 68kg이었는데, 외모에 반하는 남편의 반응을 계기로 몸짱 만드는 길로 접어들었다고 한다(SBS, <좋은 아침>, 2006년 8월 29일). 정다연의 등장은 가히 신드롬이라 할 만하다.[4]

---

4) 정다연의 몸짱 비결은 2007년도에 『モムチャンダイエット』라는 제목으로 일본에서도 출간되어 일본 베스트셀러 1위를 차지하기도 한다. 또한 그녀는 차세대 고등학교 과학교과서에도 등장한다. 교과서 편찬 저자인 차세대 과학교과서 연구개발위원회는 "대한민

그녀의 주된 다이어트방법은 운동과 식이요법을 병행한 것이었다. 즉, 규칙적인 운동과 더불어 고단백 저칼로리 중심의 식단으로 '몸짱 아줌마'로 등극한다. 그녀의 다이어트방식 외에도 포도다이어트·황제다이어트·침술다이어트 등등 무수한 다이어트요법이 존재한다. 몸짱이 되기 위해서는 기계적으로 정해진 식품과 계량화된 수치에 맞춰 식사를 해야 한다는 사회적 압력이 들어 있다.

사실 현대인은 인습적으로 전해오는 지식보다 과학의 이름으로 주장되는 지식이 더 옳다고 믿는 경향이 있다. 생활과학은 계량화된 수치로 우리의 일상생활을 규제한다. 이러한 현상은 과학의 이데올로기가 지배하는 이 시대의 소산이다. 구체화된 계량적 수치가 주는 지식이 옳다고 믿는 시대 풍조는 다이어트방식에 반영되고, 우리 몸도 계량화된 수치로 담금질된다.

여사원 모집 공고에 '용모단정'이라는 문구를 없애는 데는 여성계의 지난한 노력이 있었다. 그럼에도 성형열풍은 여성은 물론, 이제는 남성에게도 자연스러운 것으로 자리 잡았다. 그만큼 외모중시풍조가 주는 사회적 압력이 크다는 것을 의미한다. 날씬함과 다이어트에 대한 강박관념은 때로는 거식증으로 이어져 죽음에까지 이른다.

2006년 세계 패션업계는 충격적인 사건에 직면한다. 스페인의 한 패션쇼에 출연했던 모델(루이젤 라모스, 22세)이 패션쇼 무대에서 내려오자마자 아사한 사건이 일어났다. 그녀는 '무대에 서려면 체중을 줄여야 한다'는 모델 에이전시의 지적에 따라 패션쇼 시작 몇 달 전부터 야채와 라이트콜라로 연명하는 다이어트에 들어간 것으로 알려졌다. 특히 2주일 동안은 음식을 일절 끊고 오직 물로만 버텼다고 한다. 패션 모델을 동경하던 그녀의

국에 운동열풍을 일으킨 정다연 씨의 성공적인 건강관리 사례는 교과서에 실려서 전 국민에게 알릴 만한 충분한 가치가 있어서 채택했다"라고 밝혔다(www.nownewsnet.com. 2007년 7월 8일자; ≪식품환경신문≫, 2006년 3월 23일자).

동생 또한 거식증으로 사망한다(≪한국일보≫, 2006년 10월 13일자).5)

마른 모델과 마른 연예인을 미화하는 사회 분위기는 청소년들의 미(美)의식에도 심각한 악영향을 미친다. 2006년도에 다국적 생활용품 회사 도브가 15~17세의 한국 여자 청소년 100명을 대상으로 설문조사한 결과 77%가 외모에 대한 불만족으로 외부활동을 꺼린다고 답했다. 59%가 성형수술을 할 용의가 있다고 답했으며, 3%는 체중관리를 위해 먹은 걸 토하거나 아예 먹지 않는다고 했다(≪동아일보≫, 2007년 2월 24일자). 우리나라에서 다이어트산업의 규모는 이미 연간 1조 원대를 넘어섰고 10~20대 여성의 80%가 다이어트를 하거나 할 예정이라고 말할 정도로 날씬한 몸에 대한 열망이 강하다(≪한겨레신문≫, 2007년 1월 31일자).

다이어트는 우리 몸을 기계에 비유한 현대적 유산이다. 에어로빅과 헬스 또한 우리 몸을 기계에 비유하기 때문에 가능하다. 인체 공학에 맞는 신발과 옷이 등장하고, 특히 스포츠과학이 발달하면서 우리 몸은 더욱더 계량화된 수치에 예속된다. '침대는 가구가 아니고 과학이다'는 광고 카피는 실제 초등학생들의 설문조사에서 침대는 가구가 아니라는 인식을 유발하기도 했다.

예전에 축구하는 선수나 마라톤 주자에게 물을 마시지 말고 운동하라고 강요하던 전통적 지도방식은 이제 먹혀들지 않는다. 올림픽에서 동메달을 획득하는 데 일조한 우리나라 어느 여자 농구선수가 훈련 당시 "화장실에 있는 물이라도 마시고 싶었다"라고 인터뷰한 그 말은 아직도 필자의 뇌리

---

5) 세계 패션업계는 다이어트 후유증으로 모델들이 숨지는 사태가 잇따르자 2006년도부터 이를 막고자 다양한 방안을 모색했다. 가장 먼저 스페인이 체질량지수가 18.5 이하인 모델들의 활동을 금지했고, 뒤이어 이스라엘·이탈리아·미국 등지에서도 저체중 모델의 패션쇼나 광고출연금지 등의 조치를 취했다(≪한겨레신문≫, 2007년 1월 31일자). 깡마른 모델의 폐해를 걱정하는 여론이 높아지자 한국의 대표 디자이너인 앙드레 김도 몸매에 집착하지 않고 건강미와 개성이 넘치는 모델을 기용하겠다고 선언했다(≪동아일보≫, 2007년 2월 24일자).

에 생생하다. 예전의 지도자는 물을 마시면 배가 출렁이고 경기력을 감퇴시킨다고 판단했기 때문이다. 이제는 운동 중에 적당히 물을 마시는 것은 오히려 장려된다. 스포츠과학의 발전과 전문가의 영향력이 강화되었기 때문이다.

사실 우리 몸이 각종 전문가들에 의해 통제되기 시작한 것은 비교적 최근의 일이다. 의료 전문가, 다이어트 전문가, 헬스 및 에어로빅 전문가, 스포츠과학 전문가 등등. 이러한 전문가들은 몸을 만들고, 건강을 유지하는 지식과 권력을 가지며, 일반 대중은 전문가들의 합법적인 통제를 받는다. 여기서 합법적이라는 말은 전문가들이 적절한 권력의 사용으로 몸과 건강을 위해 어떤 점을 고려해야 하는가에 대한 일종의 독점권을 얻었다는 의미다. 전문가 지식은 과학의 이름으로 일상의 지식을 배척하고 폄하한다.

그럼에도 일상의 지식은 여전히 살아서 움직인다. 대표적인 예로 불치병에 걸렸을 때 각종 민간요법은 아직도 실행된다. 또 현대 과학의 힘을 빌리지 않더라도 각종 다양한 개별적인 건강요법과 식이요법은 존재한다.

3. 내 몸의 건강은 어떻게

통계청 조사에 의하면 우리나라 사람의 '건강관리방법'으로 '특별한 것 없다'는 응답이 49.7%로 가장 높았고, 그 다음은 '식사조절'(25.6%)이다. 그 밖에 규칙적 생활(11.4%), 운동·산책(5.3%), 보약·영양제 복용(3.9%), 담배·술 절제(1.3%) 등의 순으로 나타났다(통계청, 2006).

몸과 건강에 대한 관심의 증대는 다음의 몇 가지 전형적인 행동 유형을 만들어낸다. 보약형(건강염려형)·운동형(건강예방형)·걱정형(행동부족형)·무관심형(관리소홀형) 등이 그것이다.[6] 물론 이와 같은 구분이 상호 배타적인 것은 아니다. 일상적인 삶에는 이 네 가지 유형이 서로 중첩되어 나타나지만, 어느 한쪽으로 치우치는 경향은 있다.

보약형(건강염려형)은 몸과 건강에 대한 관심이 가장 높다. 평소 자신의 몸과 건강상태에 신경을 많이 쓰지만, 운동을 통해 적극적으로 몸(건강)을 관리한다기보다는 주로 식이요법이나 보약 등 식생활에 주의를 기울임으로써 건강을 유지하는 유형이다. 그러나 자신의 건강에 대해 자신감이 없어 특별히 아픈 데가 없어도 약을 찾는 경우가 많다. 몸에 이상이 생겼을 때에는 바로 체크하는 등 지나치게 자신의 건강을 염려해 건강예방과 유지를 위한 활동이 많은 편이다. 이런 유형은 건강정보에 민감하고, 건강 보조식품을 애용하는 경향이 있다.

운동형(건강예방형)은 건강유지를 위해 규칙적으로 운동을 하거나 체중 조절을 하는 등 적극적으로 행동하는 유형이다. 자신의 건강에 대한 자신감이 비교적 높다. 따라서 약에 의존하기보다는 자연스러운 식생활습관을 통해 건강을 관리하려고 하며, 지방질이나 카페인·설탕처럼 건강에 해롭다고 생각되는 부정적인 요소들을 가급적 삼가는 편이다.

걱정형(행동부족형)은 건강에 대한 관심은 보약형만큼이나 높은 편이지만, 건강에 대한 마음만 앞설 뿐 행동이 뒤따르지 않는다. 즉, 자신의 건강관리를 위해 실질적인 행동은 하지 않는 소극적 유형이다. 건강관리를 위해 할애할 시간적 여유가 없기도 하지만, 실제 자신의 건강에 대한 자신감이 다른 유형에 비해 상대적으로 매우 낮은 편이다.

무관심형(관리소홀형)은 건강에 대한 관심도 높지 않고 건강을 위해 구체적 행동도 하지 않는 유형으로 자신의 건강관리에 소홀한 편이다. 이 유형에는 건강으로 인해 직접적인 생활의 장애를 경험하지 않아서

---

6) 이 4가지 유형은 대홍기획 마케팅전략연구소에서 전국의 4천 명을 조사·분석한 자료에 근거한다. 1995년도를 기준해서 보면 이 네 가지 유형 중에 우리나라 사람이 차지하는 비중은 보약형 25%, 운동형 24%, 걱정형 23%, 무관심형 28%로 어느 한 유형에 치우치지 않고 고른 분포를 보인다(대홍기획 마케팅전략연구소, 1996: 122~123).

자신의 건강에 대해 지나친 자신감을 가진 사람도 포함되고, 다른 한편으로는 건강에 대한 자신감과 관계없이 건강 자체에 별 신경을 쓰지 않는 사람도 포함된다.

나이가 들수록 이러한 4가지 유형 중에서 보약형(건강염려형)이 점차 늘어나고 무관심형은 줄어든다. 즉, 30대 이후로는 운동형이나 걱정형은 줄어들고 보약형이 현저하게 증가해, 50대가 되면 2명 중 1명 정도는 보약이나 영양제에 의존해 건강을 지키는 유형으로 나타난다.[7]

건강에 대한 관심이나 태도의 차이는 건강유지나 예방을 위한 실제 행동이나 관리방식에서도 차이를 보인다. 예컨대, 보약형은 앞서 말한 바와 같이 다른 유형에 비해 건강진단을 받은 경우가 상대적으로 많고, 특히 정기적인 건강검진은 두드러지게 많이 나타난다. 또한 건강에 대한 자의식의 증대는 의료검진뿐만 아니라 다양한 형태의 건강상품의 소비를 촉진시킨다.[8] 이러한 시류를 틈타 각종 건강식품에 대한 사기행각이 부쩍 늘어난 것도 오늘날의 추세다. 다단계 판매방식을 통해 강매하다시피 건강보조식품을 팔거나, 관광을 미끼로 노인들에게 허위·과장된 건강보조식품을 판매하는 모습은 우리 주변에서 어렵지 않게 찾아볼 수 있다. 또 요즘에는 해저심층수에 대한 사기행각도 나타난다.

그런데 굳이 보약형이 아니더라도, 남성의 경우에는 특이한 음식문화가

---

7) 사회경제적 위치에 따른 건강관리 유형의 차이를 살펴보면, 소득수준이 높고 고학력층에서 보약형이 많다. 또한 보약형은 경영·관리·전문직과 자영업을 하는 사람들에게서 높게 나타나고, 운동형은 사무직에서 상대적으로 높은 것으로 나타난다(대홍기획 마케팅전략연구소, 1996: 126~127).

8) 보약형은 건강과 관련한 제품의 소비성향도 두드러진다. 건강 관련 제품 중 녹즙기의 전체 가구당 보유율은 30%, 정수기는 11%, 공기청정기는 5%인 것으로 나타나는데, 다른 유형에 비해 보약형의 보유율이 두드러지게 높다. 또한 건강보조식품의 사용경험률이나 의약품의 복용경험률을 보더라도 보약형이 현저하게 높다. 보약형이 자주 찾는 건강보조식품의 세부 품목을 살펴보면, 꿀(65%)·인삼(50%)·영지(26%)·알로에(22%)·녹용(21%)·스쿠알렌(19%)·종합미네랄(17%)·효소식품(12%)·알부민(7%) 등의 순으로 나타난다(대홍기획 마케팅전략연구소, 1996: 138).

존재한다. 이른바 정력에 대한 애착과 그것을 추구하는 독특한 식문화가 있다. 예컨대 보신탕은 예로부터 전해오는 음식이고, 한때는 토룡탕이 유행했고, 용봉탕·생사탕 등도 정력제로 알려져 있다. 심지어 오소리·고라니·산양·수달 같은 희귀동물도 선금을 주면 어렵지 않게 구할 수 있다. 정력식품에 대한 이러한 인식은 천연기념물로 정해 보호하는 물범·사향노루·물개·산양 등이 암시장에서 고가로 거래되고, 야생동물의 밀거래가 성행하도록 만들었다.[9] 한때 까마귀가 정력제로 알려지면서 모 방송국에서는 단종의 죽음 장면을 촬영하기 위해 까마귀 떼를 찾느라고 애를 먹었다는 일화도 있다. 또한 해외여행이 자유로워지면서 태국 관광 길에 코브라탕·코브라 쓸개·곰 발바닥·코끼리 콩팥·사슴 고환·물개 생식기·웅담·원숭이 골을 보양식으로 몰래 먹으려다가 '추악한 한국인'이라는 오명을 쓰고 현지 경찰의 수사대상이 되기도 했다.

보양식은 대부분 고열량·고단백·고지방식품이다. 우리나라에서 1950~1960년대만 해도 영양부족, 특히 단백질 부족으로 많은 사람들이 병에 걸리고 사망했다. 당시 사망원인 1~2위를 다투던 결핵 같은 병도 영양부족이 중요한 원인이었고, 따라서 뱀이나 개구리를 잡아먹은 환자가 나은 경우도 있었다. 보신식품에 대한 '믿음'은 이와 같은 시대 상황도 일조했다고 볼 수 있다.

남성들의 정력에 대한 애착은 매우 보편적이다. 그것은 젊음을 상징하기도 하고, 이성과 관계를 맺는 데 중요한 기능을 하기 때문이다. 여성 앞에서 남성으로서의 구실을 못한다는 것은 수치스럽고, 자괴감에 빠지게 한다.

---

9) 야생동물의 불법거래가 성행하자 전라남도에서는 2009년 2월 무렵에 합동단속을 실시하고 신고자에게는 포상금까지 지급하기로 방침을 정했다. 포상금은 청둥오리·흰뺨검둥오리 등의 밀렵행위 신고는 30만 원, 불법으로 잡은 야생동물을 이용한 음식물을 취득·양도·운반·보관한 자나 알선자를 신고할 경우엔 10만 원이다. 멧돼지나 고라니·노루·멧토끼 등의 밀렵행위를 신고하면 50만 원의 포상금이 지급된다고 밝혔다(≪경향신문≫, 2009년 2월 11일자).

남성성에 대한 전통적 가치가 요즘에는 많이 중화되었다고 하지만, 그럼에도 남성들의 정력에 대한 애착은 지속된다. 정력과 관련된 남성들의 특이한 식문화가 있지만, 일반적인 식생활에도 보양음식은 다양하게 존재한다.

보통 몸(건강)이 허약하다고 생각할 때는 곰국·삼계탕·장어·보신탕을 먹고, 인삼이나 녹용·홍삼 등 한방제를 통해 보양을 한다. 그런데 요즘은 건강을 위해 오히려 고단백·고열량음식을 기피하는 경향도 있다. 평소의 식생활습관으로 과일(사과·레몬·배즙 등)과 영양제의 복용, 싱겁게 먹기, 인스턴트음식 피하기, 조미료 없는 식단 추구하기, 육류보다는 회를 좋아하거나 채식 위주의 식단을 추구하는 사람들도 주위에서 어렵지 않게 찾아볼 수 있다. 심지어 단식을 통해 건강을 추구하는 사람들도 있다.

예전에 단식을 하는 사람들은 음식물섭취의 제한이라는 단련을 통해, 신체가 요구하는 저급하고 통속적인 욕구를 극복하려고 했다. 단순한 육체적 욕구를 넘어 정신적·영적 고양을 얻으려 한 것이다. 이와 유사한 내용은 오늘날에도 서구의 사순절이나 아랍의 라마단 기간 중의 단식처럼 여러 종교적 관행을 통해 유지된다(코리건, 2002: 223). 그러나 요즘에는 단식요법도 건강을 유지하는 하나의 기법으로 자리 잡았고, 극단적인 채식주의자도 등장하는 것이 이 시대의 풍조다.

4. 진정한 내 몸은 어떻게

우리 몸은 양면적 성격을 지닌다. 몸은 우리 것이면서도 우리 것이 아니다. 즉, 우리 몸은 생물학적인 주관적 체험의 세계와 결합되어 있는 동시에 객관적인 사회문화적 요인에 의해서도 규정된다. 독일어로 몸은 이 두 가지 경우에 각기 다른 용어를 사용한다. 우리가 오감을 통해 체험하는 몸이나 살아 있는 몸을 지칭할 때 독일어는 der Leib를 쓴다. 반면에 객관적이고 외적인 어떤 것으로 말할 때는 der Körper를 쓴다(코리건, 2002: 264). 몸의 이러한 양면성이 현실에서는 서로 융합되어 우리의 일상적 삶을 구성한다. 하지만 오늘날의 대중소비사회에서는 역사적으로 전혀 새로운 국면을 맞이한다.

이른바 대중소비사회는 근대화를 이끌었던 모더니즘시대의 생활윤리와는 전혀 다른 유형의 생활양식과 가치관을 전파하며 새로운 방식의 소비문화를 창출한다. 근검·절약이 중시되는 사회에서 소비가 미덕이 되는 사회로의 변화, 욕구의 억제에서 욕구의 즉시적 충족이 충동질 받는 사회로의 변화가 그것이다. 이를 프랑스의 사회학자 마페졸리(1996: 31)는 감각적 문화의 즉각성으로 대체되는 사회로 변환되었다고 파악한다. 대중소비사회에서는 우리 몸과 건강에 대한 담론 또한 이러한 소비윤리와 접목한다.

이 시대의 소비윤리는 생명력이 짧아진 사물의 생명주기에 맞춰 현재적 욕구를 충족하라고 강요한다. 새로운 신제품이 생산됨에 따라 사회적으로 조성된 분위기에 의해 소비행위가 이루어지는 것이다.[10] 건강 또한 상품화되면서 보편적으로 형성된 소비윤리에 상응하게 된다. 즉, 이 시대에는 새로운 건강기호가 생성되어 우리에게 새로운 억압기제로 작용한다. 이러한 건강기호를 소비하지 못하면, 불안이라는 대가를 치러야 한다.

이 시대에 다이어트식품이나 몸에 좋다는 건강식(보양식)은 그것을 체험할 살아 있는 우리 몸을 대상으로 한다. 그러나 상품화된 그러한 음식은 소비를 유도하기 위해 구체적으로 이상적인 체형이나 몸의 상태를 권장한다. 즉, 건강식(보양식)과 다이어트음식을 팔기 위해, 처음에는 몸이 느낄 수 있는 살아 있는 경험의 세계에 대해 얘기하지만, 그 다음에는 우리가

---

10) 경제성장에 따라 사회적으로 기대되는 평균치의 생활양식(standard package)은 새롭게 경신되고, 변화된 사회적 환경에서 야기되는 새로운 형태의 소비기호는 또 다른 형태의 억압기제로 우리에게 다가온다.

사는 사회의 미적 기준과 건강기호에 발맞추어 따라 오도록 유도한다. 다시 말해 표준화된 미적 기준과 건강기호에 우리 몸을 종속시키도록 강요한다.

몸·건강·음식이 연계되는 방식은 무수히 많다. 어떤 의미에서 양생법은 다양하게 존재해왔다. 그러나 현대 과학의 이름으로 발표되고, 그것을 권유하는 대중매체는 상업성과 연계해 우리의 일상생활로 깊숙이 파고든다. 여기서 자유로운 사람은 그리 많지 않다. 과학의 이름으로 새로운 유형의 몸과 건강기호가 만들어지기 때문이다. 이러한 정보에 민감한 사람들은 그 지식을 진실로 받아들이고, 타인 앞에서는 새로운 기호를 획득한 자신의 존재 가치를 과시하기까지 한다. 또한 과학적 지식으로 무장한 각종 전문가들은 우리 자신의 정체성을 해체한다. 그들이 설정한 목표가 나의 목표가 되고, '해야 할 것'과 '원하는 것'·'필요한 것'의 범주를 규정한다. 자기 자신의 감각은 더욱 둔감해지고, 자의식을 구성하는 데 각종 전문가들은 매우 큰 영향력을 행사한다.

과학의 이름으로 무장한 전문 지식도 실상은 구체적인 일상에서 발원한 것이다. 과학이 발전하면서 일상의 지식은 한편으로는 올바르게 정리되는 측면도 있다. 하지만 다른 한편으로는 일상을 억누르는 횡포 또한 동반한다. 그 횡포에 내재된 주요 논리는 상업성이다. '과학의 이름으로 무장한 상업성', 이것은 현대 대중소비사회에서 가장 큰 난적이다. 이것은 일상생활의 핵심인 음식문화에도 드러난다. 이것은 각종 다이어트요법과 건강보조식품의 광고에서 대표적으로 찾아볼 수 있다. 또한 의료의 사회화로 건강염려증이나 건강강박증을 유발하는 데서도 찾아볼 수 있다.

몸·건강·음식은 어떤 의미에서는 양생법과 관련된다. 어느 누구라도 건강하게 오래 살고 싶어 한다. 그러기 위해서는 어떤 섭생을 해야 하는가? 여기에 정답은 없다. 섭생 그 자체가 사회적인 것이고 문화적이며, 역사성을 지닌다. 현대 과학의 이름으로 주어지는 섭생방식도 있지만 전통적인 삶의 리듬에서 오는 자연스러운 양생법도 나름대로의 가치는 있다.

우리 몸과 건강의 잣대는 어떤 의미에서는 서구적 패러다임에 많이 젖어 있다. 그것은 자본과 과학기술의 힘으로 근대화과정의 헤게모니를 틀어쥔 제국주의의 발로가 있었기 때문이다. 그 영향력은 실로 엄청나다. 정치·경제·군사영역뿐만 아니라 학문영역도 장악함으로써 한 사회의 감성 구조마저 바꾸어놓는다. 서구적인 것이 보다 가치 있고 전통적인 것은 폐기되어야 할 것으로 보는 심성을 만드는 것이다.

한때 우리나라에서는 한민족의 대표적 음식이라고 할 수 있는 된장과 김치를 폄하한 적이 있었다. 곰팡이 균으로 만드는 된장은 암을 유발한다고 해서 기피하고, 맵고 짠 김치도 건강에 해롭다고 했다. 이러한 발상이 나왔던 것은 어떤 의미에서는 현대 과학의 선두 주자인 서구 지향적인 가치관이 그 배경으로 깔려 있었기 때문이다. 그러나 이제는 김치연구소까지 생기고, 마늘은 새로운 형태로 변모하면서 건강식품으로 등장하고, 된장(청국장) 또한 이제는 항암 효과까지 있다고 각광받는다. 그리고 비빔밥은 다이어트음식으로서뿐만 아니라, 그 맛도 이제는 국제적으로 알려졌다. 굳이 신토불이라는 말을 들먹이지 않더라도 우리의 일상적인 식문화에서 가치 있는 것을 추출해 천착할 필요가 있다.

이러한 맥락에서 볼 때 생약성분을 주축으로 하는 한방요법도 새롭게 조명할 필요가 있다. 예전에 우리 몸과 건강에 대한 척도는 누적된 경험을 바탕으로 구성된 한방요법에서 찾았다. 한의학에는 음식에 대한 금기사항이 많지만, 양의학에는 별로 없다. 일상적으로 먹는 음식과 유기적 관련을 맺으며 구축되어온 한의학적 지식이 어떤 의미에서는 서구 의학에 새로운 돌파구를 열어줄 수도 있다.[11]

---

11) 2004년도에 우리나라는 세계에서 10번째로 미 FDA 신약 승인국으로 인정받았다. 당시까지 개발된 신약은 총 10여 개에 불과해 신약개발 선진국에 비하면 매우 역부족인 상태였다. 당시 국내 개발 신약 가운데 대표적인 신약을 손꼽으면 SK제약의 관절염

이 시대를 살아가는 우리 몸은 여러 측면에서 서구적인 패러다임으로 많이 세뇌되어 있다. 건강에 대한 척도도 그렇고 몸에 대한 미학적 기준도 그러하다. 날씬함보다는 건강함이 우선시되어야 한다. 표준적으로 주어지는 미적 기준과 건강기호를 추종하기보다는 자기 자신의 몸을 사랑하는 자세가 필요하다. 자기 체형에 맞는 조화를 통해 건강미를 추구할 때 그나마 찰나적인 삶의 여정에서 진정한 나를 발견할 가능성은 높아진다.

치료제 '조인스' 정과 동아제약의 '스티렌' 캅셀을 들 수 있다. 그런데 이 두 제품은 화학성분의 신약이 아닌 이른바 생약, 즉 천연물 신약이라는 공통점을 갖는데, 이에 주목할 필요가 있다. 특히 국내 천연물 신약 1호로 기록된 SK제약의 조인스 정은 국내에서 2003년도에 80억의 매출을 올려, 국내 개발 신약 가운데 최고의 매출을 기록했다. 우리나라 의사들이 비교적 생약제제에 대해 불신이 높고 선호도가 떨어짐에도 불구하고, 조인스 정이 시장에 성공적으로 진입한 이유는 안전성과 유효성이 입증된 것은 물론 천연물 신약에 대한 새로운 가능성이 제시되었기 때문이다(≪디지털 청년의사≫, 2004년 11월 23일자, 고딕은 필자 강조).

참고문헌

단행본

대홍기획 마케팅전략연구소. 1996. 『한국사람들』.

코리건, 피터(Peter Corrigan). 2002. 『소비의 사회학』. 이성룡 외 옮김. 도서출판 그린.

Maffesoli, Michel. 1996(1988). *The Time of the Tribes*. London: Sage.

논문

Waitzkin, H. 1981. "A Marxist View of Medicine". in Scott Mcnall (ed.), *Political Economy: A Critique of American Society*. Dallas: Scott, Foresman and Company, pp.46~108.

신문 · 잡지 · 방송 · 인터넷 및 기타 자료

≪경향신문≫. 2009.2.11.

≪동아일보≫. 2007.2.24.

≪식품환경신문≫. 2006.3.23.

_____ 2008.12.18. "2008년 식품업계 10대 뉴스".

≪한겨레신문≫. 2007.1.31.

≪한국일보≫. 2006.10.13.

통계청. 2006. 「2005 인구주택총조사」.

≪디지털 청년의사(http://www.docdocdoc.co.kr/)≫. 2004.11.23. "이 약이 궁금하다. SK제약 관절염 치료제 '조인스'정: 동양의학, 서양의학과 화려하게 만나다".

www.nownewsnet.com. 2007.7.8.

제9장

편리함에 길든 식(食)

전필여(창원대학교 강사)

1. 음식, 편리함에 길들다

 기억에도 가물가물한 어린 시절의 낯익은 부엌풍경이란, 부뚜막, 큰 솥과 작은 솥이 걸린 아궁이, 물을 길어 담는 큰 물통, 그릇을 엎어놓는 '실경'[1), 반찬을 넣어놓는 찬장, 아궁이에 지필 나무 등이 디귿자로 배치되어 있는 모습 등이다. 밥을 하거나 고기를 찔 때면 더운 여름에도 아궁이에 불을 피웠다. 수박은 찬물에 띄워놓고, 생선은 소금에 절여놓았다. 수도꼭지가 있었지만 종종 단수가 되어 동네 우물에서 물을 길어 와 큰 물통에 채워놓았다. 파리의 음식물 습격을 막기 위해 맞지도 않는 접시를 반찬 그릇에 덮어놓기도 했다. 30년이 훌쩍 지난 지금의 부엌은 입식으로 바뀌어, 씽크대·냉장고·가스레인지·전자레인지 등이 비치되어 있다. 시골의

---

1) '여러 가지 물건을 엎어놓도록 나무로 만든 선반'을 일컫는 경상도말이다.

부엌이 이처럼 현대화가 되었다면 도시는 더 말할 나위 없다. 이러한 물질적 변화는 식생활을 어떻게 바꾸어놓았을까? 그런 변화는 건강증진과 인간다운 삶의 길을 열었을까?

과학기술이 음식에 작용한 극단적 형태는 베이컨의 『새로운 아틀란티스』(2002)에 나오는 것처럼, "한 번 먹고 나면 그 다음에 오랫동안 먹지 않아도 살 수 있는 빵, 음료수"와 "먹으면 육체가 보다 단단해지고 힘이 솟아나는 식료품" 같은 식품의 개발이지만, 기실 더욱 다양한 형태로 식생활의 구석구석에 들어와 있다. 밥짓기에서부터 요리와 음식저장에 이르기까지 말이다. 음식생활에 이용되는 도구는 옛날과는 비교할 수 없을 만큼 다양하고 세련되어졌다. 효율성의 원리가 적용된 식생활의 편리함은 식문화를 현대적으로 변화시켰다.

앞에서 언급한 대로 대부분의 부엌은 이미 가전제품에 둘러싸여 있다. 가전제품은 '편리함'을 무기로 사람들을 매혹한다. 가전제품은 때때로 부를 과시하는 덩치 큰 액세서리의 기능도 하지만, 그 핵심은 역시 '편리함'이다. 편리함을 추구하는 가전제품은 지속적으로 향상되면서 음식노동의 절감, 요리의 간편화, 음식의 장기 저장을 가능케 하는 놀라움을 발휘했다. 또한 가전제품의 일상화는 음식의 산업화를 육성하는 중요한 기제가 되었다. 가전제품은 가공식품, 반·완전조리식품과 함께 편리한 식생활을 가속화하는 양 바퀴다. 가전제품은 더욱 간편해지고, 식품은 즉석요리가 가능한 형태로 점점 진화2)하는 것이다. 과학기술의 발달로 음식은 점점 간편해지고 다양해지지만, 그 진화된 음식이 어떤 상태인지에 대해서는 탐구를 요한다.

---

2) 이 글에서 말하는 진화란 진보나 발전보다 변화의 의미에 더 가깝다. 환경의 변화에 적응하는 과정에서 이루어진 인간진화를 꼭 나아감의 의미로만 해석할 수 없는 측면이 있듯이, 음식의 진화 또한 과학기술의 발달과 산업화과정에서 변화해가는 것으로 볼 수 있다. 그리고 그 변화는 양면성을 지닐 수밖에 없다. 편리함이라는 긍정적인 면과 아울러 음식의 건강성이 의심되는 부정적인 면이 존재하는 것이다. 그 부정적인 면을 줄여가는 것이 앞으로의 과제가 되어야 할 것이다.

일상과 음식

다른 한편, 과학기술을 토대로 한 편리한 식생활은 가정 안에 멈추지 않는다. 부엌에 비치된 가전제품은 가공식품과 반·완전조리식품을 포함한 다양한 음식을 저장하고 데워 먹는 방식으로 '요리'하지만, 이 어설픈 요리의 과정조차도 생략되는 경우가 종종 있다. 전화 한 통화로 음식이 눈앞에 당도하는 배달음식이 바로 그 경우다. 과거에는 1년에 한 번 먹을까 말까 하는 특별한 음식이었지만, 지금은 출출한 저녁이나 밥하기가 애매하거나 귀찮을 때 언제든 이용하는 것이 배달음식이다. 배달의 생명은 신속함이다. 이 신속함은 오토바이에 의한 것만은 아니다. 음식점 주방에 있는 다양한 테크놀로지의 활약 때문이다. 통닭을 튀겨내고 피자를 구워내는 다양한 기계들은 소비자의 만족도를 높이기 위해 점점 더 빨리 돌아간다. 배달음식은 출출한 배를 채워줄 뿐만 아니라 매 끼니를 대체해주기에 이르렀다.

소비자본주의사회 속의 현대인은 소비를 통해 편리함을 구입하지만, 이 편리함이 낳는 문제점은 간과할 수 없다. 먹을거리와 관련된 것이라면 더욱 그러하다. 그 맹목적 편리함의 극복방안으로 '즐거운 불편'을 생각해보고자 한다.

2. 가전제품의 일상화와 식문화의 변용

효율성의 원리와 편리함의 신화가 현대사회의 식생활을 구동하더라도, 아침·점심·저녁의 세 끼 밥시간은 여전히 지배적으로 존재한다. 아침이나 점심을 거르거나, '아·점'(아침과 점심의 중간에 한 끼 먹는 것) 혹은 '점·저'(점심과 저녁의 중간에 한 끼 먹는 것)를 먹는 사람이 늘고 있더라도 말이다. 따라서 밥을 대체하는 베이컨 식의 알약보다 가전제품이 끼친 식생활에 주목할 수밖에 없다.

전기밥솥과 사라지는 것

밥이 주식인 우리에게 밥의 상태는 밥상의 만족도를 결정하는 요소 중 하나다. 너무 진밥이거나 반대로 너무 된밥이면 밥맛을 잃고, 밥상의 만족도는 반감될 수밖에 없다. 밥의 상태에 대한 선호도는 사람에 따라 차이가 있어, 밥하는 사람의 노고를 가중하기도 한다. 밥은 쌀의 양에 따라 물을 조절하고, 또 불의 세기에 따라 밥하는 시간도 달라지기 때문에 밥을 제대로 짓기 위해서는 수차례 시행착오를 겪기도 한다. 그런데 전기밥솥의 등장은 이런 시행착오를 생략해주었다. 쌀 컵의 수에 따라 표시된 물맞춤선에 맞춰 물을 붓고 버튼만 누르면 원하는 상태의 밥이 되는 것이다.

근래 등장하는 밥솥은 단순히 밥하는 기계에 머물지 않는다. 다양한 종류의 밥을 단축버튼 하나로 지을 수 있다. 10분 안에 취사가 가능한 '쾌속취사밥솥', 일반 현미를 직접 발아시키는 '발아현미밥솥'뿐만 아니라, 최첨단 '네트워크쿠킹기능'을 갖춘 밥솥이 개발되어, 밥솥과 함께 제공되는 USB 장치를 컴퓨터에 꽂기만 하면 수많은 요리정보들을 다운로드 받을 수도 있다. 밥이 다 되면 알려주는 것은 기본이다. 밥솥의 역사는 30여 년 전으로 거슬러 올라간다.[3] 1980년 이후 급속하게 진행된 밥솥 진화의 첫 수혜자는 가사담당자인 가정주부다. 부엌일을 비롯한 가사일을 도맡아야 하는 가정주부에게 전기밥솥은 가정생활에 여유를 가져다준

---

3) · 1980년대 이전: 취사·보온기능이 있는 타이머가 탑재된 기계식 밥솥 상용화.
   · 1980년대 전반: 예약기능이 추가, 죽의 취사가 가능한 제품 출시.
   · 1980년대 중반: 뜸 기능이 있는 단순기능의 마이콤(MICOM)방식.
   · 1980년대 후반: 예약·소량·급속 메뉴의 선택기능이 추가된 다기능의 마이콤(MICOM) 방식.
   · 1990년대 중반: 세계 최초로 국내에서 전기압력밥솥 개발. 다양한 찜 요리도 가능.
   · 1990년대 후반: IH가열방식(장작불을 지핀 것처럼 강한 화력을 이용해 구수한 가마솥 밥맛을 냄)을 채택한 압력밥솥 출시.
   · 2000년대: IC칩의 개발. 천연곱돌을 내솥에 적용하는 등 첨단기술이 집결된 제품들이 출시("[알아봅시다] 밥솥의 변천사", 《디지털타임스》, 2008년 11월 10일자, 18면).

첫 번째 가전제품이라고 해도 과언이 아니다. 물론, 맞벌이부부와 독신남녀가 많아진 현대사회에서 전기밥솥의 수혜자는 가정주부에 국한되지 않는다. 바쁜 현대인이나 독신가구, 남성만으로 이루어진 가정에서 밥 짓는 일의 부담이 감소된 것은 사실이다. 독신자 가정이 늘어난 세태에 맞춰 독신자를 위한 밥솥도 급속히 등장했다.

버튼만 눌러놓으면 원하는 종류의 밥이 되어 있는 편리한 밥솥은 주방에서 없어서는 안 될 필수품으로, 우리의 식문화를 변화시키기도 했다. 첫째, 숭늉을 사라지게 했다. 밥을 짓는 우리의 전통방식은 가마솥을 이용하는 것이었다. 가마솥에 밥을 하면 자연스레 누룽지가 생기고 그것으로 숭늉을 만들어 먹었다. 숭늉은 우리의 후식이었다. 가마솥에 쌀을 붓고 물이 없어질 때까지 불을 때서 밥을 짓는데, 물이 쌀 속으로 모두 흡수된 후 뜸을 들이는 과정에서 가마솥의 바닥은 물기가 없어져서 200℃ 이상이 된다. 솥바닥의 쌀밥은 갈색으로 변하고, 곧 누룽지가 된다. 밥을 다 푸고 나면 반쯤 익고 반쯤 탄 누룽지가 솥의 바닥에 남는다. 여기에 물을 부어 밥을 먹을 동안 다시 끓이면 구수한 맛을 내는 숭늉이 된다(주영하, 2005: 148). 전기밥솥으로 밥을 하면 누룽지가 생기지 않는다. 밥을 먹은 후나 목이 마를 때 숭늉을 마시던 한국인들이 이제는 세계에서 드물 정도로 커피를 선호한다. 숭늉을 그리워하는 이들은 일부러 냄비에 밥을 눌려 숭늉을 만들어 먹기도 하고, 판매용 누룽지를 사 먹기도 한다. 전기밥솥에 의해 사라진 누룽지와 숭늉은 소비상품으로 되살아났다. 이처럼 누룽지가 사라지거나 다른 것을 후식으로 대체함으로써 밥상머리에서의 가족 간 공동행위가 사라지고, 제각각의 일이나 공간으로 흩어지는 개인주의적인 모습이 나타난다.

둘째, 전기밥솥은 밥의 보온방식을 바꾸었다. 전기밥솥이 보급되기 전까지만 해도 늦게 들어오는 가족을 위해 주발에 담은 밥을 아랫목에 묻어두었다. 구들에서 전해져오는 따스함에 사랑의 마음을 담아놓았던 것이다. 코드만 꽂아놓으면 언제까지나 따뜻한 밥을 유지하는 전기밥솥은 구들의 보온방식을 구차한 일로 만들었다.

전기밥솥이 등장함으로써 밥 짓는 일이 손쉽게 되었다. 그 밥솥은 밥만 하는 것이 아니라 다양한 음식을 만들 수도 있다. 바쁜 현대사회에서 끼니마다 밥을 지어 먹는 것은 소모적으로 느껴지기도 하니, 전기밥솥만큼 요긴한 도구도 없을 것이다. 그러나 편리한 전기밥솥을 마음껏 이용하는 대가로 숭늉문화를 잃어버렸고, 따뜻한 한 그릇의 밥에서 사랑을 느끼는 것도 쉽지 않게 되었다.

냉장고에 갇힌 음식

산업화를 거친 사람들은 도시방식의 삶을 산다. 음식의 생산과정에서 이탈된, 즉 소비에 의존해서 살아가는 도시방식의 삶에서 냉장고는 유용한 기구다. 산업화 이전에는 요리를 하다가 필요한 것이 있으면 텃밭에서 채소를 따 오거나 장독대에서 각종 양념을 퍼 왔다. 현재는 대형할인매장에서 대량의 음식물을 사서 냉장고에 넣어두고 필요할 때마다 꺼내 먹는다. 냉장고의 용량은 갈수록 커지고 모양새는 세련되어간다. 일반 가정에서도 냉장고의 평균 용량은 500L를 초과하고, 냉장고의 형태는 단일문에서 양문형으로 바뀌었고, 물만 마실 때 사용할 수 있는 작은 문이 앞면에 달려 있고, 얼음이 나오는 문이 따로 달려 있는 냉장고도 있다. 냉장고의 동생 격이지만 그 성능이 한결 좋아진 김치냉장고는 김장독의 기능을 복구했다. 김치냉장고는 10년의 역사 동안 3세대[4]에 이를 만큼 빠른 진화

---

4) 김치냉장고는 다음과 같이 진화했다.
  · 1세대: 땅속에서 땅 위로의 시기(땅속 항아리시대 대체 1세대). 김치냉장고는 김치를 땅속에서 땅 위로 끌어올렸다는 점에서 등장부터 주목을 받았으며, 겨울 동안 김치의 맛을 유지하는 것이 골칫거리였던 주부들에게 6개월 이상 김치맛을 유지할 수 있게 해줌으로써 보관상의 편의를 제공했다.
  · 2세대: 일반 냉장고 기능의 영역을 흡수한 시기(냉장고 일부 기능 흡수 2세대). 단순

를 계속했다.

1970년대만 해도 냉장고는 여름 필수품이기는 해도 다른 계절에는 마루나 부엌을 장식하는 장식품이었다. 그때까지만 해도 주부들은 비싼 전기요금의 압박 때문에 전기제품을 자유롭게 이용할 수 없었다. 더구나 한국인의 식생활은 서양과 다르므로 서양인의 식생활에 맞도록 설계된 냉장고는 초기에는 부엌용품으로서 그 기능을 충분히 발휘하지 못했다. 싱싱한 채소와 생선 따위를 즐기는 한국인의 식습관은 냉장고에 오래 보관하거나 고기나 생선을 냉동해두었다. 녹여서 먹는 것에 익숙치 않았다. 또 도시 주부들은 근거리의 시장과 가게에서 식재료를 쉽게 구할 수 있었다는 점이 냉장고의 이용을 떨어뜨렸다. 냉장고가 식재료를 보관하는 용도로 충분히 활용되기 시작한 것은 가공식품의 발달과 관련이 깊다(함한희, 2004: 58~59).

가공식품은 식품을 여러 방법으로 처리해 맛과 저장성을 높인 식품이다. 가공식품은 자연식품보다 미생물의 발육이 어려워 오래 보존할 수 있고 맛을 다양하게 낼 수 있다. 하지만 식품 원래의 맛과 영양분을 떨어뜨린다. 가공식품에 반드시 기재되어 있는 것이 유통기한이다. 가공식품은 음식의 상태가 아니라 유통기한이 '먹느냐 마느냐의 기준'이 된다. 식품을 구입할 때 유통기한을 가장 먼저 확인하는 소비자들의 태도에서 알 수 있다. 우리에게 음식은 유통기한 내에서만 음식으로 존재하는, 이를테면 '유통기한에 갇힌 음식'이 되었다. 우리는 음식의 신선도를 식별하는 능력을 점점 상실하고 있다. 포장지에 박힌 날짜만이 음식의 신선도를 구별하

김치보관 기능에서 벗어나 야채·과일·생선·고기·쌀 등도 수개월 동안 신선도를 유지하면서 보관할 수 있도록 발전한 것이다. 기능이 확대됨에 따라 초기 중·소용량(50~90L)에서 중·대용량(120~180L)화 되었다.
· 3세대: '웰빙형'(대용량·다양화 웰빙형 3세대). 황토기술을 적용한 보관용기에 식품별로 적합하게 보관하거나, 은나노 기술을 적용해 항균력을 높였다. 뚜껑식에서 서랍식으로 다양해졌다.

게 해준다. 유통기한이 따로 없는 것은 장시간보관법에 따라야 한다. 그렇지 않으면 냉장고 속에서 짓무르거나 상한다. 냉장고는 음식을 냉동하고 차갑게 해주기 때문에 지속적으로 음식을 신선하게 보관해줄 것이라는 환상을 심어준다. 그 환상 속에서 음식은 냉장고에 갇힌다.

냉장고에 음식을 보관하게 되면서 잃어버린 것들은 우리의 식생활을 다시 돌아보게 한다(박정훈, 2004: 201~202). 첫째, 냉장고가 있으면 언제 먹을지 모를 음식을 보관하기 위해 전기를 잃게 되지만, 가장 심각한 손실은 인정(人情)을 잃는다는 데 있다. 냉장고가 없던 시절에는 식구가 먹고 남을 정도의 음식을 만들거나 얻으면 이웃과 나누어 먹었다. 그런데 냉장고가 생기면서 이웃과 나누어 먹던 풍습이 사라졌다. 냉장고에 넣어두면 일주일이고 한 달이고 천천히 내 식구만 먹는 것이 가능해졌기 때문이다. 그래서 냉장고는 자꾸 커지고 숫자가 하나 둘 늘어난다.

둘째, 냉장고 안에는 불필요한 음식들이 하나 둘 쌓이기 시작한다. 또한 가족들이 언제고 먹을 수 있는 음식들이 쌓이면서 필요 이상의 칼로리를 섭취하게 된다. 아이들은 배고프면 냉장고부터 열어 그 안의 가공식품들을 마구 꺼내어 먹는다. 그러다보니 비만 아동이 기하급수적으로 늘어난다.

셋째, 냉장고는 당장 소비할 필요가 없는 것들을 사게 만든다. 그래서 생태계에서 유지되어야 할 적정한 수요와 공급의 기본을 훼손한다. 당장 죽이지 않아도 될 수많은 가축들을 죽여 냉장고에 보관하게 만든다. 대부분의 가정집 냉장고에는 양의 차이는 있지만 닭고기·쇠고기·돼지고기·생선·멸치·포 등 다양한 생명들이 냉동되어 있을 것이다. '1+1'과 같은 할인행사를 적극 이용해 식품을 사들이지만 다 먹지 못하고 버려지는 경우도 종종 발생한다.

결국 편리함과 신선함이라는 포장을 덮어쓴 냉장고는 더 많은 음식물쓰레기·비만·과소비를 부추긴다. 부엌의 대표 가전제품인 냉장고는 갖가지 음식을 넣어두고 그때그때 활용할 수 있기 때문에 식탁을 풍요롭게 하지만, 동시에 많은 문제를 양산하는 도구가 되었다.

전자레인지 속의 햇반들

편의점에서 흔히 볼 수 있는 즉석음식은 짧은 시간에 요리가 완성되기 때문에, 제대로 끼니를 챙길 수 없거나 요리하는 것을 번거로워하는 사람들에게 인기가 높다. 이때 요긴한 것이 바로 전자레인지다. 유리나 사기 등 사용 가능한 용기가 다소 제한적이라는 단점이 있지만, 바쁜 일상을 보내는 현대인에게 전자레인지는 유용한 주방용품이다. 전자레인지는 즉석음식뿐 아니라 일반 음식도 간단히 데울 수 있다. 또 행주를 삶거나 우유병을 소독할 때도 적극 활용된다.

전자레인지가 먼저 보급된 미국은 전자레인지를 '없이는 못 살' 발명품 5위에 등재시켰다. 전자레인지의 영향은 단순히 요리를 빠르고 간편하게 만들어준 정도에 머물지 않는다. 미국인들의 식생활 자체가 전자레인지를 중심으로 재편되었기 때문이다. 식료품 가게의 대형 냉동식품매장에 진열된 냉동음식 대부분은 포장만 뜯어 전자레인지에 밀어넣기만 하면 된다. 전자레인지는 그릇에 옮겨 담을 필요도 없고, 재료를 더하거나 소스를 뿌릴 필요도 없다. 물론 설거지도 필요 없다. 먹고 난 후 플라스틱 용기만 쓰레기통에 던져넣으면 된다. 덕분에 미국에서는 일 년 내내 요리 한 번 하지 않고 살 수 있다. 포장을 뜯고 전자레인지 문을 열고 닫는 것을 '요리'라고 부르지 않는다면 말이다. 그리고 플라스틱 그릇에서 지글거리며 녹는 물질을 기꺼이 '음식'이라고 부를 수 있다면 말이다(≪오마이뉴스≫, 2008년 10월 24일자).

현대사회의 대표 조리기구인 전자레인지가 끼치는 영향은 미국인에게 한정되지 않는다. 대개의 가정에 전자레인지가 비치되고, 그 속에서 요리될 음식들이 냉장고에서 대기 중이다. 주식인 '밥'까지도 그 물결을 탔다.

'햇반'은 다 된 밥을 그냥 데워 먹기만 하면 되는 즉석밥이다. 전기밥솥의 획기성을 뛰어넘어, 포장된 즉석밥이 나온 것이다. 햇반은 1996년에 처음 등장했다. 당시는 가정주부가 집을 비우거나 쌀이 없을 때 먹던 대용품이었지만, 근래는 냉장고에 쌓아놓고 먹기도 한다. 2008년 상반기 소비자 인기상품 중에서 식품분야의 1위를 차지한 것이 즉석밥(햇반)이라는 보도(≪한겨레신문≫, 2008년 7월 16일자, 33면)는 즉석밥에 대한 높은 이용도를 잘 보여준다. 즉석밥의 주 이용자가 밥 지을 시간이 없을 정도로 바쁜 주부라는 점은 여러 가지를 생각하게 한다. 아무리 바빠도 밥짓기는 주부의 몫이라는 사실과 즉석밥이라도 주지 못하면 사랑이 없는 것처럼 여긴다.[5] 즉석밥의 편리함 뒤에서 여전히 주부는 '솥뚜껑 운전자'라는 속된 비유를 지속하는 것은 아닐까.

즉석밥과 함께 즉석죽도 전자레인지에서 요리된다. 죽은 오랜 시간 약한 불 위에서 팔이 저리도록 저으면서 끓여야 하는 정성이 필요한 음식이다. 그러나 즉석죽은 뚜껑만 열고 데우면 된다. 이런 다양한 죽들은 식사대용이나 간식 등으로 적극 이용된다. 전복 등 각종 해산물이 들어간 즉석죽은 영양식도 된다. 편하면서 건강도 챙길 수 있으니 즉석죽은 인기를 끌 수밖에 없다. 즉석죽제품은 거대 식품기업이 진출하면서 본격적으로 대중화되었다. '흰죽'에서부터 전복죽·삼계죽·쇠고기죽·호박죽·단팥죽·버섯죽·닭죽·남극크릴새우죽·흑미죽·가평잣죽 등 다양한 제품이 있다. 정성이 담긴 한국의 음식인 죽이 이제는 가까운 슈퍼에 가면 즉석죽의 형태로 즐비하게 있다. 이런 변화는 전자레인지라는 도구가 매개되어 정착되었다.

즉석밥과 즉석죽처럼 전자레인지를 이용해서 만드는 음식의 대부분은 반쯤 요리가 되어 있거나 포장만 뜯어 데워 먹으면 되는 반·완전조리식품

---

5) 근래 즉석밥 광고는 아이들과 눈싸움을 하며 즐거운 한때를 보낸 후 직접 지은 밥 대신 즉석밥을 내놓는 엄마에게 '미안해하지 마세요'라며, 즉석밥을 엄마의 사랑과 등치했다.

이다. 그뿐만 아니라 전자레인지로 밥과 국도 데운다. 전자레인지 덕분에 간편하게 데워 먹는 것이 가능해졌지만, 우리의 미각문화는 후퇴한다. 전자레인지로 익힌 음식에서는 음식맛을 내는 화학적인 특수 반응이 일어나지 않아 음식맛이 반감한다는 연구결과가 있다(이규태, 2000: 102). 전자레인지의 가열방식은 열을 이용해 음식을 조리하는 일반 가열방식과는 전혀 다르다. 1초에 수십억 회 운동방향을 바꾸는 강력한 전자파를 발생시킴으로써 음식의 구성분자들을 마구 뒤흔든다. 이때 순간적으로 열이 발생하고 온도가 빠르게 오르는 것이다.

전자레인지는 편리하지만 전자파와 미각의 변화 등 그 유해성이 보도되자, 직접 조리해 먹거나 찜기를 들여놓는 가정이 조금씩 늘었다. 옛날 방식으로의 회귀 현상이 부분적으로 나타나기도 하지만, 편리함과 세련됨을 자랑하는 전자레인지의 유혹은 만만치 않다. 그뿐만 아니라 전자레인지에 넣고 돌리기만 하면 먹을 수 있는 반·완전조리식품은 대형할인매장의 곳곳에서 전자레인지 사용을 적극적으로 뒷받침한다. 전자레인지는 우리의 미각을 변화시키고, 즉석식품들의 상업화를 꾀하는 기반이 되었다. '공산품으로서의 음식'에 우리를 길들인다고 할 수 있을 것이다.

정수기와 거세된 물

문명의 발생지가 물이 있는 강 유역이라는 고고학적 사실을 꺼내지 않더라도 물은 우리의 생존에 가장 중요한 요소라고 해도 과언이 아니다. 음식을 먹지 않고도 몇 달을 견딘 사례는 있지만 물 없이는 일주일을 넘기지 못했던 실험, 우리 몸의 70% 이상이 물로 이루어졌다는 점은 물의 중요성을 충분히 말해준다. 밥을 지을 때나 음식을 만들 때도 없어서는 안 되는 것이 바로 물이다.

셀 수 없을 만큼 다양한 음료가 생산되지만 물만큼 좋은 음료는 없다. 100% 과일·채소주스를 제외하고는 음료에서 어떠한 영양 성분이나 기능을 기대하지 않는 것이 좋다. 대부분의 음료에는 특수한 기능을 발휘하기에는 너무 적은 양이 들어 있거나 비타민 음료와 같이 비타민C가 너무 많이 들어 있어 오히려 부작용이 일어날 소지도 있다고 한다. 가장 좋은 음료는 그냥 물이라는 것이다. 물은 칼로리가 전혀 없을 뿐만 아니라 신체에 부담이 되는 성분도 전혀 들어 있지 않다. 미량의 미네랄이 들어 있어 맛이 좋은 생수도 좋고, 보리차·숭늉 등도 매우 우수하다. 커피나 차를 마실 때도 물 한 잔을 따로 마시는 것이 좋다. 물은 언제 마셔도 큰 영향이 없으나, 목이 마를 때는 당연히 마셔야 하고, 식전이나 식간에 마시는 것도 무방하다(《한겨레신문》, 2004년 10월 27일자).

이 같은 물의 귀중함과 함께 오늘날 우리는 물을 어떻게 공급받는지 주목해볼 필요가 있다. 흘러넘치는 대동강 물을 팔았다는 봉이 김선달 이야기가 참으로 어처구니없게 들린 적이 있었다. '그 흔한 물을 어떻게 팔 생각을 했단 말인가, 아무리 돈이 궁해도 그렇지' 하고. 하지만, 생수병을 들고 다니는 풍경이 낯설지 않은 오늘날 그는 생수업계의 선구자가 아니었을까? '대동강'이라는 상표를 붙여 물을 판 생수업자 말이다.

동네의 공동 우물은 없어진 지 오래다. 각 가정에 수도꼭지가 생기면서부터다. 집집마다 수도가 들어온 것을 신기한 눈으로 바라보던 때, 수도꼭지만 돌리면 물이 콸콸 쏟아지는 것은 참으로 놀라운 일이었다. 그러나 오늘날 수도꼭지는 너무 당연한 존재다. 게다가 수돗물을 그냥 먹는 사람은 몇 %가 되지 않는다. 수돗물을 끓여 먹는 일도 상당히 줄었다. 정수기 때문이다. 정수기는 컵으로 지그시 밀기만 하면 온수·정수·냉수가 나온다. 목마를 때 끓일 필요 없이 컵으로 누르기만 하면 깨끗한 물을 먹을 수 있는 것이다. 커피 한 잔 타 마시려 주전자에 물을 끓이는 것보다 정수기의 온수를 누르는 것이 훨씬 쉽고 빠르다. 손님을 접대할 때, 이른바 '폼'이 나는 것은 말할 것도 없다. 밥할 때건 국 끓일 때건 정수기물이 이용된다. 가정에서뿐만 아니라 대부분의 건물에서도 볼 수 있는 것이 정수기다.

목이 마를 때 정수기 옆에 비치된 종이컵으로 먹는 물맛은 참 좋다.

이처럼 정수기는 대개의 가정에 들여놓는 가전제품이 되었다. 가전제품 시장에서 소비자를 유혹하는 정수기는 타사 제품과 차별화를 위해 다양한 기능을 선보였다. "우리 집에 얼음 나온다"라는 광고의 정수기는 정수의 기능을 넘어 냉장고의 기능을 일부 가져오기도 했다. 이 편리한 정수기의 물을 어떻게 보아야 할까?

정수기는 언제나 90℃가 넘는 온수와 냉장실 온도만큼의 냉수(혹은 얼음)를 유지해야 한다. 이로 인해 전기요금이 높게 나오는 것은 당연하다. 그리고 물을 깨끗하게 해준다는 정수기는 무기질까지 제거해 물이 지닌 영양소를 파괴한다. 편리한 정수기로 인해 물의 건강성은 의심을 받는다. 더 맑은 물에 대한 욕망이 정수기라는 가전제품을 탄생시켰지만, 편한 정수기에 길든 우리는 진짜 물을 만나기 어렵다. 에너지는 많이 소비하지만 물의 제 기능을 하지 못하는 거세된 물이라고 할까. 정수기의 편리함이야 두말할 나위 없지만, 물의 영양소 파괴뿐만 아니라 에너지 소비가 많은 정수기를 각 가정마다 비치하는 것은 현대사회의 극단적 사유(私有)화의 결과임도 간과할 수 없다.

밀폐용기의 일상화, 다시 주목받는 옹기

우리의 전통 그릇은 옹기다. 그러나 장독대가 사라졌듯이 옹기도 전통 음식점이나 시골집에서나 가끔 발견할 수 있게 되었다. 모든 것이 산업화의 논리에 포섭되는 과정에서 옹기그릇은 플라스틱과 스테인리스그릇으로 대체되었다. 깨지지 않고 가벼운 플라스틱과 스테인리스그릇은 대량으로 싸게 공급되어 주방과 식탁을 차지했다. 이후 냉장고의 일상화와 함께 뚜껑 있는 그릇이 선호되었고, 내용물이 전혀 흐르지 않는 밀폐용기가 그릇세계를 장악해갔다. 각종 음식을 저장하는 곳인 냉장고는 냉장고 자체의 냄새뿐만 아니라 서로 다른 음식의 냄새가 스며들기도 하니, 이를 막기 위한 '락앤락'과 같은 밀폐용기가 주부들에게 인기를 끌었다.

밀폐용기는 뜨거운 음식을 바로 담았을 때 유해물질이 나온다는 것 외에는 단점을 발견하기 어려울 만큼 편리한 용기다. 근래에는 도자기 락앤락이 나왔다(≪한겨레신문≫, 2009년 1월 15일자, 34면). '젠앤락'이라는 이 도자기 밀폐용기는 전자레인지와 오븐에서 요리한 뒤 바로 상에 올려놓을 수 있을 뿐 아니라, 기존의 도자기 밀폐용기에서 보기 힘든 뛰어난 밀폐력도 갖춰 한 단계 진화했다는 평가를 받는다. 플라스틱에서 도자기로의 진화는 친환경적이고 인간적인 변화지만, 그 가격은 플라스틱에 비해 꽤 비싸다. 집안의 플라스틱 밀폐용기를 도자기 밀폐용기로 모두 바꾼다면 적잖은 구입비가 들 것이다. 밀폐용기에서도 계급성이 포착된다.

밀폐용기는 반찬통으로 종종 이용된다. 밀폐용기의 뚜껑만 벗긴 채로 식탁에 그대로 올리기도 한다. 음식을 먹고 난 후에는 다시 뚜껑만 닫아 냉장고 속으로 들어간다. 접시에 일정량을 담아 밥상에 올리는 방식보다 훨씬 간편하다. 밀폐용기의 편리함은 음식을 저장하고 이동할 때 단연 돋보인다. 밀폐용기가 등장하기 전에는 김칫국물 등 각종 반찬이 도시락 안에서 뒤섞이기도 하고, 바깥으로 흘러나와 곤혹스러웠다. 찬합은 소풍 갈 때나 여행 갈 때, 김밥이나 과일·야채 등을 담아 가던 용기다. 그러나 찬합의 뚜껑은 밀폐력이 거의 없었기 때문에 뒤집어지지 않도록 조심해야 했다. 오늘날은 학교급식으로 인해 도시락을 싸는 일이 사라졌고, 가족여행이나 나들이를 갈 때는 외식을 하는 경우가 많지만, IMF 때보다 더 살기 어렵다는 요즘 직장인들 사이에서 도시락이 늘었다는 보도가 있었다 (≪한겨레신문≫, 2009년 2월 10일자, 15면). 내용물이 전혀 쏟아지지 않으니 밀폐용기는 좋은 도시락이 되었다. 밀폐용기의 일상적 사용이 다시 활성화된 한 측면이다.

그릇의 진화와 함께 다양한 그릇들이 혼재하면서 음식과의 관계가 주목을 끌기도 한다. 음식과 그릇의 조화 혹은 '궁합'에 관심을 두는 것은 플라스틱에서 나오는 유해물질 때문이었다. 그릇과 음식의 궁합에서 가장 높게 평가되는 것이 전통 옹기다. 전통 옹기는 흔히 '숨 쉬는 그릇'이라고 한다. 옹기의 재료인 고령토가 800℃ 이상의 열에서 구워지며, 이때 옹기의 벽 안에 미세기공이 생기고, 이 미세기공은 공기는 통과시키지만 물은 통과시키지 않을 정도로 작다. 비를 맞더라도 빗물은 통과하지 못하지만 공기는 옹기 안과 밖을 통하기 때문에, 옹기에 저장한 음식이 잘 익고 부패하지 않도록 해준다. 밀폐용기는 공장에서 쉽게 만들 수 있지만, 잘 썩지 않아 환경오염을 일으키는 요인이 된다. 편리한 밀폐용기의 유해성은 전통 그릇인 옹기의 건강함에 주목하게 한다.

3. 늘어나는 배달, 자장면에서 '아침배달식'까지

과학기술은 산업화의 일등공신이며, 음식의 산업화에도 마찬가지다. 과학기술의 효율성과 더 편해지려는 인간의 욕망은 배달음식의 활성화를 꾀했다. 배달음식의 주요 고객은 직장인들이었지만 지금은 다양해졌다. 대학생들의 경우 점심을 거의 사 먹는다. 학교식당이나 주변 음식점에 가기도 하지만, 대학 교정의 쉼터 의자 여기저기에 붙어 있는 음식점 스티커는 배달음식이 얼마나 애용되는지 대변해준다. 바쁜 맞벌이부부에게 배달음식은 더욱 사랑받는다. 가족끼리 외식을 간 삼겹살가게에서 아이들을 위한 피자를 시켜주기도 할 만큼 배달음식은 공간을 불문한다. 축구나 야구 등의 스포츠 중계가 있는 날 닭가게의 풍경은 더 볼만하다. 배달음식은 아이의 생일파티와 같은 날에도 적극 이용되고, 어머니가 집을 비운 날 아이들이 즐겨 찾으며, 출출한 저녁이면 어김없이 배달 오토바이는 달린다. '편리함'에 길든 현대인은 배달음식을 점점 더 애용한다. 어디든 무엇이든 배달되는 풍경을 본 한 일본인은 이렇게 말한다.

배달이라고 하면 역시 음식이다. …… 한국에서는 배달이 안 되는 음식이 없을 정도로 종류가 많고 푸짐하게 준다. 자장면부터 도시락, 치킨과 생맥주, 족발·김밥·찌개 같은 국물까지. 일본에서는 그릇을 돌려줄 때 깨끗이 씻고 랩 같은 쓰레기나 남긴 음식쓰레기를 먹은 사람이 처리를 해야 하는데, 한국은 그대로 문 앞에 놓으면 끝이다. 매우 편하다.

한강에 놀러갔을 때였다. 둔치에 앉아 친구들과 수다를 떨다 보니 배가 고팠다. 하지만 움직이기가 싫었다. 그랬더니 친구가 갑자기 둔치의 가로등 기둥을 보기 시작했다. 그러고는 "치킨 먹을래? 아니면 족발?"이라고 물었다. 다가가서 봤더니 배달 스티커가 붙어 있는 것이 아닌가. "설마? 여기에 배달이 온다고?"라고 물어봤더니 "그럼!"이라고 대답했다. 치킨과 생맥주를 전화로 시키고 30분 기다렸다. 그랬더니 치킨 집 오토바이가 달려왔다. 우리는 손을 흔들었다. 배달하시는 분이 아무렇지도 않게 음식을 주고 요금을 받아 떠나갔다. 그리고 우리는 한강을 보면서 치킨을 먹고 수다를 계속 떨었다(≪경향신문≫, 2008년 4월 26일자, 34면).

서민음식으로 유명한 자장면은 배달음식의 대표이자 이사하는 날의 필수음식으로 등극했다. 자장면은 '114 최대 문의'를 자랑할 만큼 배달음식으로 사랑받는다. 피자는 30분 만에 배달되지 않으면 취소해도 될 만큼 신속함을 자랑한다. 출출한 저녁에 시켜 먹는 통닭과 족발은 우리 식생활의 또 다른 면을 보여준다. 배달용 통닭집은 외식업체 규모에서 큰 비중을 차지한다. 배달음식으로 익숙한 것은 자장면이나 피자·통닭에 그치지 않는다. 불황에 대처하는 것이겠지만 손 많이 가는 일식도 배달음식의 목록에 올랐다. 그뿐만 아니라 고급 패밀리 레스토랑도 배달사업에 나섰다. 스테이크·샐러드·오므라이스·치킨·초밥·돈가스 등으로 아이들 생일잔치나 회사원들의 회식에 이용되기도 한다. 더 놀라운 것은 정성을 다해 차려내던 차례음식까지 배달한다. 다양한 배달음식이 양산되는 가운데 주목할 만한 것은 '아침배달식'이다.

아침배달식은 보통 한 달 단위로 미리 주문해서 '주 몇 회' 또는 '매일', 새벽 집 앞에 있는 배달통으로 그날 만든 음식이 배송된다. 식단은 맛·재료·색감을 위주로 정해지며, '당뇨식' 같은 특별식과 이유식에서 노인식까지 아우르는 '맞춤식단'도 준비 중이다. 아침배달식은 '엄마(주부)'의 마음을 사로잡기 위한 밥상을 공략하는 가정대용식으로 고객밀착형에 가장 가까운 형태라고 평가받았다(≪이데일리≫, 2008년 7월 21일자).

싱글족과 일하는 엄마의 증가로 배달시장규모는 날로 커진다. 젊은 층을 공략하는 배달음식도 성공적이다. 다양한 메뉴를 안방까지 신속하게 가져다주는 배달음식은 앞으로도 활성화될 개연성이 높다. 하지만 배달음식은 원산지가 표시되지 않은 재료에다, 뜨거운 음식을 포장하는 랩의 비위생성과 환경호르몬, 환경 훼손과 위생의 문제가 있는 일회용 나무젓가락이 번성하는 문제도 소비자로부터 제기된다. 알고는 먹지 못할 것이 배달음식이라는 말이 있을 정도다. 또 입의 욕망대로 밤낮 시켜 먹는 배달음식은 우리를 비만으로 이끌고, 배고픔의 해결을 신속한 배달음식에 의존하게 해 편리함에 길든 존재의 전형을 양산하게 될 것이다.

4. '즐거운 불편'이 시사하는 것

전기밥솥을 비롯한 여러 가전제품은 '더 빨리, 더 편리하게'라는 슬로건으로 현대인을 편리함에 길들인다. 편리함에 길든 존재는 음식이 자신의 식탁 위에 오르기까지의 과정에 대해 무지한 존재가 될 수 있다. 벼를 보고 '쌀나무'라고 말하는 어린이가 있을 정도로 말이다. 밥이 내게 오기까지의 모든 과정을 꼭 알아야 하는가는 다른 차원의 문제지만, 자신의 먹을거리에 대한 몰이해 때문에 식탁에 올라온 것을 그저 먹기만 하는 존재가 된다면 인간성의 변형이 일어날지도 모른다. 생각하는 존재라는 뜻의 '호모-사피엔스(homo-sapiens)'가 아니라 소비를 통해 존재증명을 하는 '호모-컨슈머스(homo-consumers)'로밖에 존재하지 못하게 되는 비극이 가전제품의 진화에 도사린다고 한다면 지나친 것일까? 다른 한편, 편리함의 미덕을 한껏 발휘하는 가전제품의 활약마저 생략하면서 현대인의 사랑을 받는 배달음식은 손노동이나 기계노동을 거치지 않고 전화 한 통으로 완성된 음식을 만날 수 있게 해준다. 이처럼 우리는 빠르고 간편하게 음식을 먹을 수 있게 해준 과학기술의 수혜자들이다.

그러나 그 편리함 속에서 우리의 식생활은 과연 건강한가? 다양한 가전제품과 즉석음식의 일상화에 따라 식생활은 갈수록 편리해졌지만, 식품의 안정성, 피부병·비만, 입맛의 획일화 등의 문제가 생겨났다. 2008년 한국사회를 떠들썩하게 했던 광우병문제와 멜라민 파동, 잇따라 터져 나왔던 불량식품들은 인간의 건강을 위협한다. 쉽고 빨리 만들어 이익을 증가하려는 자본주의 논리와 뭐든 편리하게 취하려는 인간의 욕망이 맞물려 형성된 불안한 음식의 현주소다. 손쉽게 구할 수 있는 식품을 편리한 기계 속에서 빠르게 요리한 음식은 특히 면역이 약한 아이에게 곧바로 문제를 일으키는데, 아토피를 비롯한 각종 피부병이 그것이다. 그뿐만 아니라 출출할 때면 언제든지 먹을 수 있는 음식의 존재는 비만을 만들고, 체격은 좋아졌지만 체력은 약한 존재들을 양산한다. 자연 속에서 생산한 다양한 음식이 아니라 가공된 식품에 길든 현대인의 입맛은 점점 획일화되어가면서 현대인은 창조자·생산자가 아닌 소비자로서만 존재하게 된다. 공장에서 편리하게 만들어지고 다양한 약품에 의해 쉽게 키워진 동·식물들로 만들어진 음식들은 냉장창고에 가득 쌓이고, 불필요한 에너지를 요구한다. 늘어나는 음식물쓰레기 또한 예사롭지 않은 문제다. 유통기한이 표시된 식품은 그 기한이 지나면 모두 쓰레기가 된다. 편리함에 길든 현대인에게 환경은 공존의 대상이 아니라, 필요할 때 이용하고 버리는 통치의 대상이 된 지 오래다.

기술의 진화를 통해 건강하고 행복한 식생활의 방향을 모색하려면 현재 음식을 둘러싸고 불거지는 문제점을 극복해야 한다. 넓고 잘 닦인 출구가 마련되어 있을 것 같지는 않다. 그렇지만 문제점을 일상생활 속에서 극복하려는 주목할 만한 실천적 움직임들도 존재한다.

편리함의 유혹에 정면으로 대응하는 『즐거운 불편』(2004)이라는 책은 소비사회를 극복하기 위해 저자가 자발적으로 실천한 내용을 담았다. 저자의 실천 항목 중에 음식과 관련된 것은 다음과 같다.

제철채소나 과일이 아닌 것, 컵라면·쇠고기·돼지고기를 먹지 않는다. 도시락 갖고 다니기, 음식찌꺼기는 퇴비로, 전기밥솥으로 보온하지 않는다(후쿠오카 겐세이, 2004).

우리와 동시대를 살아가는 저자는 편리함으로 인해 잃어버리는 것에 주목한다. 사철음식이 제철음식의 기능을 약화시킬 뿐만 아니라 더 많은 전기에너지를 요하는 것처럼 말이다. 무엇보다 편리함을 이유로 전개되는 일상적 행동이 에너지를 소비하고, 인간관계를 삭막하게 하고, 인간다움을 상실하게 하는 점에 주목했다. 그리하여 그는 편리함에 길든 소비자로서가 아닌 능동적 주체로서 삶을 기획한다. 논을 빌려 쌀농사를 직접 지었다. 농약 대신 오리농법을 이용했다. 오리들은 자유롭게 논을 돌아다니며 잡초와 벌레를 제거해준다. 오리들이 제 일을 끝내고 생을 마감할 즈음에는 직접 죽여서 가족들과 나눠 먹는다. 처음에 그의 딸들은 기겁을 했지만 나중에는 음식을 더 귀하게 여기게 되었다. 애정을 갖고 키웠던 동물을 죽임으로써 비로소 맛있는 고기를 얻을 수 있다는 귀한 깨달음을 얻게 된 것이다.

물론 모든 현대인이 직접 농사를 지을 수는 없다. 그러나 자신의 먹을거리가 어떻게 만들어져 나의 밥상에까지 오는지, 즉 그저 대형할인매장에서 생산되거나 전자레인지와 냉장고에서 뚝딱 나온 것이 아니라는 것을 구체적으로 알아갈 때, 편리함에 길든 삶에 문제제기를 할 수 있다. 가전제품에 갇힌 음식과 신속한 배달음식이 주는 편리함에 길들지 않기 위해서는 불편하지만 음식의 생산과정에 관심을 갖고, 또 자발적으로 참여하면서 삶의 가치와 인간됨의 의미를 찾아가야 할 것이다.

참고문헌

단행본

박정훈. 2004. 『환경의 역습』. 김영사.

베이컨, 프랜시스(Francis Bacon). 2002. 『새로운 아틀란티스』. 김종갑 옮김. 에코리브르.

이규태. 2000. 『한국인의 밥상 문화2』. 신원문화사.

주영하. 2005. 『음식전쟁, 문화전쟁』. 사계절.

한복진. 2001. 『우리 생활 100년·음식』. 현암사.

함한희. 2005. 『부엌의 문화사』. 살림.

후쿠오카 겐세이(福岡賢正). 2004. 『즐거운 불편』. 김경인 옮김. 달팽이.

신문 · 잡지 · 방송 · 인터넷 및 기타 자료

≪경향신문≫. 2008.4.26. 34면. "[한국에 살아보니] '배달'의 나라".

≪디지털타임스≫. 2007.3.8. 22면. "[알아봅시다] 전자레인지".

_____. 2008.11.10. 18면. "[알아봅시다] 밥솥의 변천사".

≪오마이뉴스≫. 2008.10.24. "전자레인지 없으면 밥 굶어야죠".

≪이데일리≫. 2008.7.21. "전 국민에게 아침식사를 배달한다".

≪전자신문≫. 2008.9.23. "바쁜 현대인을 위한 주방용품, 전자레인지".

≪한겨레신문≫. 2004.10.27. "최고의 음료는 물!".

_____. 2008.7.16. 33면. "그 '이름'만으로 …… 지갑이 허락했다".

_____. 2009.1.15. 34면. "'도자기' 락앤락도 나왔네".

_____. 2009.2.10. 15면. "건강 챙기고 수다도 떨고, 도전! 도시락".

≪헤럴드 생생뉴스≫. 2008.12.31. "늘어만 가는 독신 가구, 가전도 맞춤 시대".

제10장

vs. "나 요리하는 여자야"
"난 요리하는 남자다"

신지은(부산대학교 한국민족문화연구소 HK전임연구원)

현실 속에서 젠더[1]의 문제, 특히 성역할의 문제를 음식과 연결해서 생각해보자. 음식은 먹는 것이다. 그러나 음식은 조건과 상황과 기호에 따라 의미체계가 달라진다. 따라서 음식 역시 이런 의미의 체계로 설명해야 할 것이다. 사실 음식은 먹는 것이지만 그 속에 엄청나게 다양한 정치적·사회적·문화적 의미들을 포함한다. 특히 여성 지위의 상승, 여성 취업률 상승, 여성 혹은 남성 이미지 변화 등 여러 중층복합적인 요인들로 음식과 남녀의 관계가 과거와는 달라졌다. 하지만 다른 한편에서 볼 때는 가사노동, 특히 부엌일은 여전히 여성과 분리해서 생각하기 힘들다는 것도 사실이다. 이 글에서는 음식을 대하는 현대 우리 사회 남녀의 태도의 차이를 개괄적으로 정리하고, 이런 새로운 상황 속에서 음식이라는 기표가

---

[1] 현대 페미니즘이론에서는 생물학적 성과 문화적 성을 구분하는데, 섹슈얼리티가 전자이고, 젠더가 후자, 즉 사회적 행동양식이자 습득된 성을 의미한다.

갖는 의미를 재고해보고자 한다.

최근 텔레비전에서 나오는 고추장 광고 중에, 배우 김혜수가 "나 요리하는 여자야"라는 멘트를 하는 것이 있다. 영화 <타짜>에서 김혜수가 분한 정 마담이 "나 이대 나온 여자야"라고 했던 것을 패러디한 것 같다. 다른 말이 필요 없이 '이대'라는 말 한마디면 자신의 능력을 보여줄 수 있다고 생각한 영화 속 정 마담처럼, 고추장 광고 속의 김혜수는 '요리'라는 단어로 자신이 능력 있는 여자임을 드러냈다.

그런데 뭔가 이상하다. 여자가 요리하는 것이 대수인가? 요리는 원래 여성의 영역이 아니었나? 마치 여자가 "나 여자야"라고 말하는 것만큼이나 동어반복처럼 귓가를 울리는 "나 요리하는 여자"라는 말이, 아직도 요리는 여성의 영역이라고 믿는 내 머리를 친다. "나 요리하는 여자야"라는 광고 속 멘트가 주는 느낌은, 우리 할머니들이 "나 요리하는 여자야"라고 한다고 가정했을 때와 그 느낌이 완전히 다르다. 같은 말인데 왜 그렇게 다른 느낌을 주는 것일까? 아마 그 둘 사이에는 남녀평등의 분위기가 형성되어갔던 긴 시간의 간격이 있기 때문일 것이다. 과거에 요리는 단지 여성만의 영역이었지만, 지금은 요리를 하는 남자들도 많이 있고 요리를 안 하거나 못하는 여자들도 많아졌다. 이런 상황을 고려한다면 김혜수가 "나 요리하는 여자야"라고 했을 때, 그 말이 다층의 의미를 함축한다는 것을 이해할 수 있을 것이다.

음식과 남녀의 관계는 지금 무척이나 복잡하다. 구세대와 신세대에서 보이는 차이가 큰데다가, 대부분의 사람들은 그 양극단 사이의 넓은 스펙트럼을 오가며 당황해 하기도 하고 시행착오를 거치기도 하면서 자기에게 적절한 비율로 절충해서 받아들인다. 이 글에서는 남녀와 음식의 관계 양상들을 몇 가지로 구분해서 정리해보고자 한다. 그런데 남녀의 차이에는 연령의 변수가 크게 작용한다고 판단되므로 나이 든 남자와 나이 든 여자, 젊은 남자와 젊은 여자로 크게 나누어서 살펴보고자 한다. 사실 이렇게 간단히 나누기에는 무리가 없지 않다. 늙은 어머니가 집에서 매일 하는 밥, 바빠서 밥하기 힘든 젊은 여자가 사 먹는 음식, 밥하기 싫고 밥 차리는 데 지쳤고 집에서 밥 먹는 자식들이 없어진 어머니들이 밖에서 사 먹는 음식, 나이 든 남자가 한 끼 때우는 식사, 젊은 남자가 자취방에서 소비하는 인스턴트식품, 젊은 아버지가 자상한 아버지가 되기 위해 주말에 솜씨를 부려 만든 특식…… 사람 수만큼이나 다양한 음식소비와 섭취의 스타일이 있겠지만, 이 글에서는 한국사회에서 최근에 부각된 특징들을 크게 분류해서 생각해보고자 한다.

1. 늙은 아버지의 식사—살기 위해 먹는다

나이든 남자가 혼자 밥 먹을 때
울컥, 하고 올라오는 것이 있다
큰 덩치로 분식집 메뉴표를 가리고서
등 돌리고 라면발을 건져올리고 있는 그에게,
양푼의 식은 밥을 놓고 동생과 눈흘기며 숟갈 싸움하던
그 어린 것이 올라와, 갑자기 목메게 한 것이다

몸에 한세상 떠넣어주는
먹는 일의 거룩함이여
이 세상 모든 찬밥에 붙은 더운 목숨이여
이 세상에서 혼자 밥 먹는 자들
풀어진 뒷머리를 보라
파고다 공원 뒤편 순댓집에서

국밥을 숟가락 가득 떠넣으시는 노인의, 쩍 벌린 입이
나는 어찌 이리 눈물겨운가

— 「거룩한 식사」, 황지우(1998) —

　　나이 든 남자가 혼자 식사하는 장면은 한마디로 눈물겹다. 목이 메어가며 밥을 먹는 장면, 공원 뒤편 순댓집에서 국밥을 퍼넣는 장면. 이 장면을 여자, 특히 아주머니를 주어로 해서 읽어보자. 잘 안 읽히는 것 같다. 혹은 젊은 남자, 예를 들면 요즘 요리하는 남자, 부드러운 남자로 인정받는 알렉스나 김래원이 공원 뒤편 순댓집에서 입을 쩍 벌리고 국밥을 가득 떠 먹는 장면을 상상해보자. 어색하지 않은가? 왜일까? 여자, 특히 아주머니는 혼자 있어도 밥을 씩씩하게 먹을 것 같고, 김치만 있어도 그걸로 순식간에 맛있는 음식을 만들어 먹을 것 같다. 아니면 알렉스 같은 젊은 남자는 귀여운 앞치마를 두르고 여자 친구 혹은 누나에게 멋진 스파게티를 만들어줄 것만 같다.

　　그런데 나이 든 남자에게 밥은 곧 생명이다. 또 다른 한편으로는 밥은 밥일 뿐이다. 대화는 밥을 먹고 난 후에 하면 되는 것이고, 밥 먹을 시간에는 밥만 먹으면 된다. 특히 전통적인 한국사회에는 음식과 관련한 속신 중에 "식사 중에 말하지 마라"(최래옥, 1999: 32)라는 것이 있어서, 밥 먹을 때 말을 많이 하는 것은 좋지 않다고 생각해왔다. 그리고 밥은 여자가 해주는 것이지, 남자가 해서 먹는 것이 아니다. 이들은 한마디로 '남자다움'을 교육받은 세대다. '남자가 부엌에 들어가면 안 된다'·'남자는 평생 세 번 울어야 한다' 등이 바로 그 남자다움의 구체적인 예다. 과묵함·진지함·감정억제 등 남자다워야 한다고 배워온 남자에게, 음식이란 여자가 해주는 것을 먹으면 되는 것이고, 요리라는 여성의 영역에 참여하는 것은 남자답지 못하다는 증거다. 가끔은 남자들끼리 식사나 술을 함께 먹으면서 '우리가 남이 아님'을 확인하긴 하지만, 자기 가족들과 음식을 함께 먹으며 대화하고 소통하는 것의 중요성을 잘 아는 사람은 많지 않은 것 같다.

평생 그렇게 '남자답게' 산 남자들이 늙었을 때, 심지어 자식들은 다 출가했고 아내가 먼저 떠나기라도 했을 때, 그 남자는 밥을 어떻게 해결할까? 제일 먼저 떠오르는 장면이 앞에서 인용한 시에 나오는 라면발을 건지는 남자, 국밥을 먹는 노인의 모습이다. 그리고 사하시 게이조의 자전에세이 『아버지의 부엌』(2007)에 나오는 아버지의 모습 역시 마찬가지다. 일본인들은 예부터 무서운 것으로 '지진·천둥·화재·아버지'를 꼽는다고 한다. 엄한 아버지는 아내와 자식들 위에 군림하며 밥상에 숟가락 하나 놓지 않고 명령하고 복종을 강요하기만 하는데, 그런 아버지를 자식들이 아버지로 받아들일 수 있는 것은 어머니의 노력 덕분일 것이다. 하지만 아내가 먼저 떠나버리면 아버지는 자식들이 부양하지 않는 한 '가엾은 독거노인'으로 전락해버리는 것이 보통이다. 책 제목에 나오는 '아버지'는 80대 노인으로, 아내가 먼저 세상을 떠나고 자식들은 대부분 출가했다. 자식 중 유일하게 결혼을 하지 않은 셋째 딸이 바로 이 책의 저자다. 그녀는 자신의 아버지가 홀로서기를 할 수 있도록 아버지를 교육하는데, 그 과정이 얼마나 가차 없는지 딸의 별명이 '마귀하사관'이 될 정도다. 권위적인 가장이었고, 아침마다 양말까지도 아내에게 요구하던 전통적인 남성이었던 아버지는 점차 이 홀로서기에 적응해간다. "난행고행의 가사·잡사"에 적응해나가면서 점차 스스로의 끼니를 위해 요리를 하고, 그 속에서 소소한 재미도 찾게 되고 차츰 권위적이고 자기중심적인 사고방식에서 벗어나 타인의 형편을 고려하고 이해하게 된다(과장하지 말 것은, 이 아버지에게 타인에 대한 전적인 배려와 이해심이 갑자기 생겨난 것은 아니다. 단지 타인의 생각과 상태에 대한 '눈치'가 조금 늘었다고 할 수 있을 것이다). 물론 그렇다고 저녁이 되면 찾아드는 외로움이나 누군가가 왔다 떠난 후의 서글픔이 없어지는 것은 아니지만, 점차 자기의 존재와 그 존재의 조건인 타자를 생각하고 대화와 소통의 중요성을 깨달아간다. "언제나처럼 식사준비만 해주고 가지 말고 저녁을 함께 먹었으면 좋겠다고 몰래 기도했더니, '함께 먹읍시다'라고 말해줘서 기뻤습니다"(사하시 게이조, 2007)라는 아버지의 일기 속에서 우리는 이 아버지가 갖는 깊은 쓸쓸함을 느낄 수 있다. 하지만 또한 그가 타인과 함께 먹는다는 행위와 그 속에서 일어나는 소통의 중요성을 깨달았다는 데 주목할 수 있을 것이다. 누군가 준비해준 음식을 먹기만 하면 되는 것이 아니라, 함께 준비하고 함께 먹는 것이 얼마나 소중한 것인지 팔십이 넘어서야 깨닫게 된 것을 그나마 다행이라고 해야 할까?

2. 아우라 레시피—어머니의 요리

나이 든 어머니가 하는 밥은 뭔가 다르다. 소위 주부 9단은 쉽게 아무나 딸 수 있는 자격증이 아니다. 엄청난 시간 동안의 실습과 실패, 도전과 시도를 통해 어느 순간 다다르는 경지다. 주부 9단이 되면 생각을 하고 기억을 되새기면서 요리를 하는 것이 아니라 본능적으로 요리를 한다. 그래서 주부 9단에게 요리법을 전수받는 것은 어렵다. "소금을 얼마나 넣을까요?—적당히 넣으면 돼"·"언제 불을 줄일까요?—적당히 끓으면 줄여"·"여긴 뭐가 들어갔나요?—이거 고추장 넣으면 되지" 대부분이 이런 식이다.

말로 설명할 수 없는 이 맛, '집밥'이니 '어머니 손맛'이니 하는 말들을 간판에 내세우는 아무리 유명한 식당이라고 해도 직접 그 식당밥을 먹어보면 뭔가 2% 부족하다. 도무지 흉내 낼 수 없는 이 맛은 대체 어디서 나오는 것일까? 벤야민의 「산딸기 오믈렛」(1983: 24~25)을 참고해보자. 간단한 줄거리를 소개하자면, 어느 왕이 권태로운 자신의 식도락을 극복하고자 궁중요리사를 불러 과거에 자신이 다른 왕국과의 전쟁으로 쫓기던 시절에 먹은 산딸기 오믈렛을 만들어보라고 한다. 그러나 궁중요리사는 그런 오믈렛의 맛을 내기 위해선 "전쟁의 위험, 쫓기는 자의 주의력, 부엌의 따뜻한 온기, 뛰어나오면서 반겨주는 온정, 어찌 될지도 모르는 현재의 시간과 어두운 미래", 이 모든 "분위기"가 있어야 만들 수 있다고 대답하고 파면당한다.

냉장고에 먹을 것이 하나도 없는 것처럼 보이는데도, 어머니는 반찬을 만들고 식사를 준비한다. 어머니가 해주었던 음식을 기억해보면, 특별할 것 없는데 '뭔가 특별한 것'이 있는 음식이다. 이 뭔가 특별한 것, 이 손맛을 벤야민이 사용하는 '아우라'라는 개념으로 생각해볼 수 있을 것 같다. 어머니가 만든 음식에서 발하는 특별한 기운은 이걸 흉내 낸 어머니 손맛의 복제음식에서는 찾기 힘든 기운이다. 이건 요리학원에 다닌다고 생기는 것도 아니고, 계량컵을 사용한다고, 조미료를 넣는다고 생기는 것도 아니다.

부엌은 여성의 대표적 공간이다. 엘리자베스 에르리히의 『미리엄의 부엌』을 참고해보자. 이 책은 유대인 학살을 피한 미리엄의 가족이 제2차 세계대전 속에서 살아남기 위해 먹은 음식에 얽힌 이야기들을 내용으로 한다. 이 책에서는 어머니와 딸의 세대교체문제, 특히 여성과 부엌의 갈등이 잘 드러난다. 에르리히는 "모든 사람들은 먹어야 산다. 그러나 누군가는 매 끼니마다 음식을 만들고 설거지를 하고 부엌을 청소해야 하며, 그런 사람은 예나 지금이나 어느 문화에서나 여성들이었다"라고 지적하면서, 젠더에 관한 의식을 드러냈다. 하지만 에르리히는 "만약 여성이 부엌을 전적으로 거부하게 되면 그녀는 여성의 역사에서 중요한 부분을 잃게 되는 것"이라고 하면서, 음식을 통해 이어지는 전통과 문화, 인간적 삶의 중요성을 강조한다(송병선, 2000: 81에서 재인용).

우리가 어머니의 음식과 관련해 주의해야 할 부분은 바로 '음식을 통해 이어지는 전통과 문화, 인간적 삶의 중요성'이다. 어떤 음식의 아우라는 바로 이러한 전통과 문화 등에서 만들어지는 것이 아닐까? 어머니는 음식을 준비하는 것이 자기 희생이나 남성에게 종속되는 것이라고 생각하지 않는다. 어머니의 음식에는 오랜 세월에 걸쳐 전수받은 집안 요리의 비법들, 가족을 위한 정성과 소망 등의 감정이 이입되어 있고, 그것이 다른 사람에게 영향을 주는 것이다. 최근 여기저기에서 생겨나는 가정식 전문점, 집밥 전문점들이 다른 음식점과의 차별을 내세우는 것이 바로 어머니의 손맛에 가깝다는 점이고, 이런 음식을 요리하는 사람들은 하나같이 내 가족이 먹는다고 생각하고 정성껏 요리한다는 것을 강조한다.

또 다른 지적할 점은 앞에서 이야기했듯이 나이 든 남자들은 어릴 때부터 남성으로 성장하도록 교육받은 세대라면, 나이 든 여성의 경우는 어머니로 성장한 세대다. 이들에게 여자의 성장은 여성이 되어가는 과정보다는 어머니로 되어가는 것, 즉 모성이 발달되는 과정을 의미한다. 따라서 이 세대의 여성은 요리를 하는 것을 포함한 가사노동은 어머니로서 당연한 것으로 받아들인다.

3. 슈퍼우먼 레시피—밥하기 싫거나 밥할 시간 없는, 그런데 밥해야 하는 여자

시몬 드 보부아르는 "여성은 태어난 것이 아니라 여성으로 되어간다"라고 하면서, 남성의 지배와 여성의 종속은 생물학적 혹은 본성적으로 다른 것이 아니라 사회적 산물이라고 주장했다. 많은 페미니스트운동과 투쟁을 통해 여성의 권리가 상승되어왔고 인식의 변화가 일어났다. 예를 들면 페미니스트들은 총칭적인 '그(he)' 대신에 '그 혹은 그녀'라고 쓴다거나, '미스(Miss)' 혹은 '미시즈(Mrs)' 대신에 '미즈(Ms)', '가정주부' 대신에 '가정에서 일하는 사람'으로 사용하기 시작했다(로버, 2005: 29에서 재인용). 이런 것을 처음 주장했던 이들은 분명 그 시대에는 급진적인 문제아로 불렸을 것이다. 하지만 지금은 이런 요구와 주장은 상식으로 이해된다. 마찬가지로 오랜 기간 사회적 논의를 거친 후 여성이 직업을 갖는 것, 남녀가 동등하다는 것, 남성도 가사일에 참여해야 한다는 주장은 이제 당연한 것으로 받아들여진다.

실제로 우리 사회에서도 여러 사정들로 인해 이제 여자들이 밥할 시간이 없고, 밥할 이유가 많지 않다는 생각이 일반화되어간다. 나이 든 어머니들은 밥하는 데 지쳤고, 밥을 해서 먹일 자식들이 다 자라서 떠났기 때문에 밥하기를 거부한다. 젊은 어머니들은 자식들 대부분이 학교에서 급식을 하기 때문에 밥하는 데 큰 신경을 쓰지 않아도 되고, 자식이 원하는 특별한 음식은 외식을 통해 해결할 수 있게 되었다. 또 많은 기혼 여성들은 '바깥일'을 하기 때문에 밥할 시간이 없고, 또한 집에서 밥을 먹는 사람이 없기 때문에 밥할 필요가 없다는 것도 사실이다. 그리고 이 시대의 좋은 어머니란 맛있는 음식을 해 먹이는 어머니가 아니라, 자식을 좋은 대학에 보내기 위한 정보 혹은 돈을 가진 어머니인 듯하다. 따라서 현대의 현모상은 사회에서의 성공한 여성과 직결되는 모습을 보인다. 그런데 문제는 직장을 다니는 여성도 집에 돌아와서는 여전히 현모양처가 되어야 한다는 데 있다. 직장생활에도 욕심을 내고 현모양처가 되려고도 하면서 "슈퍼우먼증후군"[2]에 시달리는 여성들이 많아졌다. 직장에서는 툭하면 '결혼한 여자는 어쩔 수 없다'고 하는 상사의 눈치를 보고, 직장 밖에서는 엄마로, 아내로, 며느리로, 딸로 수많은 일들을 감당해야 한다. 평범한 듯 보이는 여성의 일상 속에 슈퍼우먼증후군은 깊숙이 들어와 있다.[3]

---

2) 우아한 몸매, 충실한 사생활, 뛰어난 사무처리 등의 이면에 현기증·호흡곤란·허탈감 등의 여러 증세를 보인다. 이 이름을 붙인 미국의 정신신경학자 M. 슈비츠(1984)에 의하면 "여성이 아내·어머니·직업인·이웃의 역할을 완벽하게 해내려는 나머지 모든 것을 떠맡게 된 결과"라고 했다.
3) "당신은 슈퍼우먼에 대해 어떻게 생각합니까?"라는 물음에, 취업 기혼 여성의 과반수가

그런데 주목할 것은, 남녀평등의 분위기가 보편화되면서 전통적인 '양처'상은 꽤 많이 허물어진 듯하나, 여전히 '현모'라는 모델은 이상적인 것으로 여겨지고 수용된다는 점이다. 취업 주부가 남편에게 '사랑받는 아내'[4)가 되지 못하는 것은 감수할 만한 일이지만, 어머니역할을 잘 못하는 것에 대해서는 많이 괴로워한다. 오랫동안 많은 이들이 여성이 가진 것 중에서 모성이 가장 훌륭한 가치라고 칭찬했기 때문에 취업 주부가 가장 괴로워하는 것도 어머니 역할을 제대로 못했을 경우다. 그래서 아이가 다치거나 성적이 떨어지거나 하면 직장생활을 그만두어야 하는가 하고 심각하게 고민을 한다. 그러면서도 '돈 몇 푼' 때문에 그만두지도 못한다.

2008년 10월 여성부에서 김주하 앵커를 홍보대사로 임명했다. '가정과 직장의 양립'에 성공했다는 것이 홍보대사로 위촉된 이유다. 그 후 한 일간지에 김주하의 인터뷰 기사가 실렸다. 기사를 조금 인용해보자.

"슈퍼우먼이란 1인 다역을 잘해내는 여자로 현대 여성에게 어울리며, 자기 일에 충실하고 매사에 완벽을 추구한다. 나 자신도 슈퍼우먼이 되길 원한다"라고 긍정적인 답변을 했다. 다만 약 30%의 여성만이 "슈퍼우먼은 남성 위주의 사고방식에서 생긴 것으로 현실에 존재하지도 않고 기대할 수도 없는 허상"이라고 대답했다. 또한 "나는 직장일·아내·며느리·어머니라는 모든 역할을 완벽하게 하려고 한다"라는 항목에 거의 90%가 "그렇다"라고 대답했다(박애선, 1992: 241~242). 게다가 이러한 이중역할에 대한 부담과 갈등은 직장에서의 능률생산성을 떨어뜨림으로써 여성은 직장일에 집중할 수 있는 남성과의 경쟁에서 뒤지기 쉽다. 이는 노동시장에서 여성이 차별받고 부당한 대우를 받게 되는 원인으로 작용할 뿐 아니라, 장기적으로 볼 때 여성이 직업을 포기하게끔 만들기 쉽다(유희정, 1993: 210). 1980년대 이후 한국에서 여성운동과 여성학의 보급으로 가사노동과 성별 분업의 문제, 가사노동을 사회화하기 위한 여러 정책의 모색, 가사노동의 가치를 제대로 평가하기, 노동시장에서의 성차별 해소 등 사회의 전반적 변화를 위한 작업들이 이루어지긴 했지만, 여전히 실생활에서 취업 여성들이 느끼는 이중부담은 커 보인다.

4) 일제시대를 통해 뿌리를 내린 현모양처상은 6·25전쟁으로 남편을 잃은 상황에서 가족을 이끌었던 강한 어머니상으로 변화를 겪기도 했으나, 1960년대 이후 여성은 '사랑받는 아내'라는 형태로 다시 현모양처 모델을 강요받았다. 이 시기에는 『사랑받는 아내』류의 책들이 베스트셀러에 오르고, 낭만적 사랑을 얻을 수 있는 부드럽고 감성적인 성격이 이상적인 여성스러움으로 제시되었다(박애선, 1992: 237).

김주하 앵커는 "일과 가정 모두 성공한 '완벽한 여성'의 모델이 되려는 것이 아니다"라고 손사래를 친다. "제가 제일 싫어하는 말이 알파걸·슈퍼우먼 같은 말이에요. 왜 남자들에게는 그런 말 안 하잖아요. 애도 잘 보고 청소도 잘하고 일도 잘할 수 있는 여성은 없어요. 전 살림은 꽝이에요." '요리를 하다 보면 화가 날 지경'이라는 그는 일하는 여성들에게 "모든 일을 100% 다 잘해내겠다는 의무감을 갖지 말라"라고 조언한다. …… 하지만 아이를 낳고 나서 모든 것이 달라졌다. "살림은 정말 못해도 되는데, 육아는 그렇지 않더라구요. 탁아소를 설치해주는 직장이 있다면 여성들이 앞다투어 일하려고 할 겁니다." …… "열심히 일하다가도, 육아 때문에라도 남녀평등은 이뤄질 수 없는 것 아닐까 하는 생각이 들 때가 있어요. 일하는 여성이 좀 더 편안하게 아이를 돌볼 수 있도록 도와주는 것이 바로 국가가 할 일이겠죠"(정유경, "김주하. 알파걸·슈퍼우먼이란 말 싫어해요", ≪한겨레신문≫, 2007년 11월 29일자).

위의 기사에서도 김주하는 (자신을 포함한) 취업 여성들에게 슈퍼우먼증후군에서 벗어나라고 충고하면서도, 사실 좋은 어머니가 되는 것은 포기하기 힘들다고 말했다. 대부분의 경우 어느 누구도 가정에서의 전통적인 역할과 직장에서의 역할을 한꺼번에 성공적으로 할 수는 없다. 슈퍼우먼이라는 허상을 자·타의적으로 받아들인 취업 주부들은 전통적인 현모가 갖는 '아우라 레시피'의 상실에 따른 빈자리를 (혹은 빈속을) 어떻게 채우는가? 간장·된장·고추장·김치 등을 이제 집에서 직접 해 먹는 여성은 거의 없다. 대부분 친정이나 시집에서 얻어 와서 먹거나, 슈퍼나 반찬 가게에서 사서 먹는다. 그 외 나머지 반찬들도 여러 경로를 통해 사 먹는다. 주로 가족이 다 함께 먹을 수 있는 아침식사는 밥·국이 아니라, 시리얼·빵·죽·선식·떡·우유·주스 등 사다놓고 간단한 준비만으로 바로 먹을 수 있는 음식으로 대체되었다. 저녁식사 역시 사 온 반찬, 배달음식·외식 등으로 다양화되었다. 주말이면 맛집·멋집을 찾아서 가족 외식을 하는 사람들도 많아졌다. "음식은 점차 가정과 가족, 그리고 여자들의 가치가 아닌 소비의 가치를 나타내게 되었다"(코니한, 1994: 114). 이제는 과거에 비해 여성이 요리를 통해 자기 정체성을 확인하는 것은 줄어들었지만 이런 상황 속에서 여성은 양면의 감정을 느끼는데, 이는 여전히 여자는 어머니로 자라도록 교육받고 양육되기 때문일 것이다.

어쨌든 이러한 양면 감정을 느끼는 슈퍼우먼의 요리 레시피는 과거 전통적인 어머니들의 요리와는 당연히 다를 수밖에 없다. 전통적인 식단에 비해 슈퍼우먼의 식단은 단순화되고 바깥에서 사 온 음식으로 많은 부분 채워진다. 이런 상황에서 여자들이 손으로 음식을 만들면서 천천히 알게 모르게 얻었던 힘은 잃어간다고 안타까워하는 사람도 있다. 하지만 그것이 다는 아니다. 슈퍼우먼은 요리에서도 자신의 특기, 즉 정보력을 뽐낸다.5) 전통적인 어머니들은 제철음식, 감기 등 특정한 병에 좋은 음식, 매끼 새로 지은 밥 등으로 밥상을 차렸다면, 슈퍼우먼은 칼로리·비타민·탄수화물·지방 등을 꼼꼼히 따져서 식단을 짜고 건강보조식품으로 부족한 영양소를 보충한다. 그리고 맛집·멋집에 대한 풍부한 정보로 주말이면 가족들이 새로운 음식을 체험할 수 있도록 계획한다.

4. 로맨틱 레시피

남자들이 부엌에 들어가기 시작했다. 아버지는 주말에 자기 가족을

---

5) 물론 여전히 전업주부로 살기 원하는 젊은 여성들이 있다. 그들 중 요리하는 것(주로 빵·과자 등 간식거리만들기가 많다)을 취미로 삼으면서, 요즘 대중적으로 쉽게 사용할 수 있는 블로그를 통해 자신의 요리를 사진이나 동영상으로 찍어 올리면서 자신의 요리실력(과 사진찍기실력과 세팅까지)을 홍보하고 판매하는 기회, 매스컴을 타는 기회, 특정 제품 판매를 위한 간접 홍보원이 되는 기회를 얻는 사람들도 꽤 있다.

위해 특식을 요리하기 시작했다. 예전에는 남자가 부엌에 들어가면 큰일 나는 줄 알았는데, 이제는 요리를 하면 인기가 높아진다. 젊은 층에서는 남자가 여자 친구를 위해 요리를 하거나 도시락을 싸는 일이 연애의 통과 의례가 되어가는 듯하다. 심지어 젊은 남자들이 주부 9단에게 요리를 가르치는 상황까지 생기기 시작했다. 다음 기사를 읽어보자.

요리하는 '로맨틱 가이' 알렉스가 주부 100명을 대상으로 한 로맨틱 디너와 미니콘서트 행사를 가졌다. …… 이번 행사는 …… 기념 촬영을 하는 일정으로 시작됐다. 이후 알렉스는 방송인 이연경과 푸드스타일리스트 홍신애와 함께 진행된 '로맨틱 레시피'를 통해 맛있는 밥을 지을 수 있는 노하우를 주부들에게 알려주고 직접 …… 요리를 시연하며 프로급 요리솜씨를 주부들에게 유감없이 선보였다(황보현, "'로맨틱 가이' 알렉스, 주부 100명과 로맨틱 디너", ≪아시아투데이≫, 2008년 9월 30일자).

MBC의 리얼 버라이어티 프로그램 <우리 결혼했어요>에서 신애와 가상부부였던 알렉스는 자기 아내를 위해 노래를 부르고 요리도 하고 각종 이벤트를 선사하는 모습을 연출했다. 일식 요리사라는 이색 경력의 소유자인 그는 이 프로그램을 통해 단숨에 여성들의 로망으로 떠올랐다. 그런데 어느 한 인터뷰에서 요리에 관해 어떻게 생각하느냐는 질문에 그는 다음과 같이 말했다.

요리요? 그건 절대 저의 여가생활이 될 수 없어요(그의 표정은 꽤나 단호했다). 남한테 해주는 건 몰라도 혼자 만들어 혼자 먹는 밥은 너무 싫어요. 얼마 전 밥솥 CF를 찍기 전까진 집에 밥솥도 없어서 햇반만 사 먹었다니까요. 아침은 동네 순댓국집에서 해결하고요. 전 제가 만든 프랑스 요리보다 여자 친구가 끓여주는 라면이 더 맛있어요(임우선, "로맨틱 가이 가수 알렉스", ≪동아일보≫, 2008년 11월 28일자).

국내 최초의 남성 푸드스타일리스트인 박용일의 경우도 비슷하다. 프랑스와 이탈리아에서 요리를 배운 그는 광고와 잡지 등을 위해 감각적인 요리 세팅을 하지만, 정작 자신은 싱글인 데다 바쁜 일상 속에서 '아점'은 기본이고 식사를 제때 챙겨 먹지 못하는 것이 다반사라고 한다. 그에게 일상적인 음식이란 완벽하게 세팅된 '요리'가 아니라 살기 위해 먹는 '끼니'인 것이다. 최근 그는 자신처럼 바쁜 싱글들 혹은 바쁜 맞벌이부부들을 위한 초간편 요리책을 냈는데, 여기 실린 레시피들은 반조리 혹은 인스턴트식품을 이용해 순식간에 만들어 먹을 수 있는 것들이다. 그는 이를 다음과 같이 설명했다.

　　물론 웰빙이 중요하지만 바쁜 사람들에게는 끼니를 거르지 않는 것이 더 시급하죠. 게다가 음식 솜씨 없는 싱글들은 먹을 만한 맛을 내는 것도 참 어려워요. 그래서 맛과 조리법이 어느 정도 보장된 반조리식품과 인스턴트식품을 이용하고, 여기에 부족한 부분을 다른 재료들로 보완해 간편하게 맛있고 먹을 만한 끼니를 만드는 것이죠. 음식이 넘쳐나고 요리 재료들이 즐비한 시대에 굶지 않는 요령 중 하나죠(최현미, "시간 없고 솜씨 달리는 싱글들을 위해 …… 5분 OK 초간편 아침메뉴", ≪문화일보≫, 2009년 2월 4일자).

'요리하는 로맨틱 가이'라는 현대 남성의 이미지는 연출된 것일지도 모르지만, 어쨌든 그런 이미지가 요즘 요구되는 남성상임은 사실이다. 과거 남성성이 강조되고 선호되던 시대에는 가죽점퍼에 오토바이를 탄 '터프 가이' 이미지, 엄한 아버지, 여성을 보호해주는 강한 남성 이미지가 대세였다면,[6] 이제는 점차 로맨틱하고 다정다감하고 여성스런 이미지,

---

6) 시대를 앞서 '너무 일찍 태어난' 남자가 있다. 여자처럼 말하고, 요리하는 것을 즐겨서 동성애자라는 오해도 받았던 이정섭이 바로 그 사람이다. 이정섭은 실제로 요리를 너무 잘해서 20여 년 동안 한국전통음식점을 운영하고, 요리도 직접 하고 요리 프로그램에

연하남, 섬세한 남자, 다정한 아버지 등의 이미지가 대세다. 최근 <커피프 린스>·<식객>·<서양골동양과자점 앤티크>·<키친> 등의 영화나 드 라마에서 남자들이 앞치마를 두르고 요리를 하는 모습을 흔하게 볼 수 있다. 드라마 <식객>의 주인공 김래원은 재료를 능숙하게 다루는 손놀림 과 맛을 보고 쇠고기 부위를 맞추는 능력을 공개하면서 요리 다큐멘터리의 더빙을 맡았고 요리책까지 냈다. 탤런트 김호진은 복어요리 자격증을 포함한 요리 자격증이 여러 개고, 케이블 채널에서 음식프로그램을 진행했 다. 류시원과 박수홍 역시 요리 자격증을 취득하고 요리책도 출간했으며, 음식 관련 프로그램을 진행하며 요리 실력을 뽐낸 바 있다. 박태환 역시 한 인터뷰에서 "수영선수가 되지 않았으면 요리사가 됐을 것이다"라고 공언한 요리광이다.

음식에 대한 남녀의 인식의 변화는 어떻게 설명할 수 있을까? 물론 많은 요인들과 긴 역사를 살펴보아야 할 문제긴 하지만, 남녀평등이라는 사고가 공감되고 확대된 것이 그 중심적인 요인일 것이라는 데는 큰 이견 이 없을 것이다. 남녀평등이 발현되는 양상들도 다양하겠지만, 우리는 주디스 케건 가디너(2004)가 사용한 "어머니가 되는 여자, 남성이 되는 남자"라는 표현을 빌려 이야기할 수 있으리라 생각한다. 그는 초도로우를 인용하면서 여성은 어머니가 되도록 양육되는 반면, 남성들은 남성적으로 된다고 지적했다.

초도로우에 따르면 여성은 남성이 만족시킬 수 없는 친밀함에 대한 요구, 여성을 모성으로 이끄는 요구를 지향하도록 양육(된다). …… 초도로우가 설명하는 남녀의 심리는 비대칭적이다. 여성들은 어머니가 되는 반면, 남성

자주 출연했다. 그는 지금 환갑이 넘은 나이인데, 남자의 남자다움이 강조되던 시대에 태어난 그는 그 독특한 모습 때문에 '비정상', 심지어 동성애라는 소문까지 생겼던 것이 아닐까? 그가 삼, 사십 년 늦게 태어났으면 어땠을까?

들은 남성적이 된다. 그녀는 이렇게 말한다. "남성적 동일시는 주로 성별 역할에 대한 동일시이다. 이와 대조적으로 여성적 동일시는 대개 양육적이다. 여자 아이들은 어머니와의 유연하고 개인적인 동일시를 발달시키는 반면, 남자 아이들은 '남성적 역할에 대한 입장적인 동일시를 발달'시키며 '아버지가 가지고 있는 남성성의 구체적 요소들을 적절히 받아들이지 못하면' 그 남성성은 (아마도 체벌을 하고 명령을 내리는 방식으로) 자신들에게 적대적으로 사용될 것이라는 두려움을 갖고 있다(가디너, 2004: 333).

낸시 초도로우의 주장은 가정에 헌신하는 어머니와 대부분의 시간을 직장에서 보내는 아버지로 이루어진 근대 서구 가정을 바탕으로 해서 나온 것이지만, 최근까지의 한국 상황과도 아주 유사하다. 즉, 한국사회에서도 남자가 성장하는 것은 남성스러워지는 것으로, 여자가 성장하는 것은 어머니가 되는 것이라는 의미가 강했다. 이런 생각 속에서는 여자가 음식을 하는 것은 당연하고, 남자가 음식을 만드는 것은 불가능한 일이다. 하지만 점차 남녀에 대한 이런 전통적인 구별이 문제시되면서 상황이 바뀌었다. 상황이 바뀌면서 여자는 점차 여성이 되고, 남자는 점차 아버지가 되어가는 듯이 보인다.[7] 어머니가 되거나 아버지가 된다는 말은, 우선 과거 남성과 여성 간의 차이가 본성적이라는 데 의문을 제기하고, 자녀의 양육에 대한 남녀의 역할 분담, 즉 '함께하는 동등한 양육'에 대해 생각해

---

7) 한 연예관련 기사의 제목이 눈에 들어온다. "'터프' 여자 스타 vs. '섬세' 남자 스타, '매력지수' 대결"(양지원, ≪마이데일리≫, 2008년 8월 9일자). 이 기사에서는 스포츠에 능한 터프한 여자 스타들과 요리에 능한 섬세한 남자 스타들을 소개했다. 여성들이 전통적인 여성상인 섬세하고 다소곳한 이미지에서 벗어나는 경향, 그리고 남성 역시 전통적인 남성상, 즉 가부장적이고 터프한 남성상에서 벗어나는 경향임을 알 수 있다. 이는 이제 남성스러움과 여성스러움이라는 생각에 변화가 일고 있음을 보여주는데, 이제 전통적으로 남성이 되어갔던 남자들이 아버지로 성장하기도 하면서 남성의 이미지에는 부성 혹은 로맨틱 이미지가 뒤섞이게 되었고, 전통적으로 어머니로 성장한 여자는 현대에 새로운 여성의 이미지와 뒤섞인다.

보도록 한다. 남자들이 남성으로 자라면서 잃어버린 (혹은 잊어버린) 정서는 술을 마실 때보다는 '가정에서 일상적인 단순한 노동'을 하는 것에서 찾을 수 있다. "우리는 강한 철수가 아니라 요리하는 철수를 더 필요로 한다"(가디너, 2004: 341).[8] 남성으로 성장한 남자에게 음식이란 생계와 관련된 것이고 여성이 담당해야 하는 영역이었다면, 아버지로 성장한 남자에게 음식은 커뮤니케이션의 수단이자 부성의 표현수단이 될 수 있다. 요리하기, 공동 양육, 여성적 사고방식 등은 남자가 남성으로 성장하면서 잃어버린 자기 안의 "여성적인 측면", 즉 "감정, 의존하려는 욕구, 수동성·유동성·유희성·감각성·나약성, 그리고 언제나 책임을 져야 하는 것에 대한 저항"(기든스, 1996: 246에서 재인용) 등을 되살려내어 남성이 여성이나 아이들(자식들)과 수평적 관계를 맺어간다는 증거가 될 수 있을 것이다.

그런데 이런 변화 속에서 남자들이 만들어내는 대부분의 요리는 어머니의 손맛에서 나오는 무에서 유를 창조해내는 아우라가 아니라, 새롭고 기발하고 로맨틱한 레시피다. 집에서 주로 먹는 일상적인 음식과 달리, 남자 — 아버지·남편·남자친구, TV 속 훈남[9] 요리사 — 가 '해주는' 음식은 '로맨틱 레시피'로 만든 특식 혹은 이벤트음식이 대부분이다. 앞에서 언급했던 알렉스나 박용일의 인터뷰를 떠올려보면, 남자들의 요리는 어머니의 요리, 여자의 요리와는 거리가 있다는 것을 알 수 있다. 알렉스가 아무리 요리 자격증이 있어도 혼자서는 요리를 안 한다고 했던 말이나, 푸드스타일리스트라는 박용일 역시 보통은 인스턴트식품이나 반조리음식을 사다

8) 원본에는 "우리는 강한 존이 아니라 다림질하는 존을 더 필요로 한다"로 쓰여 있다.
9) 요즘 대중매체를 통해 소개되는 요리의 대가라는 사람들은 남성, 게다가 '훈남'이라는 점은 잠시 언급하고 넘어가도록 하자. 지금 상황을 보면 요리사도 이제는 젊고 잘생겨야 '뜬다'. 여성의 영역이라고 여겨지는 요리와 어울리는 남성은 결국 여성스러움이 느껴지는 남성이어야 자연스러워 보이는 걸까? 문화평론가 김헌식 씨는 "훈남 요리사 붐은 '요리'라는 기호를 통해 세련되고 예쁜 이미지를 즐기는 일종의 판타지문화에 불과하다"라고 비판하기도 했다(김범석, "멋지고 맛난 남자여, 내 마음도 요리해줘요", ≪동아일보≫, 2008년 11월 28일자).

가 약간의 변형을 가해 먹는다는 말은 결국 남자의 요리는 어느 순간 써먹는 '개인기'라는 인상이 강하다.

요리책의 제목에서도 확연한 차이를 알 수 있다. 남자들이 펴낸 요리책에는 『요리도 개인기다』·『쿠킹 콘서트』 등의 제목이 붙어 있다. 여성들의 요리책 제목이 『감동의 도시락』·『요리는 사랑이다』·『우리 아이 튼튼밥상』·『우리 아이 평생밥상』·『며느리에게 주는 요리책』·『한복선의 엄마의 밥상』 등인 것과 비교해보면, 음식을 대하는 남녀의 의식에는 여전히 분명한 차이가 있음을 알 수 있다. 여성은 사랑을 담아 식구들의 건강을 신경 쓰며 평생 요리를 하면서 감동을 주어야 하고 그러기 위해서는 요리비법도 오랜 기간 전수받아야 하는 것인 데 반해, 남성은 요리를 개인기로 가끔 콘서트처럼 잘 활용하면 된다는 생각이 여전히 지배적인 듯하다.

물론 예외인 것처럼 보이는 남성도 있다. '나물이네'시리즈(『2000원으로 밥상 차리기』·『누가 해도 맛있는 나물이네 밥상』)의 작가 김용환은 연기자도 아니고, 그의 요리책은 특식 레시피가 아닌데도 인기를 끌고 있다. 그의 요리책이 특별히 인기가 있는 것은 왜일까? 혹시 '남자도 이렇게 요리를 잘하는데 나라고 못하겠어?'라는 생각을 하는 여자들이 많은 것이 아닐까? 아무래도 음식은 남성보다는 여성이 잘할 것이라는, 그래서 적어도 '나물이'만큼은 할 수 있을 것이라는 생각은 결국 음식은 여성의 영역이라는 전제가 밑받침되어 있는 것은 아닐까?

5. 같이 밥하고, 같이 밥 먹기

가족이란 공동화로를 나누는 사람이라고 설명하는 문화도 있다. 페루 아마존의 사라나후 원주민들에게 음식을 함께 먹는 것은 친족관계를 확인하는 것이라는 뜻을 갖는다. 영은 "양육은 음식을 먹여주는 일이다. ……

이렇게 양육을 음식을 먹여주는 일과 동일하게 여김은 언어에도 묻어나 구(舊)영어에서 '양육(foster)'은 '음식(food)'을 의미한다"라고 했다(코니한, 2005: 48~49에서 재인용). 한국어의 '식구(食口)'라는 말도 '한집에서 함께 살면서 끼니를 같이하는 사람'이라는 것을 뜻한다.

식사를 혼자 하는 사람도 많은데, 사실 그건 살기 위해 습관적으로 혹은 배가 고프니까 본능적으로 영양소를 섭취하는 것, 한마디로 끼니를 때우는 것 이상의 의미는 없는 것처럼 보인다. 자식들이 다 성장해 집을 떠난 후 늙은 어머니가 밥하기를 귀찮아하는 것이나, 학교급식이 보편화되면서 젊은 어머니가 밥할 필요가 없어진 것은 결국 '같이' 밥 먹기가 힘들어진 상황에서 생겨난 현상이다. 혼자서 먹는 밥은 아무래도 좋다. 물론 요즘에는 나홀로 족을 위해 좌석배치에 신경을 쓰는 음식점도 늘어나는 실정이지만, 혼자 느긋이 앉아 음식을 즐기기는 힘든 일이다. 음식을 함께 먹을 때 우리는 단순히 영양소를 섭취하는 것 이외에 서로의 관계를 확인하고 소통을 하게 된다.

음식을 먹는 태도와 습관은 커뮤니티의 개념, 사람과 사람 간의 관계, 인간과 신과의 상호작용, 그리고 살아 있는 자와 죽은 자 간의 의사소통에 아주 중요하다. …… 프로이트에 따르면, "누군가와 먹고 마시는 것은 사회적 공동체의 상징이며 확인이기도 한 동시에 상호 의무 수락의 상징이며 확인이기도 하다". 음식을 서로 나누어 먹는 것은 사회적으로, 물질적으로 단체의 생존을 보장한다. 동료(compagnon)란, 말 그대로 빵을 함께 나누어 먹는 사람이다. 그러므로 음식을 나누어 먹기를 거부하는 것은 적의와 적개심의 표시이다. 예를 들어 브라만 사람들은 '적과 함께' 음식을 먹지 않는다. 음식을 함께 먹는 것은 친척관계, 신의, 우정의 표시이기 때문이다. 그리고 어떤 문화에서는 성적 친밀감의 표시이기도 하다(코니한, 2005: 42에서 재인용).

가족이 모두 함께 모여 집에서 밥을 먹는 기회가 적어졌다고 해도,

우리는 과거와 다른 방식으로 함께 먹고자 한다. 외식을 하든, 배달음식을 먹든, 밖에서 사온 음식을 먹든 함께 먹고 서로 소통하기를 원한다. 가부장적이고 위계적인 사회에서는 아버지와 아들은 음식, 특히나 좋은 부위와 좋은 음식을 제공받았고, 그것이 당연한 것이었다. 하지만 점차 "세계의 여성화"(Maffesoli, 1999) 경향 속에서 여성적인 것, 모성적 사고방식이 확산되면서 남자도 부드러워지고 소통의 중요성에 공감하면서 음식을 만들기도 하고, 단순히 음식을 대접받는 것이 아니라 음식을 대접하는 사람이 되어간다.

마페졸리(1999)는 사회에 널리 확산된 여성성 혹은 남녀양성성(꽃미남 남성, 꽃미남 같은 여성)의 경향은 관능주의·감각주의·젊음주의 등과 합류한다고 이야기했다. 이런 여성화가 나타나는 방식들인 훈남 붐, 로맨틱 가이 붐을, 요리를 통해 예쁜 이미지를 즐기는 판타지문화에 불과하다고 비판하는 사람이 있다 해도, 좋든 싫든 이런 현상은 우리의 일상에 폭넓게 확산되어간다. 물론 판타지문화에 불과한 듯 보이는 측면도 없잖아 있지만, 수직적 위계와 권위의 붕괴, 남녀의 역할 경계의 붕괴 등이 남성도 요리를 할 수 있도록 만드는 것도 사실이다. 기든스(1996)는 남성들에게 남성성 속에 내재된 여성성을 더욱 많이 발휘할 것을 권유하며 그것이 "사적인 영역의 민주주의"를 실현하는 길이라고 보았는데, 음식하기를 포함한 가사일 분담이 바로 여성성을 일상적인 영역 속에서 발휘하는 것이 아닐까? 위계적 사회에서 점차 평등을 지향하는(여기에는 남녀의 문제뿐 아니라, 어른과 아이의 문제도 포함된다) 분위기 속에서 음식을 통해 공동체의 확인이라는 음식 본래의 기능을 다시 한 번 생각해볼 수 있을 것이다.

참고문헌

단행본

기든스, 앤서니(Anthony Giddens). 1996. 『현대사회의 성, 사랑, 에로티시즘』. 배은
경·황정미 옮김. 새물결.

로버, 주디스(Judith Lorber). 2005. 『젠더 불평등』. 최은정·임소희·임혜련·정광숙
옮김. 일신사.

벤야민, 발터(Walter Benjamin). 1983. 『발터 벤야민의 문예이론』. 반성완 편역.
민음사.

사하시 게이조(佐橋慶女). 2007. 『아버지의 부엌』. 엄은옥 옮김. 지향.

코니한, 캐롤(Carole M. Counihan). 2005. 『음식과 몸의 인류학』. 김정희 옮김. 갈무리.

황지우. 1998. 『어느 날 나는 흐린 주점에 앉아 있을 거다』. 문학과 지성사.

Shaevitz, Marjorie Hansen. 1984. *The Superwoman Syndrome*. Warner Books.

논문

가디너, 주디스 케건(Judith Kegan Gardiner). 2004. 「여성주의와 아버지상의 미래」.
톰 디그비 엮음. 『남성페미니스트』. 김고연주·이장원 옮김. 또 하나의 문화.

박애선. 1992. 「슈퍼우먼 콤플렉스」. 여성을 위한 모임 편. 『일곱 가지 여성 콤플렉스』.
현암사.

송병선. 2000. 「젠더, 가사, 부엌, 그리고 요리」. 이화여자대학교 기호학연구소.
『성과 젠더 그리고 문화』. 호영.

유희정. 1993. 「가사노동」. 여성한국사회연구회 편. 『여성과 한국사회』. 사회문화연
구소.

최래옥. 1999. 「飮食 習俗과 食事禮節에 관한 民間俗信語 硏究」. ≪비교민속학≫ 제16집.

Maffesoli, Michel. "La féminisation du monde". *Cultures en mouvements* n°14(Février 1999).

신문·잡지·방송·인터넷 및 기타 자료

김범석. 2008.11.28. "멋지고 맛난 남자여, 내 마음도 요리해줘요". ≪동아일보≫.

양지원. 2008.8.9. "'터프' 여자 스타 VS '섬세' 남자 스타, '매력지수' 대결". ≪마이

데일리≫.

임우선. 2008.11.28. "로맨틱 가이 가수 알렉스". ≪동아일보≫.

정유경. 2007.11.29. "김주하. 알파걸·슈퍼우먼이란 말 싫어해요". ≪한겨레신문≫.

최현미. 2009.2.4. "시간 없고 솜씨 달리는 싱글들을 위해 …… 5분 OK 초간편 아침메뉴". ≪문화일보≫.

황보현. 2008.9.30. "'로맨틱 가이' 알렉스, 주부 100명과 로맨틱 디너". ≪아시아투 데이≫.

제11장

한국에서 퓨전푸드와
에스닉푸드의 의미

김수진(부산대학교 박사과정 수료)

1. 머리말

  사람들은 매일 음식을 먹는다. 음식섭취는 생존을 위한 필수적이고 중요한 행위로 일상에서 큰 부분을 차지한다. 일상에서 음식은 어떠한 의미를 갖는 것일까? 음식을 먹는다는 것은 매우 중요한 문화적 행위이자 소비행위다. 음식먹기는 매일 반복해서 일어나기 때문에 사람들은 늘 먹던 것을 먹고자 하기도 하지만, 그와 반대로 새로운 것을 추구하기도 한다. 따라서 음식을 먹는 행위에는 일상성과 특수성이 모두 존재한다. 사람들은 음식을 통해 일상 속에서 특수한 경험을 하기도 하고, 지나간 시간들을 반추해보기도 한다. 새로운 음식을 접해보려는 시도는 개인적인 차원을 넘어서 사회적으로 새로운 음식과 식문화를 만들어내기도 한다.

  그렇다면 현재 한국사회에는 어떠한 음식·식문화가 새롭게 자리를 얻고 있을까? 많은 음식들이 넘쳐나지만 예전에 비해 다양한 국적의 양념이나 음식들, 혹은 국적을 가늠하기 어려운 음식들이 눈에 띤다. 교통 및 통신의 발달로 다양한 국적의 음식과 여러 민족의 음식이 융합된 형태의 음식을 자주 접할 기회가 늘어났다. 언제부터인가 우리 사회에서 이탈리아풍 스파게티소스, 태국의 오징어소스, 베트남쌀국수·인도커피·하와이안케밥 등의 음식이나 양념이 아주 자연스럽게 받아들여지기 시작했다. 이러한 다양한 국적 혹은 무국적의 음식을 파는 공간 — 음식점이나 시장·대형할인매장, 인터넷 쇼핑몰 — 등도 많이 생겨났다. 그리고 가정에서도 시판되는 쌀국수나 다양한 종류의 양념 — 칠리소스·피쉬소스·카레소스 — 등을 이용해 새로운 요리를 만들어 먹기도 한다. 이 다양한 국적의 음식은 에스닉푸드로, 국적을 가늠하기 어려운 음식들은 퓨전이라는 이름으로 소비되기 시작했다.

이 글에서는 현대 한국사회의 새로운 음식문화라고 이야기할 수 있는 에스닉푸드와 퓨전푸드의 유행에 관해, 이를 소개하는 신문기사 등을 통해 간략하게 살펴보고 세계화된 음식들이나 음식문화가 일상과 어떤 관계가 있는지, 단순한 음식 유행의 이면에는 어떤 의미들이 담겨 있는지 알아보고자 한다.

2. 퓨전푸드·에스닉푸드의 출현

외국 전통음식의 발견—에스닉푸드

교통·통신의 발달로 한국의 음식이 전 세계에 소개되어 유행하기도 하고, 세계 여러 나라의 음식을 현재 한국사회에서 발견하는 일도 그리 어렵지 않은 일이 되었다. 이러한 상황에서 각 나라 혹은 민족 고유의 전통음식 — 태국음식·베트남음식·인도음식·터키음식 — 등에 관한 관심도 높아졌다. 서울을 중심으로 세계 각국의 음식을 판매하는 음식점이 점차 증가하고, 지방도 점차 영향을 받는다. 첨단 소비의 중심이라는 서울 청담동이나 압구정동에는 미국식과 이탈리아식 레스토랑의 틈새를 비집고 '소수파'로 치부되던 이른바 에스닉푸드 전문점이 잇따라 개업하거나 성행 중이며, 서울 시내 곳곳에는 이전에는 맛볼 수 없던 새로운 입맛의 음식점들이 속속 간판을 내걸었다. 지방 역시 이러한 유행과 무관하지 않다. 특히 외국인 노동자들이 많이 거주하거나, 외국인 관광객들이 많은 지역 ― 안산·부산 ― 등에는 이들을 겨냥한 레스토랑이나 식료품 가게들이 많이 생겨났다.[1]

　에스닉푸드(ethnic food)란 본래 각 나라의 고유한 민족음식을 뜻하는 것이다.[2] 그 중에서도 프랑스·중국·이탈리아 요리처럼 하나의 독립적인 요리영역을 가진 음식을 제외한, 주로 동남아시아·중동·아프리카·중남미·서아시아지역 같은 이른바 제3세계 음식을 지칭하는 말로 사용하기도 한다. 과거 유럽사회에 식민지에서 이주한 이주민들이 집단으로 거주하면서 자신들 고유의 문화와 음식을 향유한 데서 에스닉푸드는 출발하지만, 이것이 본격적으로 나타난 것은 미국이라는 다민족 국가에서였다. 다양한 민족의 이민으로 만들어진 미국사회가 다문화 양상을 띠면서, 새로운 음식에 대한 소비자와 식품업계의 요구가 미국적 다민족음식을 상품화했다. 그래서 민족음식은 철저하게 다민족 혹은 다국적 기업의 마케팅 전략을 통해서 상품화되어 세계 각국에서 소비되었다(주영하, 2006: 39). 이러한 에스닉푸드에 대한 관심은 서구 지향적이던 한국인의 외국음식 선호도가

---

1) 이 글에서 다루는 에스닉푸드는 외국인들의 필요에 의해 생겨난 것보다는 한국인들 사이에서 유행하는 외국음식에 관한 것으로 범위를 좁혀 살펴보고자 한다. 외국인들이 즐겨 찾는 에스닉푸드 레스토랑과 한국인들이 선호하는 외국음식점은 음식의 맛이나 인테리어 등에서 차이를 보인다. 따라서 한국인들에게 쉽게 수용되어 유행하는 '외국'음식에 대한 논의와 분석이 우선되어야 하고, 이후 실제 외국인들이 선호하는 음식과의 차이 등에 대한 분석이 이어져야 할 것으로 보인다.

2) 주영하(2006: 38)는 "민족음식은 다른 민족에 의해서 특정 민족을 상징한다고 표상화된 음식"이라고 말하면서, 민족음식은 민족적 정체성을 담는 것으로 인식된다고 한다.

국제화에 발맞추어 다양성을 보이기 시작한 것으로 해석된다.

사실 에스닉푸드가 한국에 선보인 것은 오래전이다. 그러나 당시는 호텔의 레스토랑 등을 통한 소개로, 극히 제한적인 통로여서 현재와 같은 확산과는 달랐다. 1980년대 중반 이후 88올림픽을 치르고 세계화 바람이 불면서 인도·멕시코·베트남·태국의 전문 레스토랑이 속속 생겨나기 시작했고, 본격적으로 에스닉푸드가 우리 사회에 선보이기 시작한 것은 1990년대 후반이라고 할 수 있다. 특히 베트남·태국음식전문점이 잇따라 생겨나면서 호기심 강한 신세대들의 입맛을 공략하기 시작했다. 매콤새콤한 태국음식과 담백한 베트남음식은 신세대들의 입맛에 특별한 거부감을 일으키지 않으면서 금세 인기를 얻기 시작했다. 태국·베트남음식에서 시작된 에스닉푸드 열풍이 요즘은 인도·중동음식으로 옮겨가고 있다. 불과 몇 년 전만 해도 인도식당은 한국에 근무하는 무슬림들을 주 고객으로 한 이태원의 이슬람식 레스토랑이 고작이었지만, 최근에는 일반인 특히 젊은이들을 겨냥한, 젊고 세련된 실내장식과 분위기를 갖춘 식당들이 급증하고 있다.

그리고 월드컵 등의 각종 국제 행사유치로 세계 각국의 음식이 언론에 잇따라 소개되면서 이러한 에스닉푸드 열풍은 더욱 거세졌다.

한식 또는 양식·중식·일식 위주의 외식문화에 새로운 바람이 불고 있다. 바로 '에스닉(토속적·민속적)음식 트렌드'다. 베트남쌀국수나 인도커리 등을 찾는 미식가들이 부쩍 늘고 있는 게 대표적인 예. 해외여행과 유학, TV 글로벌푸드 쇼나 드라마·인터넷 등을 통해 이국적인 음식의 독특한 맛을 선호하는 이들이 많아진 것이다. 토속 허브와 맵고 신 향신료가 특징인 태국음식은 메뉴 하나에도 건강을 따지는 웰빙 바람을 타고 최근 한국에서 인기몰이를 하는 대표적 에스닉음식 중 하나다. 쌀 위주의 식재료와 특유의 매운맛이 우리 입맛에 익숙하기 때문이다. 태국 전통음식점은 세계 각지에

1만 3000여 곳이 진출해 있고 한국에도 45곳이 영업 중이다. 때마침 주한 태국 대사관 상무관은 음식맛과 서비스에서 태국 정부의 승인을 받은 서울과 경기 7곳의 레스토랑을 중심으로 각종 이벤트와 할인, 경품 행사를 벌이는 '타이 셀렉트 레스토랑 페스티벌'을 7월 한 달간 진행하고 있다(송민섭, "새콤·매콤·달콤·짭짤한 웰빙식, 태국음식의 유혹", ≪세계일보≫, 2008년 7월 4일자, 32면).

이러한 에스닉푸드 열풍의 원인으로는 여러 가지가 거론되지만 그 중 가장 설득력 있는 것은, 에스닉푸드가 소비의 중심세력으로 떠오른 신세대의 왕성한 호기심 — 이전에는 접해보지 못했던 새로운 음식에 대한 욕구 — 과 입맛에 부합했다는 점이다.[3] 그리고 해외여행·해외연수 등이 늘면서 많은 사람들이 외국에 나가 다양한 요리를 맛본 풍부한 경험이 색다른 맛을 부담 없이 받아들이게 한다는 점이 또 다른 주요 원인이라고 할 수 있다.[4]

에스닉푸드에 대한 관심과 인기는 퓨전과는 또 다른 의미에서의 이국적인 정통요리에 대한 관심이라고 할 수 있다. 이것저것 섞는 퓨전과 달리

---

[3] 에스닉푸드 유행의 원인으로 1990년대 후반 동남아 및 남아시아에서 이주한 노동자의 증가가 이야기되기도 한다. 실제로 외국인 노동자들이 많이 사는 경기도 안산이나 부산의 사상지역에는 많은 에스닉푸드 레스토랑이 존재한다.

[4] "에스닉푸드와 전통음식=에스닉푸드는 국내에 소개된 지 20년이 넘었지만 보수성향이 강한 한국의 식문화 속에서 쉽게 친숙해지지 못해 뿌리를 내리지 못했다. 그러나 세계 각국의 문화를 접한 소비자들의 증가로 에스닉푸드가 외식업의 키워드로 떠오르고 있다. 해외여행이 보편화되고 신세대들의 관심이 커지면서 폭넓은 수요층을 확보하며 성장가도를 달리고 있다. 이러한 추세는 당분간 지속될 것으로 예상된다. 특히 에스닉푸드 레스토랑은 음식에 대한 신비감을 살려 인테리어를 고급화하고 한국인의 입맛에 맞게 진화시키는가 하면, 점포를 고급화·대형화하면서 에스닉푸드의 이미지를 한 단계 끌어올리며 외식업의 새로운 분야로 영역을 확대하고 있다. 에스닉푸드의 성공은 메뉴 자체의 경쟁력이 필요하므로 현지의 맛을 어떻게 재현하고 고객의 욕구에 부응할 것인가가 관건이다. 이와 함께 전통요리를 현대화하고 한국적인 분위기를 이끌어내는 외식업소들도 꾸준히 인기를 누릴 것으로 보인다"(방승배, "내년 아이템 트렌드는…… 성공 창업 '실속·웰빙' 바람 계속된다", ≪문화일보≫, 2007년 12월 26일자, 22면).

에스닉푸드에서 찾는 해당 국가의 '정통' 내지는 '전통'음식이 갖는 이국성은 '본토'·'원조'를 찾는 성향과 유사하다고 할 수 있다.

퓨전푸드의 유행

퓨전(Fusion)은 '용해'·'융합'을 의미하는 영어단어로, 음악이나 패션 등에서는 이질적인 장르나 문화적 요소를 결합해 새로운 분위기를 만들어 내는 현상을 지칭하는 말이다. 주로 문화·예술분야에서 사용되는데, 요리에서는 동서양의 음식재료가 서로 섞인 다국적 또는 무국적요리를 의미한다. 박상미(2003)에 의하면 퓨전푸드란 "시간적 혹은 공간적인 배경이 다른 둘 또는 그 이상의 요리 요소의 의도적 합침"을 말한다.

퓨전푸드는 언제 시작되어 어떻게 전파되었을까? 퓨전푸드는 미국에서 시작되었다고 한다. 미국은 수많은 이민자들과 다양한 민족으로 구성되어 유럽·아시아·아프리카·남미 등 세계 각국의 음식과 쉽게 접할 수 있었다. 그 사회적 특성 때문에 문화적으로는 음식을 통한 서로의 교류를 위한 방편으로, 상업적으로는 고객에게 다양한 만족을 줌과 동시에 사업 전개를 위한 방편으로, 퓨전푸드가 형성되어갔다. 또한 서양인들의 동양음식에 대한 관심이 증가하면서 서양음식과 다른 지역의 음식이 결합되는 퓨전푸드가 더욱 발전할 수 있었다. 그래서 이민자들이 많이 사는 미국이나 호주에서 퓨전푸드는 활발히 만들어지고 소비되는데, 실제로 이 두 지역의 토착음식이 그 요소가 되는 경우는 드물다고 할 수 있다.

한국의 퓨전푸드는 주로 해외여행이나 연수 등으로 외국체류 경험이 풍부한 젊은이들에게 큰 인기를 모으기 시작하면서 본격적으로 알려지기 시작했다. 이후 서울 청담동과 신촌 등지에 퓨전푸드음식점들이 많이 생겼으며, 이는 외식업계의 주요한 트렌드로 이어졌다. 최근에는 한 음식점 안에 중국음식과 이탈리아음식을 비롯한 여러 국적의 다양한 음식을 파는 퓨전 레스토랑도 성업 중이다. 이들 퓨전 레스토랑에서는 된장 소스

를 사용한 오징어볶음, 무화과소스를 뿌린 돼지고기 만두 등 다양한 퓨전·
탈국적음식이 인기를 얻고 있다. 주로 서울의 강남 일대에 자리한 이들
업소는 색다름과 개성을 중시하는 젊은이들에게 인기를 얻으면서 또 하나
의 새로운 음식문화를 만들어가고 있다. 특히 몇 년 전부터 강남의 청담동
일대를 중심으로 퓨전 레스토랑들이 생겨나면서 이 일대는 청담동 퓨전
벨트로 불리며 인기를 얻고 있다. 청담동 퓨전 레스토랑은 미국 뉴욕이나
캘리포니아·하와이 등지에서 건너온 것으로, 신세대들이 좋아하는 패스트
푸드 레스토랑의 일품 위주의 메뉴에 고급 레스토랑의 분위기와 서비스를
살린 퓨전식이며, 음식뿐만 아니라 건물의 외관이나 실내장식도 중국집이
나 일식집·한식집 등과는 전혀 다른 독특한 분위기를 내세운다.

그리고 퓨전푸드가 갖는 고급스러운 이미지 외에도 좀 더 저렴하고
대중적인 퓨전푸드도 인기를 얻고 있다. 청담동 외에 홍대와 몇몇 대학가
에도 저렴하고 대중적인 분위기의 퓨전 레스토랑들이 자리를 잡았고,
길거리음식(김남석, "퓨전메뉴 …… 고급화 …… 분식 전문점 '맛있는 진화'",
≪문화일보≫, 2008년11월 5일자, 20면)도 여러 가지가 섞인 퓨전식이 인기일
만큼 퓨전푸드는 요즘 젊은이들의 입맛을 사로잡고 있다. 따라서 기존의
전통적인 한식집들도 이러한 추세에 호응하여, 한국음식에 서양 양념장
등을 가미한 퓨전푸드를 만들기도 한다.[5] 이러한 퓨전푸드는 비단 주식에

---

5) "우리에게 한식은 어떤 의미일까? 하루 한 번은 습관처럼 먹는 주식에 불과할 수도
   있고, 젊은이들의 분위기 있는 모임에서는 반드시 피해야 할 고리타분한 요리일 수도
   있다. 나이 지긋한 중장년층은 상다리 휘어지는 한정식만을 최고의 한식으로 여길지도
   모르겠다. 그러나 한식은 최근 미국에서부터 서서히 재평가받기 시작했다. 미국 뉴욕
   맨해튼 36번가에는 한국음식점 '36 Bar and Barbecue'가 최고의 바비큐 레스토랑 중
   하나라는 명성을 얻었으며, 로스앤젤레스 코리아타운의 몇몇 한식 레스토랑도 할리우드
   스타들이 들락거릴 정도로 미국 상류층에게 인정을 받고 있다. 요즘 국내 한식 레스토랑
   들도 한식을 현대적으로 해석해 고급요리로 변신시키려는 노력을 기울이고 있다. 또
   건강하게 생산된 재료를 사용하고 현대식 메뉴를 다양하게 개발 중이다. 한식을 고급화한
   음식점 두 곳과 좀 더 다양한 연령층이 접할 수 있도록 한식을 대중화한 프랜차이즈
   레스토랑 두 곳을 소개한다……"(정성훈, "전통의 맛 현대의 멋 …… 퓨전 한식레스토랑
   4곳", ≪동아일보≫, 2004년 9월 3일자, 59면)

만 국한되는 현상이 아니며, 주류와 관련된 음식까지도 퓨전푸드에 대한 선호가 크다고 할 수 있다. 아래 기사에는 퓨전안주에 대한 인기 등이 잘 드러나 있다.[6]

> 다양한 요리와 저렴한 가격의 퓨전음식점＝전통음식점을 제외한 중국집·한정식집·요리주점 등은 대부분 퓨전을 내세운다. 퓨전음식점들은 다양한 요리와 저렴한 가격을 장점으로 하고 있다. 중국음식점에서 돌솥치즈볶음밥이나 피자치즈밥 등을 선보이거나, 요리주점에서 세계요리를 선보이는 격이다. 퓨전해물포차 '조치조치'는 한국·중국·일본의 해물요리와 독특한 인테리어로 인기를 얻고 있는 퓨전주점이다. 저칼로리와 건강을 생각한 여성 고객의 기호에 맞춘 아이템이다. 매장 인테리어를 한국의 주막, 중국의 객잔, 일본의 선술집 형태로 꾸몄다. 좌석 배치에 따라 느낌도 다르다. 조치조치는 이 같은 콘셉트로 브랜드를 론칭한 지 1년도 되지 않아 가맹점이 급속히 늘고 있다. '코만도'는 닭과 돼지뿐만 아니라 양고기·오리·장어·소시지 등 육류와 해물을 아우르는 퓨전 토털 바비큐전문점이다. …… 치킨전문점에도 변화의 바람이 거세다. 퓨전패밀리레스토랑을 표방하고 있는 '치킨매니아'는 기존 후라이드 위주의 메뉴에서 탈피했다. 일반 치킨전문점에서 맛볼 수 없는 새우치킨·치즈새우바비큐·오렌지호두치킨 등 20여 개의 다양한 퓨전치킨을 선보이고 있다(방승배, "외식업 성공코드 '저가·웰빙·퓨전'", ≪문화일보≫, 2007년 5월 23일자, 19면).

그런데 일단 음식이 정통적인 요리법에서 벗어나면 '퓨전'이라는 용어를 차용해서 쓰는 경우가 많아졌다. 즉, 조금만 일반적인 요리법이나 재료

---

6) 젊은이들이 많이 모이는 대학가 주변에는 국적 불명의 안주요리를 만들어 파는 술집들이 속속 생겨났다. 부산대학교 인근만 하더라도 퓨전안주와 술을 메뉴로 내세우는 음식점들이 서너 군데 이상이며, 퓨전주점들은 계속 생겨난다.

에서 벗어나면 퓨전을 강조하는데, 이것은 '퓨전'이라는 단어에서 풍기는 이국적인 이미지, 색다름의 이미지를 차용하려는 것이다.

한편, 퓨전 레스토랑이 각별하게 신경 쓰는 것 중의 하나가 음식의 맛뿐만 아니라 퓨전풍으로 디자인한 레스토랑의 실내 분위기와 음식의 장식방법이 다. 남다르게 튀거나 화려하고 독특한 이미지의 실내 분위기나 음식의 데코레이션은 특별한 곳에서 특별한 음식을 먹는다는 느낌을 갖게 한다.

우후죽순처럼 생겨나는 음식점 때문에 우리는 매일 행복한 선택의 기로에 서게 된다. …… 서울 강남구 도곡동 놀부타운에 위치한 차이니즈 비스트로 '차룽'은 그런 점에서 매우 만족스러운 음식점이랄 만하다. '차룽'은 중국을 뜻하는 영어 'Chinese'와 음식을 뜻하는 독일어 'Nahrung'의 합성어로, 중식 요리에 서양식 맛과 조리기법을 혼합한 퓨전 패밀리레스토랑이란 뜻.

이 때문에 정통 중식요리를 기본으로 멕시코·한국·일본·프랑스 등 전 세계 10여 나라의 식자재와 레시피를 응용해 한국인의 입맛에 맞게 개발한 다양한 메뉴를 즐길 수 있다. 매콤한 멕시칸 스타일의 피자또띠야 위에 고추잡채를 얹은 '또띠야와 고추잡채', 바삭한 새우튀김과 신선한 과일에 새콤달콤한 크림소스를 곁들인 '크림새우', 프랑스식 달팽이요리를 브라운 소스로 재탄생시킨 '달팽이 가지 볶음' 등은 차룽에서만 맛볼 수 있는 퓨전요 리인 셈. 한층 고급스럽고 이국적인 분위기의 매장도 음식 못지않게 눈길을 끈다. 특히 중국 현지에서 공수해왔다는 소품과 그림·의자는 차룽만의 색깔 을 나타내기에 부족함이 없다. 이곳의 대표적인 음식 중 하나인 뉴욕 차이나 스타일의 '치킨 양상추쌈'은 중국의 전통 '새해음식'을 변형시킨 것으로, 잘게 다진 닭가슴살과 야채를 특제소스와 함께 양상추에 싸서 먹는 것. 새콤 달콤한 감칠맛과 함께 기름기가 적어 부담스럽지 않다. …… 정통 퓨전 요리의 진수를 보여주는 차룽은 이렇듯 다소 느끼했던 중국음식의 단점을 보완하는 한편 손쉽게 접해보지 못했던 다양한 이색요리를 맛볼 수 있다는 점이 강점이다(윤대헌, "중국 퓨전레스토랑 차롱 — 기름기는 빼고 감칠맛은 올리고 오감만족 산해진미", ≪경향신문≫, 2008년 7월 14일자, 45면).

사람들은 천편일률적이고 정통과 전통을 고수하는 요리법에서 벗어나 자신의 입맛에 맞게 이것저것 섞어, 새로운 조리법을 개발해내는 것을 통해 자신만의 개성, 남과의 차이점을 찾으려 한다. 퓨전푸드를 먹음으로써 남들이 전에는 먹어보지 않았던 것, 뭔가 새로운 음식 등을 찾는 것이다. 남들과는 다른 음식을 먹는다는 것은 '남과는 다르다'·'나는 좀 더 특별하다'·'새롭고 재미있다'는 것으로 연결되어, 스스로의 자아와 개성을 확인하고, 지루함을 벗어나는 계기가 되는 것 같다.[7] 그러나 이러한 음식소비를 통해 발견하는 자아와 개성이 과연 진정한 자아 찾기나 정체성의 확인, 나아가 일상의 변화로 연결될 수 있는지에 대해서는 좀 더 숙고해봐야 할 문제다.

3. 일상에서 맛보는 새로움과 그 의미

일상과 새로운 맛

일상을 살아가면서 사람들은 일탈이나 새로운 변화를 갈망하는 경우가

---

7) "그러한 까닭에 영양섭취와 미각은 엄청난 정서적인 무게를 가지고 있다. 우리가 좋아하는 것, 우리가 먹는 것, 우리가 먹는 방식, 그리고 우리가 먹는 것에 대해서 느끼는 감정은 현상학적인 상호 연관성을 지니고 있다. 또한 그런 사항들은 우리가 다른 사람들과의 관계 속에서 우리 자신들을 어떻게 인식하고 있느냐 하는 문제, 즉 상대적 자기 인식을 웅변적으로 말해주는 것이다"(민츠, 1985: 42). 음식의 소비와 음식의 선택은 상대적 자기 인식을 말해주는 것이라는 민츠의 이러한 지적은 모든 사람들에게 적용해볼 수 있다. 결국 사람들에게 '퓨전푸드'는 새로운 것, 색다른 것, 남들이 해보지 않은 것을 통해 자신을 확인하려는 것이라고 할 수 있다. 그러므로 사람들은 그들의 사회와 문화의 규칙 안에서 음식을 선택·소비하며, 이를 통해 상대적 자기 인식이 일어난다고 할 수 있다.

많다. 그러나 일탈이나 변화는 비교적 안정적이고 적응하기 쉬운 일상에 부정적 영향을 크게 미칠 수도 있으며, 일탈이나 변화가 가져올 결과나 파장을 감내하기에는 여의치 않은 경우가 많기에 많은 사람들이 내심 이를 꿈꾸면서도 선뜻 행하려 하지 않는다. 음식을 먹는다는 것도 마찬가지일 것이다. 사람들은 매일 반복되는 일상에서 늘 음식을 먹으며 살아가므로 매일 먹는 음식에 때로는 싫증이 나기도 하고 지겹게 느끼기도 한다. 이런 상황에서 새로운 음식, 낯선 음식을 통해 새로운 것을 시도하려는 것은 비교적 일상의 표면에 큰 파장을 내지 않으면서도 변화를 시도하는 행위라 할 수 있다. 한 끼 식사를 새로운 것으로 시도했다고 해서 삶에 큰 변화가 나타나는 것은 매우 드문 일이다. 새로운 음식을 접한다고 해서 짧지만 탈일상화했다고 단정 지어 이야기할 수도 없을 것이다. 새롭지만 '음식을 먹는다는 것'에서는 결국 일상의 반복적인 행위가 드러나기 마련이다. 그러나 강조점을 '먹는 행위'보다는 먹히는 '대상'에 두고 보자. '새로운 대상'을 먹는다는 점에서 매일 반복되는 행위의 지루함은 벗어날 수 있다. 기존에 먹던 대상과는 다른 재료를 맛보는 미각적 경험은 비교적 위험부담이 작은 시도이면서도 심리적인 효과를 얻을 수 있다는 측면에서 매우 매력적인 일이 될 수 있다. 이러한 음식문화의 속성을 파고든 것이 에스닉푸드와 퓨전푸드다.

에스닉푸드와 퓨전푸드 모두 한국인의 일상에서 새로운 음식으로 받아들여진다. 에스닉푸드와 퓨전푸드는 매일 먹는 밥과 국·반찬이 아닌 것으로 자리를 잡았다. 과거에는 쉽게 접하지 못했던 외국의 낯선 음식 혹은 이것저것 섞어 만든 국적불명의 음식들이 세계화의 영향으로 자주 소개되고, 해외여행이 증가하면서 많은 사람들이 이를 맛볼 기회가 늘어났다. 그리고 대중매체를 통해 굳이 해외에 나가지 않더라도 새로운 지역과 음식을 소개하는 프로그램들을 접한 많은 사람들이 새로운 음식에 관한 호기심과 관심을 갖게 되었다. 이 음식들은 늘 먹던 밥과 반찬과 달리

'낯설'고 '새로우며' '이국적인' 것이다. 음식을 통해 이전에 경험했던 여행 혹은 해외 체류의 기억을 반추함으로써, 가보고 싶은 곳에 대한 호기심을 부분적으로나마 충족시킴으로써, 사람들은 평범한 일상에 작은 변화를 꾀한다고 할 수 있다. 그리고 에스닉푸드·퓨전푸드를 접하는 공간 또한 독특한 인테리어 등으로 사람들에게 새롭고 이국적인 이미지들을 가져다 준다. 그래서 새로움을 강조하기 위해서 에스닉푸드나 퓨전푸드를 소비하는 공간은 주로 이국적이거나 특이한 장식을 한 곳이 많다. 에스닉푸드와 퓨전푸드가 유행한다는 것은 잠시나마 새로운 음식을 이국적인 공간에서 맛본다는 점에서 탈일상의 작은 표현으로도 이해할 수 있을 것이다.[8]

에스닉푸드의 기준

한국에서 에스닉푸드의 유행 역시 퓨전푸드가 갖는 서구적 기준에 의한 것이라는 혐의에서 자유로울 수 없다. 사람들이 새롭고 이국적인 음식에 흥미를 느낀다면, 그러한 이국성의 기준은 무엇인지를 한 번 살펴볼 필요가 있다. 에스닉푸드라고 명명되는 일련의 음식들을 통해서도 서구적 기준의 수용을 찾아낼 수 있다. 에스닉푸드의 본래 의미는 각 나라의 고유한 (민족적인) 음식을 뜻하는 것이다. 특히 그중에서도 주로 동남아시아·중동·아프리카·중남미·서아시아음식 등과 같이, 프랑스·중국·이탈리아음식처럼 독립적인 요리영역을 가진 음식을 제외한, 제3세계음식을 가리키는 용어로 주로 사용된다.

에스닉푸드에 대한 관심은 서구 지향적이던 한국인의 외국음식 선호도가 세계화에 발맞추어 다양성을 보이기 시작한 것으로 해석할 수도 있으며,

---

8) 그런데 이러한 에스닉푸드와 퓨전푸드를 통한 탈일상화는 이국성·새로움을 소비로 확인한다는 점에서 상업화되어 있다고 할 수 있다. 잠깐이나마 일상에서 벗어나고자 하는 계기를 제공하는 음식 역시 상업화의 전략에서 벗어날 수 없다는 점은 역설적이게도 일상 자체가 자본주의적 자장에 갇혀 있다는 것을 일깨우기도 한다.

최근 세계화가 급속히 진행되는 과정에서 발생한 아주 자연스러운 현상처럼 보인다. 그러나 에스닉푸드에 대한 관심이나 유행은 보다 본격적으로 서구식 (음식) 기준을 받아들여 이국성을 판별하는 것으로도 볼 수 있을 것이다. 에스닉푸드의 범위에 들어가거나 들어가지 않는 국적의 음식을 살펴보자. 아래의 기사를 봐도 에스닉푸드의 범위는 대충 짐작할 수 있다.

외식 트렌드를 가늠하는 바로미터인 서울 강남 일대. 요즘 이 지역에 새로 문을 여는 레스토랑 두 곳 중 한 곳은 에스닉푸드(Ethnic Food) 전문점이라 해도 과언이 아니다. 에스닉푸드는 베트남쌀국수, 태국의 톰양쿵, 인도의 커리 등 제3세계의 문화적 특징이 반영된 음식을 말한다. 음식점 정보제공업체 메뉴판닷컴의 한 관계자는 "최근 해외 여행객과 유학생이 늘면서 퓨전음식보다 현지 고유의 맛을 그대로 느낄 수 있는 전문음식점이 트렌드가 됐다"면서 "따라서 서울 강남권을 중심으로 태국·말레이시아·인도 등 동남아음식점이 성업 중"이라고 외식업계의 새 강자 에스닉푸드의 뜨거운 열기를 전했다. …… 인도네시아·인도·태국·베트남·파키스탄 등의 다국적 요리, 즉 에스닉푸드 (Ethnic food)로 불리는 제3세계 요리가 각광 받고 있다.

이는 해외여행이 늘고 각 지역문화에 대한 이해도가 높아진 덕분으로, 최근엔 서울의 특급호텔에서도 동남아 프로모션에 힘을 싣는 분위기다(김소연, "오늘 점심은 태국 쌀국수 어때 …… 에스닉푸드 열풍", ≪한국일보≫, 2007년 8월 31일자, 10면, 고딕은 필자 강조).

이처럼 한국에서 에스닉푸드라고 불리는 음식들은 일단 서구음식이 아니다. 특히 중부유럽과 미국의 음식은 에스닉푸드에서 제외된다. 이렇게 제외된 서양음식들에 대해서 한국인들은 전혀 이상함을 느끼지 못한다. 그만큼 서양음식은 더 이상 이국적인 것이 아니라 한국인의 식생활에 깊이 자리 잡았다. 마치 전통 한식과 같이 너무나 자연스럽게 일상에 포함되어 있으므로 이국적인 타민족의 음식이라고 생각할 수 없는 것이다. 그리고 인접한 국가인 일본과 중국의 음식도 에스닉푸드에서 제외된다. 이렇게 되면 에스닉푸드로 인식하는 음식은 주로 동남아시아음식과 아프리카·남미·중동지역의 그것이 된다. 결국 에스닉하다고 사람들이 판단하는 기준은 서구의 시선에 의존한 것이라고 할 수 있다. 즉, 서양인들에게 에스닉푸드는 늘 접하는 서구음식, 잘 알려진 아시아지역의 중국과 일본음식을 제외한 나머지 국가나 민족의 음식들을 의미하며, 이 음식들은 모조리 '신비롭고 이국적'인 것으로 호기심의 대상이 된다. 이 경우 각 민족 고유의 요리가 갖는 맛보다는, 잘 접하지 못한다는 낯섬과 이국성이 요리 자체에 대한 평가보다는 더 크게 작용한다. 한국인은 서구인의 이러한 식문화 인식지형을 그대로 수용한 듯하다. 그러므로 한국인들은 서구인이 바라볼 때 제3세계에 해당하는 지역 — 사실 한국도 엄밀하게 보면 제3세계라 할 수 있다 — 의 음식을 에스닉푸드라는 이름으로 거리낌 없이 받아들이고 지대한 관심을 보이는 것이다.9)

또한 에스닉푸드는 하나의 마케팅 전략으로도 이용된다. 외국여행을 통해서 다른 민족의 음식을 알게 된 사람들은 자기 나라에서도 외국 또는 다른 민족문화를 경험하기 위해 에스닉푸드를 먹거나 찾는다. 그리고

---

9) 그렇다고 해서 한국적 의미의 에스닉푸드가 존재하지 않는다는 것은 아니다. 한국적 의미의 에스닉푸드는 서구적 관점에서 본다면 더욱더 '에스닉'하다고 할 수 있다. 즉, 정말로 잘 알려지지 않은 동아시아·남아시아·아프리카·남아메리카지역들의 음식이 한국에서는 에스닉푸드가 되는 것이다. 다만 이 글에서는 통상적으로 통용되는 에스닉푸드의 기준이 서구적 관점에 의존하는 것을 이야기하고자 한다. 그리고 한국요리 역시 세계적 수준에서 보면 에스닉푸드로 인식된다. 같은 아시아권의 음식이라도 서양인들에게 비교적 빨리 알려지고, 많이 알려진 중국음식이나 일본음식은 좀 더 독특한 존재감을 가진 것으로 평가받는다. 중국요리는 신비롭고 이국적인 음식의 이미지를 탈피해 세계 3대 요리로 인정받았고, 일본요리 역시 건강식이라는 이미지를 갖고 깔끔하고 시각적인 아름다움을 지닌 동양 대표요리로 인정받는다. 이에 비해 한국음식은 아직 서구에 덜 알려진 편이다. 이에 정부에서는 최근 한국음식의 세계화를 중점적으로 추진하면서 김치나 떡볶이 등의 음식을 세계화하기 위해 정책적으로 지원하기로 결정했다고 한다.

매체에서 해외 탐방이나 여행을 하는 프로그램, 외국을 소개하는 프로그램이 증가하면서, 이를 보고 에스닉푸드에 대한 호기심과 관심을 갖게 되어 에스닉푸드를 먹고자 하는 사람들이 늘고 있다. 이는 에스닉푸드를 소비함에 있어 신기함과 익숙함이라는 하나의 큰 영역에서 계층별·연령별, 경험의 정도에 따라 다양한 스펙트럼이 펼쳐질 가능성을 의미하기도 한다. 그렇지만 다양한 스펙트럼에서 소비되는 에스닉푸드는 대부분 다민족 혹은 다국적 기업의 마케팅 전략을 통해서 상품화된다. 상품화 가치가 있는 음식만이 다양한 음식 중 에스닉푸드로 선택되고, 이국성으로 포장되어 팔리게 되는 것이다.

결국 한국에서 퓨전푸드나 에스닉푸드를 먹는다는 것, 이러한 음식들이 유행한다는 것은 자신이 경험한 또는 경험하고 싶은 외국 혹은 이국의 정서·신비함을 서구적 시각에서 체득한 뒤, 이를 상업화된 영역 안에서 (재)확인하는 작업이라고 할 수 있다.

퓨전푸드의 새로움?

퓨전푸드나 에스닉푸드가 의미하는 새로움, 이국성은 진정한 새로움과 이국성일까? 일상에서 맛보는 새로운 경험이랄 수 있는 퓨전과 에스닉푸드의 이면을 들추어보고자 한다.

우선 퓨전푸드를 살펴보자. 다른 예술 장르에서의 퓨전과는 달리, 음식에서의 퓨전은 실험적 돌파와 창조의 한 방편이라기보다는 중산층 혹은 상류층의 소비를 촉진하기 위한 소비전략의 하나로 이용되었다고 보는 편이 타당하다. 이러한 현상은 서로 다른 문화가 접촉하면서 복합화되어가는 과정, 즉 문화의 잡종화과정 내지 문화접변[10]이라는 현상에 불과하지만, '퓨전'이라는 색다른 용어로 표현되는 순간 '새롭고 고급스러운 그

---

10) 문화접변(acculturation)이란 하나의 문화가 다른 문화와 접촉하는 과정에서 어느 한쪽 또는 양쪽의 문화에 변용을 일으키는 현상을 말한다(한국 산업사회학회, 2004: 127).

무엇'을 연상시킨다. 여기에 자본주의 상술이 가세하면서 퓨전푸드는 기존의 평범한 문화에 바탕을 둔 음식과는 구별된다는 식의 자본주의적 자기최면을 불어넣었고, 곧 '퓨전푸드'를 먹는 것은 남과의 차별성을 두려는 시도라는 것이 가장 큰 요인이 되었다. 부르디외의 구별짓기를 굳이 떠올리지 않아도 퓨전음식 열풍의 이면에 자리한 상술은 퓨전푸드를 주로 찾거나 퓨전푸드에 열광하는 사람들에 대한 이야기를 찾아보아도 확인할 수 있다. 다음 신문기사를 보자.

> …… 한 퓨전 레스토랑 조리과장은 "손님들은 대개 외국생활을 통해 다양한 요리를 맛봤던 사람들이다. 호텔 레스토랑의 스테이크에 질려 있던 이들은 새로운 음식을 굶주렸던 것처럼 먹는다"라고 말한다. 그는 "IMF에 5% 귀족 마케팅 전략을 쓴 것이 성공했다"라고 덧붙인다…… 그래서 지금 소득 수준 최상위 5%의 사람들에게 음식이란 최신의 트렌드다……(김민경, "너희가 맛을 아느냐 …… 음식이 뜬다", ≪주간동아≫, 1999년 3월 25일자, 0176호).

새로운 음식을 찾는 사람들은 대부분 서구문화에 익숙한 젊은 세대나 해외경험이 많은 전문직 종사자, 여성, 틀에 박힌 정통 요리에 식상해 있는 미식가들이다. 그리고 새로운 음식을 찾는 사람들은 기존의 음식과는 다른 것을 맛보기 위해서 금전적 대가를 충분히 지불할 경제적 능력이 있는 사람들이 대부분이다. 이들에게 여러 가지 재료와 조리방법을 섞어 만든 퓨전음식은 결국 정통 고급음식에 싫증난 사람들이 신선하게 받아들이는 또 다른 고급음식이다. 이들에게 퓨전은 돌고 도는 유행의 한 형태이자, 새롭게 자신의 경제적·문화적 자본을 과시하는 수단으로 기능할 뿐이다. 수많은 퓨전푸드들이 개발되었다가 사라지기를 반복하는 것도 사실 퓨전이 하나의 요리법이나 장르로서 안정화되어 있다기보다는, 유행이나 추세에 민감한 음식재료나 소스의 섞기를 시도하는 것에 지나지 않는다는 것을 보여주기도 한다. 드러내놓고 경제적 자본을 보여주지 않아도, 퓨전푸드를 통해 트렌드가 되는 비교적 값비싼 새로운 음식을 먹을 수 있는 능력과 그 음식이 새롭다는 것을 알아볼 수 있는 감식안을 은연중에 과시하는 것이다. 일상에서의 새로운 경험과 변화를 위한 퓨전음식 찾기도 결국 충분한 자본을 지출할 수 있는 자들에게만 허용된 것으로 전락하게 된다.

그리고 퓨전음식에서 말하는 혼성[11]·혼재성이란 것도 서구식 기준, 특히 미국의 기준에 맞춘 것이 대부분이다. 퓨전에 열광하는 사람들이 퓨전음식의 기준으로 주로 내세우는 동·서양의 요리재료나 요리법의 혼합이라는 것은 주로 서구적 기준에서 마련되는 것이라 할 수 있다. 퓨전푸드를 이야기할 때 가장 많이 논의되는 것은 새로운 소스들인데, 대부분 두 가지 이상의 전통 요리의 소스들을 섞는 형태로 나타난다. 또한 대부분 이국적인 재료가 서구적인 것에 섞이는 것이지만 조리법의 근간은 여전히 서구적이다. 즉, 탈국적 혹은 무국적을 표방하는 퓨전음식이지만, 된장소스를 바른 스테이크, 일본식 소스를 끼얹은 생선요리 등에서 느껴지는 것은 한국음식이나 동양음식에 기본을 두고 서양식 조리나 재료를 응용해서 만든 것이 아닌, 서구식 요리에 새롭고 이국적인 조리법이나 재료나 소스를 가미해 서양식에 가까운 것으로 조리해내는 국적불명성이다. 결국 혼성이나 혼합이라고 일컬어지는 퓨전이지만 그 근간에는 서구적인 기준이 자리 잡고 있는 것이다.[12] 주영하(2006: 126)에 의하면 퓨전이라는 것은 중심의 입장에서 보면 '융합'이지만, 주변의 입장에서는 동화로 수용되면서 주변이 자신의 중심을 상실해가는 과정일 뿐이다. 그는 급속하게 유행

---

11) 박상미(2003: 56)는 혼성화(hybridization)를 "어떤 것의 형태가 실행으로부터 분리되어 다른 형태들과 결합해 새롭게 실행되는 경우"로 정의하며, 퓨전음식이 혼성화의 좋은 예라고 했다.
12) 한국인들이 어떻게 퓨전푸드를 아무런 저항 없이 수용했는지에 대해 주영하(2003)는 식민성·제국주의·근대화란 관점에서 살펴보았다.

하는 퓨전푸드의 배경에는 미국의 자신감과 미국 중심적인 사고방식이 자리 잡고 있다고 지적한다. 문화적 중심을 유럽에 두었던 미국이 1980년대 이후 스스로를 문화적 중심으로 여기면서, 흑인·남미인의 것은 물론이고 이민세대로 형성된 유럽남부인과 아시아인의 문화까지 자기화하려는 의지에서 퓨전푸드가 탄생했고, 그 이면에는 미국의 다국적 기업이 펼치는 마케팅 전략이 숨어 있다는 것이다.[13)]

4. 맺음말

음식을 먹는다는 것은 일상성과 반복성을 가지며, 신체와의 직접적이고도 밀접한 관계 등의 여러 측면으로 해서 다양한 의미와 상징성을 지닌다. 이러한 풍부한 의미와 상징들은 개인적인 차원을 넘어 사회적이고 문화적인 영역에서도 나타난다.

현대 한국사회에서 에스닉푸드와 퓨전푸드의 유행으로 야기되는 문화현상은 음식문화가 하나의 문화 안에서만 존재하는 것이 아니라, 다양한 문화권들을 넘나들며 변화하고 혼재된다는 것을 보여준다. 한국사회에서 에스닉푸드와 퓨전푸드 모두 새롭고 신기한 음식이라는 이미지를 가지며, 이러한 이미지의 이면에는 되풀이되는 일상과 여기서 벗어나고자 하는 탈일상화의 욕구가 숨겨져 있다.

그러나 에스닉푸드와 퓨전푸드의 유행 모두 소비를 통해 확인되는 이국

---

13) 주영하(2003: 126)는 1980년대 미국사회에서 나타나기 시작한 T.G.I. FRIDAY나 베니건스·시즐러 같은 레스토랑에서 멕시코의 타코나 이탈리아의 피자를 새로운 방법으로 변형시킨 요리를 내놓아서 젊은 세대에게 인기를 끈 사례를 들면서, 이러한 과정이 한국사회에서도 일어난다고 분석했다. 삼겹살을 와인에 재어 먹거나, 피자에 시금치·감자 등을 사용하며, 스파게티를 간장소스에 요리해 먹는 사례 등에서 이를 확인할 수 있다고 이야기한다.

성과 새로움을 의미한다는 점에서 일상과 탈일상이 모두 상품소비라는 영역을 벗어나지 못한다고 할 수 있다. 그리고 에스닉푸드의 유행에는 서구적 시선의 무분별한 수용이, 퓨전푸드에 대한 호기심과 관심에는 상업화·문화자본을 통한 계급적 구별짓기가 존재한다. 거창하고 진지한 의식 없이 단순히 음식을 통해 개인적 일상에 변화를 주고자 하는 사소한 듯 보이는 행위에도 사실은 많은 의미들이 숨어 있을 수 있으며, 이 의미들을 찾아내는 것이 중요하다.

이처럼 풍부한 상징과 의미를 지니고, 문화의 정체성을 보여주고 만들어가며, 문화 간의 경계를 넘는 기제로서 음식은 우리에게 다양한 연구의 가능성을 보여준다. 음식이 갖는 다양한 연구의 가능성과 일상의 관계를 깊이 있게 고찰해야 하는 것도 바로 이 때문이다.

참고문헌

단행본

한국산업사회학회. 2004. 『사회학』. 도서출판 한울.

민츠, 시드니(Sidney Mintz). 1985. 『설탕과 권력』. 김문호 옮김. 지호.

논문

박상미. 2003. 「취향의 정체성과 경계넘기:전지구화 과정 속의 음식문화」. ≪현상과 인식≫. 제27권 3호. 53~70쪽.

주영하. 2003. 「음식과 식민주의」. 실천민속학회. ≪실천민속학≫. 4호. 113~129쪽.

_____. 2006. 「식사, 기호(嗜好), 민속음식」. 비교민속학회. ≪비교민속학≫. 제31호. 19~48쪽.

신문·잡지·방송·인터넷 및 기타 자료

김남석. 2008.11.5. "퓨전메뉴 …… 고급화 …… 분식 전문점 '맛있는 진화'". ≪문화일보≫. 20면.

김민경. 1999.3.25. "너희가 맛을 아느냐 …… 음식이 뜬다". ≪주간동아≫. 176호.

김소연. 2007.8.31. "오늘 점심은 태국 쌀국수 어때 …… 에스닉푸드 열풍". ≪한국일보≫. 10면.

방승배. 2007.5.23. "외식업 성공코드 '저가·웰빙·퓨전'". ≪문화일보≫. 19면.

_____. 2007.12.26. "내년 아이템 트렌드는 …… 성공 창업 '실속·웰빙' 바람 계속된다". ≪문화일보≫. 22면.

송민섭. 2008.7.4. "새콤·매콤·달콤·짭짤한 웰빙식, 태국음식의 유혹". ≪세계일보≫, 32면.

윤대헌. 2008.7.14. "중국 퓨전레스토랑 차롱—기름기는 빼고 감칠맛은 올리고 오감만족 산해진미". ≪경향신문≫. 45면.

정성훈. 2004.9.3. "전통의 맛 현대의 멋 …… 퓨전 한식레스토랑 4곳". ≪동아일보≫. 59면.

제 12 장

먹는 것이 난리다

김형균(부산발전연구원 선임연구위원)

1. 광우병소동[1]이 남긴 것

"미친 소를 먹고 일찍 죽을 수는 없잖아요."

한 여중생의 단순하고 자극적인 피켓이 2008년 여름 대한민국을 들썩이게 만들었다. 이를 통해 '촛불소녀'·'유모차 부대'·'검역주권'·'먹을거리 민족주의'·'식량주권'·'먹을거리 위험'·'쇠고기 파동'·'신자유주의'·'축제 같은 촛불집회'·'인터넷 서명'·'인터넷 포털의 위력' 등등 다양한 시대

---

[1] 광우병 위험문제로 중단되었던 미국산 쇠고기의 수입 재개를 둘러싸고 2008년 한국의 여름을 뜨겁게 달구었던 일련의 촛불집회에 대해 사회문화적 특징을 강조하는 의미로 광우병소동이라고 부르고자 한다. 소동의 사전적 의미는 "사람들이 놀라거나 흥분해 시끄럽게 법석대고 떠들어대는 일"이다. 사회운동론적으로 그 의미를 평가하는 것은 이 글의 범위를 넘어서는 일이다.

적 일상코드와 용어를 양산했다. 2008년 그 뜨거웠던 여름의 촛불 사태는 말 그대로 먹을거리위기에 일상적으로 대응하는 후기 산업사회의 상징적인 소동이었음이 분명하다. 세계의 사회운동의 역사에 먹는 것 때문에 이렇게 많은 인원[2]이 장기간에 걸쳐 촛불을 들고 거리로 나섰던 적이 있었던가?

'내 아이에게 안전한 고기를 먹이고 싶다'는 유모차에 붙인 풍선의 글귀는 온 국민의 모성본능을 자극하기에 충분했다. 비록 과학적인 근거보다는 인터넷에서의 비약과 왜곡이 있었고, 초기의 자발적이고 순수한 색채가 후기에는 정치적으로 변색하기도 했지만, 2008년의 촛불시위는 먹을거리를 둘러싼 대중들의 일상적 대응의 전형을 보여주기에 충분했다. 그동안 먹을거리를 둘러싸고 소비대중들의 대응양태는 일정한 스펙트럼을 보여왔다.[3] 그러나 촛불집회처럼 적극적으로, 대규모로, 지속적으로, 문화적으로 대응한 것은 우리 사회뿐만이 아니라 전 세계적으로 처음이다. 이처럼 촛불집회는 정치·사회·경제적 쟁점이 아닌 먹을거리문제, 즉 쇠고기 파동이라는 일상쟁점에서 시작한 것, 10대 소녀에서 50~60대까지 다양한 연령층과 '유모차 부대'라고 불린 주부 등 다양한 일상주체들이 일상쟁점을 통해 자신들의 의사표현을 했다는 점, 그리고 다양한 주체들이 '집회문화'를 하나의 '축제'로 만들었다는 점에서 후기 산업사회의 대중 참여의 독특하고 상징적인 사건이 되고도 남음이 있다. 따라서 이에 대한

---

2) 촛불집회는 2008년 5월2일부터 8월15일까지 전국적으로 2,398차례, 연인원 93만 2,680명 (경찰 추산, 광우병 국민대책회의는 모두 300만여 명의 시민이 촛불을 들었을 것으로 추산)이 참석하며 한국사회를 뒤흔들었다. 인터넷을 중심으로 10대들 사이에서 확산된 '광우병 공포'에서 촉발됐던 촛불집회는 졸속협상 비판 및 검역주권 논란, 나아가 정부의 실정 비판 등으로 확산됐다. 촛불집회 기간에 시위를 진압하기 위해 동원된 경찰은 총 7천 606개 중대, 연인원 68만 4천 명, 물대포가 374대 동원됐으며 1,649명이 연행되었다(대검찰청, 2008년 11월 15일 보도자료; 광우병 대책 국민회의 자료; 각 언론사 자료 재작성).

3) 문제되는 음식 안 사 먹기, 험담하기, 소비자센터에 항의하기, 댓글 남기기 등의 소극적 대응에서부터 유기농음식 사 먹기, 유기식품 회원제 가입하기, 귀농을 통한 농업공동체 생활 등의 적극적인 대응까지 다양하지만 일정한 틀 안에서 제도적·적응적 대응의 특성을 보여 왔다.

언론의 반응도 나라별로 혹은 매체의 성향별로 천차만별이었다.[4]

어떤 음식을 선택하거나 혹은 거부하는 행위는 다양한 함의를 지닌다. 개인적 내지 '집단적인 정체성'을 표현하는 행위로 이해될 수 있으며(김광억, 1994), 나아가 '식품체계의 세계화에 저항'하는 정치적·이념적인 것으로 해석할 수도 있다(한도현, 2000). 또한 '생태적 단절성'의 계기가 되기도 한다.[5] 그러나 중요한 것은 '식품안전성'의 개념 자체가 내포하는 애매함과 불확실함에서 나타나는 일상적·대중적 전략과 당국·제도권의 접근 전략의 간극에 주목할 필요가 있다. 당시 당국의 접근은 통계를 바탕으로 하는 안전도를 중심으로 '관리가능한 위험'을 강조했다. 늘상 그래 왔듯이 계몽과 일방적 홍보만 있었다. 그러나 일반 시민들은 주관적·정성적 판단을 기반으로 하는 안심도를 중심으로 '위험한 관리'를 걱정했다. 인터넷 포털을 주축으로 쌍방의 소통을 절실히 원했다. 이러한 접근 전략의 차이는 향후 우리의 먹을거리 안전에 관한 제도적 접근과 일상적 접근에 큰 과제를 던져주었다.

2. 불안한 먹을거리

광우병 쇠고기만이 아니다. 열거하기 힘들 정도로 우리의 먹을거리는

---

4) "인터넷광이 시위주도"(타임즈, 영국)·"촛불은 민주의의가 아니다"(쥐드도이치, 독일)· "민주주의의 미성숙"(뉴스위크, 미국)·"전투적 구성원의 파괴적 행동"(마이니치, 일본) 등의 부정적이고 보수적 평가부터, "우리의 시간을 21년 전으로 돌려놓았기 때문에 나왔다"(CNN, 미국)·"일본에서는 상상하기 어려운 사건"(아사히, 일본)·"친미정책에 대한 국민의 질책"(신경보, 중국) 등 민주주의의 새로운 양상으로 보는 등의 다양한 평가를 했다. 특히 비정치적 주제로부터 시작해 일상정치를 통한 적극적 정치 참여의 확대까지 현대 민주주의와 정치 참여의 다양한 스펙트럼을 보여주는 사건이라는 데 중요한 핵심이 있는 것으로 보인다.
5) 그동안 한덩어리로 이루어져오던 농업·임업·축산업 사이의 순환과 연결이 파괴되는 것을 경험하게 된다는 것이다(한국도시연구소, 2008: 116).

유해하고 오염되었다.[6] 그러니 우리는 항상 불안하다. 공적·사적으로 많은 통계들에서 우리나라 국민의 10명 중 7~8명이 먹을거리의 위협에 시달리는 것으로 조사되었다. 한 조사에 의하면 먹을거리에 불안감을 느끼는 비중이 69%로, 식량안보(68.6%)·정보보안(65.1%)·교통사고(61.2%)보다 높다(≪파이낸셜뉴스≫, 2008년 10월 17일자). 또 다른 조사에서 직장인의 84.6%가 먹을거리에 대해 불안을 느끼는 것으로 나타났다(≪파이낸셜뉴스≫, 2008년 5월 21일자).

이러한 먹을거리의 위기구조를 이해하기 위해서는 먹을거리가 가진 특성을 이해할 필요가 있다. 첫째, 먹는다는 것은 지극히 사적인 행위지만, 음식이 지니는 사회문화적 상징성을 고려한다면 먹는다는 것은 지극히 사회적이다. 따라서 어떤 음식을 선택하는 행위는 개인의 취향이나 기호 같지만 실상은 사회적 정체성을 표현하는 행위로 이해되며, 따라서 먹을거리의 위험은 사회적 맥락 속에서 이해되어야 한다. 둘째, 먹을거리의 위기구조는 음식의 순환적인 측면에서 접근할 필요가 있다. 음식의 생산·유통·소비·처리·재활용 등 전체 순환구조의 위기요인을 이해하는 것이 필요하다는 것이다. 이러한 각 단계는 유기적 연계성을 갖기 때문에 전체 순환주기의 상호관계를 볼 필요가 있다. 셋째, 음식의 사사화 경향이다. 현대사회의 메커니즘은 공동체 속에서의 먹는다는 전통적인 의미를 지극히 사사화함으로써 위험의 인식과 문제제기마저도 사적인 영역으로 제한하려 한다.[7] 넷째, 음식의 위기는 보건영양·환경위생공학 이상의 사회문화적 대

---

6) 중량을 늘리기 위해 납을 넣은 납꽃게, 기생충알과 납성분이 5배나 높은 김치, 수년 전에 수확해 찐 쌀을 햅쌀처럼 보이게 하려고 표백처리한 표백제 쌀, 짙은 색깔로 품질이 좋아 보이게 하기 위한 유해색소 고춧가루, 염색약을 바른 양념장어, 유해화학성분인 멜라민을 넣은 과자, 농약이 범벅된 홍삼, 볼트를 넣은 참조기, 화학재료로 만든 가짜 계란, 비위생적인 자투리 단무지로 만든 쓰레기만두, 패혈증을 일으킬 수 있는 사카자키균이 검출된 분유, 쥐머리가 발견된 새우깡, 칼날이 들어 있는 참치캔, 포르말린을 섞은 두부, 타르색소를 넣은 참깨 등등.
7) 식당에서 음식을 먹고 배가 아프다면 그 사건 자체는 사적이지만, 배가 아플 수밖에

응을 요구한다. 우리에게 먹는다는 것은 단순히 생물학적 욕구충족이나 영양학적 고려만이 아니라 사회문화적 행위다. 다섯째, 먹는 것은 기호를 소비하는 것이다. 전통적인 생존수단으로서 먹는다는 것이 브랜드를 먹는 것으로 바뀌었다. 따라서 우리는 단순히 밥을 먹는다기보다는 '이천쌀'·'유기농 쌀'을 먹는다. 단순히 고기를 먹는 것이 아니라, '미국산 LA갈비'·'봉계 한우불고기'·'중국산 장어'를 소비한다. 이처럼 먹을거리위기는 단순한 심리적 현상도 아니요, 그렇다고 기술적 혹은 생산적 결함만도 아니다. 따라서 먹을거리위기의 이유를 설명하는 몇 가지 시각을 통해 그 위기의 복합구조를 이해할 필요가 있다.

첫째, 많은 사람들은 이러한 먹을거리위기를 '전 지구적인 환경위기'에서 찾는다. 현재의 사회가 전 지구적인 환경위기에 처하면서 가난한 사람들을 위협해 사회적 갈등을 심화시켜, 생태와 사회의 위기가 동시에 진행되는 데서 비롯한다고 먹을거리위기의 원인을 진단한다(구도완, 2008). 이런 시각에서 보면 먹을거리위기는 특정한 현상이라기보다는 보편적 현상이다.

둘째, '시장근본주의의 모순'이 일상화된 모습으로 나타난다는 것이다. 최근의 먹을거리위기는 거대 식품기업들이 비용을 낮추기 위해 국내외에서 아웃소싱을 하면서, 유해성을 담보로 한 저렴한 원료들이 제품의 다단계 생산과정에 투입되면서 발생한 것으로 본다(조명래, 2008). 이러한 인식에 따르면 2008년 금융위기는 10년 전과 달리 다른 위기와 함께 찾아왔는데, 그것이 바로 먹을거리위기다. 먹을거리위기는 그동안 광우병파동·조류독감·식량위기·원유값폭등 등의 모습으로 그 전조를 보여왔다. 이러한 위기들은 일상생활 속으로 위험을 숨긴 상품들이 과도하게 침투한 결과,

없는 음식의 생산·유통·소비 등의 순환구조에서 보면 지극히 사회적 현상이다. 그러나 일련의 메커니즘들이 음식의 위기를 지속적으로 사사화해 음식의 위기에 대한 구조적·총체적 대응을 어렵게 만든다.

우리의 생명의 안전을 위태롭게 하는 것으로 나타난다.

셋째, '시장의 초국적화'에서 그 원인을 찾는다. 세계의 식량체계는 초국적 기업들을 중심으로 대형화·표준화되어, 농민들을 농업 자본에 귀속시키고 농산물도 농식품의 원료로 바뀐 점에 주목한다. 농업이 자본에 포섭되고 산업화된 농업시스템이 확산되자, 농업은 먹을거리의 생산이 아니라 이윤의 생산이라는 자본의 논리를 따르게 된다. 따라서 농업도 가격의 비교우위에 따라 국제적인 분업체계 속에서 재배치된다. 이러한 구조에서는 식품의 수출입과 가공과정에서 나타나는 변화와 그에 수반되는 식품안전의 문제가 필연적으로 대두된다(문옥표, 2008: 6~7).[8] 특히 대규모 유전자변형식품의 안전성문제도 이러한 차원에서 제기된다. 특히 유전자조작농작물에 관한 다큐멘터리 <먹거리의 미래(The Future of Food)>(가르시아, 2004, 미국), 내과의사인 감독이 직접 대본을 쓰고 제작한 정크푸드와 비만에 관한 페이크 다큐멘터리 <머핀맨(Muffin Man)>(아이즈너, 2003, 미국) 등에서 그 문제점이 적나라하게 드러났다.

넷째, '자본주의의 진전과 신자유주의의 전개'에서 그 원인을 찾는다. 특히 1980년대 이후 신자유주의가 진행되면서 WTO나 FTA를 통해서 각국의 농업시장이 무차별적으로 개방되었다. 비교우위를 확보하지 못한 지역의 농업은 몰락했지만, 세계적인 농업시장은 확대된 것이다. 따라서 세계 농산물 공급과 소비의 불안정은 더 커졌다. 그 결과 지구는 먹을거리를 두고 양극화되었다.

다섯째, 애그플레이션으로 불리는 '세계적인 식량수급 불균형과 같은 식량위기'가 우리의 먹을거리의 양과 질의 위기를 초래한다는 시각이다.

---

8) 이렇게 되면 첫째, 우리들은 자신의 음식물이 누구에 의해서 어떻게 생산되고, 가공되며, 운반되어 식탁에 오르는지를 알지 못한다. 둘째, 생산과정의 산업화로 새로운 종류의 위험과 공포가 확산되었다. 이러한 문제는 현대사회에서 '농업의 산업화'라는 본질과 연결된다(김종덕, 2008).

농업(agriculture)과 인플레이션(inflation)의 합성어로, 농산물 가격이 상승하면 일반 물가도 덩달아 오르는 것을 의미한다. 이 현상에 대해 최근 ≪이코노미스트≫는 "값싼 식품시대의 종말"이라는 특집기사(≪Economist≫, 2007년 12월 7일자, 커버스토리)에서, 2005년 이후 식품가격이 상승해 2007년 최고치를 보인 애그플레이션을 통해 국제사회에 식량위기가 도래할 것이란 비관적 전망을 내놓았다.9) 특히 미국계의 카길, ADM, 콘 아그라, 콘티넨털과 유럽계의 루이드레퓌스, 벙기, 앙드레 등의 세계 7대 곡물메이저들이 세계 곡물교역량의 80%를 지배하며, 이들이 곡물가격의 폭등을 내다보고 선물가격을 올려놓아 선물가격이 현물가격을 이끄는 이른바 왝더독(wag the dog)현상10)도 중요한 요인이라는 것이다(≪신동아≫, 2009: 480~482). 이와 같은 다양한 시각의 강조점은 조금씩 다르지만, 공통적으로는 현대사회의 발전과 더불어 먹을거리의 증가에 반비례하는 먹을거리 위험의 증가, 풍요 속의 기아라는 모순적 현상을 우려하는 것이다.

3. 안전한 먹을거리 지키기

최근 들어서면서 웰빙에서부터 웰다잉에 이르기까지 삶의 전반에 대한 안전권의 문제가 크게 부각되었다. 사회 전체적으로 이러한 안전권의 문제를 접근하는 것에서 전통적인 위기개념이 변화·확장된 것이다. 군사·외교 등 전통적인 안보위기와 자연재난위기는 여전히 유효하지만, 사이버

---

9) 식량폭등의 이유는 첫째, 중국과 인도 등 신흥 시장국가들의 급격한 성장으로 육류소비가 급증한 식단의 변화에 있다. 둘째, 에탄올을 비롯한 바이오 연료개발로 옥수수 수요가 급등한 반면, 다른 농작물의 재배는 급격히 감소했기 때문이다.
10) 원래 개의 꼬리가 개의 몸통을 흔든다는 의미로, 몸체가 주이고 꼬리는 부수적으로 몸체에 붙어 다니는 것이 정상이지만 반대로 꼬리가 몸체를 끌고 다니는 주객전도 현상을 가리킬 때 쓰인다.

테러 등 국가핵심기반의 위기에서 나아가 식품이나 보건 및 생활환경 등의 시민생활의 위기는 새로운 위기관리의 영역으로 부각되며(이재은 외, 2008: 3),[11] 이에 대한 대응시스템은 새로운 위기대응 패러다임을 필요로 함을 지난 광우병소동이 확연히 보여준 사례라고 할 수 있다.

현재 우리나라의 식품안전을 위한 제도적 장치는 주로 정부가 직접 개입해 식품위험의 가능성을 사전에 예방하려는 사전 규제제도(ex ante regulation)에 의존한다. 즉, 오염·유해물질로의 노출 가능성을 줄이거나 혹은 노출이 되었더라도 그로 인한 피해를 줄이기 위한 예방차원의 규제가 주로 이루어진다. 이와 같이 직접규제에 의존하는 근거로는 식품 관련 위험의 과학적 연구에 공공자원을 배분할 수 있는 입장이기 때문에 민간부문보다 식품위험에 대해 더 나은 정보와 지식이 있을 가능성이 높아서 효율적인 위험수준을 결정할 수 있다는 데 있다(김광천, 2004: 53). 현재까지 식품의 품질과 위생을 관리하기 위해 이용한 관리방식으로는 식품위생관리규정에 의한 방식, 식품위생검사 제조 및 실험실검사를 통한 방식, 적정 제조기준에 의한 방식 등이 있었으나, 세계적으로 대형화되어가는 식중독 사고방지와 식품의 안전성·건전성 확보에 한계가 있다는 공통된 인식이 대두되었다. 이에 따라 전 세계적으로 도입된 것이 '식품위해요소 중점관리 기준제도(HACCP)'다.[12] 그러나 여전히 식품안전조직체계의 다원화문제, 관련 규정의 미약함, 도덕적인 해이와 소비자 경시, 농장에서 식탁까지

---

11) 여기서는 시민생활의 안전위기에서 다루는 영역으로 생활식품안전 위기영역(수입, 영유아 및 어린이, 축산물·가공식품), 생활환경 안전위기(환경호르몬·오염식수), 학교생활 안전위기(학교급식, 스쿨존), 생활건강 안전위기(보건·의약품), 취약소비자 생활안전 위기영역(어린이·노인·장애인, 가정 위해요소) 등으로 나뉜다.

12) HACCP는 원료의 생산·수확·운반·제조·가공·유통·판매 및 최종 소비에 이르기까지 발생할 수 있는 생물학적·화학적·물리적 위해요인을 각 단계에서 과학적으로 분석하고, 특히 이들을 최종 제품에 결정적인 위해를 줄 수 있는 공정·지점 등에서 효과적이고 효율적이며 과학적으로 관리하는 수단을 강구해 사전관리함으로써, 식품의 안전성을 확보하기 위한 조직적이고 예방적인 관리체제다. HACCP는 이를 위해 12절차와 7원칙의 관리의 표준화를 지향함으로써 ISO 9000의 필수요소가 되었다(김광천, 2004: 56~58).

<표 12-1> **식중독 발생현황**

연도	건수(건)	환자 수(명)	건당 환자 수
2000	104	7,296	70.2
2001	93	6,406	68.9
2002	78	2,980	38.2
2003	135	7,909	58.6
2004	165	10,388	63
2005	109	5,711	52.4
2006	259	10,833	41.9
2007	510	9,686	19
2008.7	167	3,954	23.7

자료: 식품의약품안정청(연도별 통계).

의 전체적 관리시스템의 미흡, 식품안전검사조직 및 기능 미흡 등으로 제도가 완전히 정착하지 못했다(김광천, 2004: 88~97). 따라서 지구온난화 등의 기후변화와 집단급식의 확대, 외식 기회의 증가 등 생활패턴의 변화로, 식품안전의 최대 위험이 되는 식중독사고는 점점 증가하는 추세다.

2000년도에는 104건에 7,296명의 환자가 발생했으며, 2004년도에는 165건에 1만여 명의 환자가 발생했고, 2007년에는 510건에 9,686명의 환자가 발생하는 등 점점 증가하는 추세다. 우리나라에서는 2004년부터 식품의 바이러스 식중독관리를 시작했으나, 식품에 오염된 바이러스의 검출기술이 확립되지 않아 원인을 규명하기 어렵다. 특히 최근 증가하는 집단발병의 원인이 되는 노로바이러스에 대한 대처방안이 미흡하다. 특히 식중독 신고체계의 미흡, 역학조사절차에 대한 제도미흡, 원식중독 원인체 규명 및 급식업체나 학교에 대한 행정조치 미흡을 해소하기 위해, 학교급식소, 식재료 제조업소, 도시락 제조업소 등으로 식품위해요소의 중점관리 기준제도를 확대·적용할 필요가 있다.

한편 시민생활안전에서 가장 중요한 먹을거리와 관련해 위기관리의 측면에서 가장 취약한 계층인 어린이·노인의 안전문제가 중요하게 부각되었다. 한 조사에 의하면 자녀를 둔 부모나 보호자의 54.4%는 어린이 먹을거리가 안전하지 않다고 인식했다(한국갤럽, 2006년 11월). 학교 주변의 문구점·노점상에서 냉장고·식품보관대 등의 위생시설을 갖추지 않은 채 조리·판매되는 어린이 먹을거리는 병원성 미생물에 오염되어 식중독 발생 가능성이 상당히 높은 실정이다(이재용, 2008: 11~13).[13] 이러한 어린이 먹을거리안전과 위생을 위해 「어린이 식생활안전관리 특별법」(2008.3.23)이 제정되었다.[14] 그러나 아직까지 우리나라는 어린이 먹을거리 안전과 영양수준에 대한 교육 및 홍보가 미흡하며,[15] 더욱이 객관적인 지표나 조사시스템이 부재하다. 따라서 어린이들의 비만율, 영양위해성분 저감화율, 급식관리 수준으로 영양·안전 수준을 조사하고 평가해, 먹을거리의 안전 전체에 대한 안전수준평가시스템의 운영이 학교·지자체·국가 단위의 조직 수준별로 정착·운영될 필요가 있다.

식품안전에서 또 하나의 취약계층인 노인들의 먹을거리 안전도 중요한 사회문제로 부각되고 있다. 급격히 고령화사회로 접어드는 우리 사회에서 먹을거리와 관련해 노인소비자의 문제에 관심을 기울일 필요가 있는 것이다. 노인소비자는 노화에 따른 신체기능이 저하되어 건강에 대한 관심이

---

13) 나아가 불안정한 먹거리와 영양 불균형으로 인한 과체중과 비만은 1998년 6.6%에서 2005년 10.2%로 1.5배 증가했는데, 이것은 미국 6~11세 소아의 비만율이 1980년 7%에서 2000년 15.3%로 20년 사이에 2배 증가한 것에 비하면 급속한 증가추세다. 이로 인한 사회경제적 비용은 직접의료비(6,212억 원)와 간접의료비까지 포함하면 1조 4천억 원 수준으로 추정된다(이재용, 2008에서 재인용).

14) 이에 따라 학교와 학교 주변 200m를 식품안전보호구역(green food zone)으로 지정했다. 또한 법에 의해 2009년부터 공중파·케이블·위성 등 모든 방송·라디오 및 인터넷에서 미끼상품이 든 과자·음료·패스트푸드 광고를 금지하고, 2010년부터는 일정 시간대의 TV방송에서 고칼로리·저영양식품의 광고를 금지하도록 했다.

15) 우리는 주로 조리 위주의 교육수준이지만, 미국은 주마다 조금씩은 다르지만 식품의 선택과 섭취태도의 형성을 반복 교육하고 안전한 식품취급의 요령을 교육하며, 싱가포르도 균형 잡힌 식사구성 및 활동 정도에 따른 영양요구량의 평가 등을 가르친다(이재용, 2008: 17).

높고 안전과 안락함을 보장받고자 하는 욕구는 강한 반면에, 위해상태에서 치명적인 상처를 입을 가능성이 그 어느 계층보다 높다. 그러다보니 열악한 건강기능식품문제와 관련한 사기문제나 중국산 저질 한약재로 인한 안전성문제가 심각하게 부각되고 있다. 수시로 발생하는 노인 상대 저질 건강식품의 사기판매문제는 노인이 있는 가정에서 대부분 겪는 문제다. 이러한 노인소비자의 안전에 관한 제도적 장치는 매우 열악한 실정으로, 노인의 안전에 관한 법률과 소비자 안전에 관한 법률에 제시되어 있다. 우선 노인의 안전에 관한 법률을 보면 이는 통일된 하나의 법률로 제정된 것이 아니라 사회복지법의 노인복지법과 장애인·노인·임산부 등의 편의 증진 보장에 관한 법률에서 다루며, 노인의 생활안정과 안전을 보장해야 한다는 추상적인 조항을 내세울 뿐 구체적인 안정보장 내용은 명시되지 않았다. 또한 노인 소비자의 안전에 관한 문제도 노인에 관한 단일한 법률로 명시한 것이 아니기 때문에 노인만을 대상으로 하는 소비자 안전에 관한 법률은 찾아볼 수 없다(유현정 외, 2008: 10).

이처럼 먹을거리와 관련한 취약소비계층의 안전문제는 일반인들보다 더욱 세심한 관심을 기울일 필요가 있다. 먼저 아동소비자의 먹을거리 안전을 위해서는 아동과 부모, 지역사회를 연계한 먹을거리 안전교육프로그램을 개발할 필요가 있다(유현정 외, 2008: 12). 먹을거리의 문제는 복잡한 데다가 개인적 차원에서 대처하는 것도 힘들다. 특히 어린이의 경우는 반복적인 교육프로그램에 의한 대처가 매우 중요하다. 최근 학교나 지자체 차원에서 학교급식이나 먹을거리에 대한 자율감시조직과 체계를 만들려는 움직임도 이러한 위험에 대한 자구책으로 주목할 만하다. 다음으로 아동의 먹을거리안전과 관련한 구체적 법적·제도적 장치마련이 시급하다. 현행 아동의 건강권과 복지에 대한 법률은 매우 추상적이고, 이 책임이 전적으로 가족에게 있는 것으로 나타났다. 따라서 학교식품안전에 대한 보상의 범위 등을 재정비할 필요가 있다.

4. 한쪽은 버리고, 한쪽은 굶고

지구의 한쪽에서는 절대적인 식량부족으로 8억 명이 넘는 인구가 극심한 배고픔에 시달리며, 이도 곧 10억 명을 넘어설 것이라고 한다. 그리고 매일 1만 6천 명의 어린이들이 영양실조로 숨지는 반면에,[16] 지구의 다른 한편에서는 음식쓰레기문제로 골머리를 앓는 지구촌의 양면은 먹을거리를 둘러싼 지구 양극화의 단적인 모습이다. 따라서 음식의 위기는 양이나 질의 문제뿐만 아니라, 처리의 문제가 중요하다. 제3세계 국가의 음식문제는 기아와 먹을거리 자체의 절대 부족이 문제지만, 선진국과 다른 대부분의 사회는 먹고 남은 음식쓰레기가 오히려 큰 문제다.

우리나라에서 나오는 음식물쓰레기는 하루 11,398톤에 달하며, 1년에 발생하는 음식물쓰레기의 양은 8톤 트럭 1천 4백여 대분에 달한다. 음식물쓰레기는 1994년 18,055톤/일(31%)이었으나, 1999년 말에는 11,577톤/일(25%)으로 감소해, 2003년 현재는 생활폐기물 중에서 음식물쓰레기가 차지하는 비중이 23%에 이르렀다(환경부 생활폐기물과 http://lifewaste.me.go.kr). 이러한 음식물쓰레기의 감소는 쓰레기종량제 실시, 음식물쓰레기의 분리배출지역의 확대, 감량의무사업장의 확대, 국민들의 음식문화개선 등 여러 가지 요인이 복합적으로 작용한 결과지만, 10%에 불과한 미국에 비하면 아직도 무척 많은 양이다. 이에 따른 처리비용만 1년에 5천억 원이 소요되는 등 식량자원의 낭비가 연 14조 7천억 원에 이른다고 한다. 2003년 말을 기준으로 해서 음식물쓰레기의 발생실태를 배출원별로 보면, 일반가정에서 67%, 음식점·단체급식소·농수산물유통시장 등에서 33%가 발생했다. 가정의 음식물쓰레기 중 가장 큰 비중을 차지하는 것은 과일껍질과 야채손질로 발생하는 쓰레기가 51%이고, 남은 반찬과 밥이 37%,

---

16) 2006년 발행된 「UN 세계 물 개발 보고서」에 따르면, "세계 인구 중 11억 명이 안전한 물을 마시지 못하고 있으며, 26억 명은 기본적인 위생 시설조차 부족하다"라고 했다.

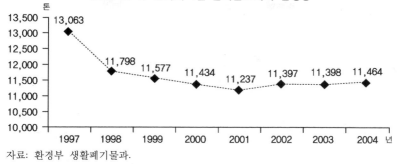

〈그림 12-1〉 한국의 1일 음식물쓰레기 발생량

자료: 환경부 생활폐기물과.

상한 음식이 10%로 나타났다.[17] 음식물쓰레기에는 유기물질과 영양성분 함량이 많이 포함되어 있어, 사료와 퇴비로서 이용할 수 있는 유기성자원의 측면을 갖는다. 사료용 양곡 및 원료 수입의존도가 95%에 이르는 우리나라의 실정을 감안하면 음식물쓰레기의 자원화는 부족한 자원을 최대한 유용하게 활용해 자원재순환형 사회를 구축하는 기반이 된다. 음식물쓰레기의 재활용 형태를 살펴보면 50%는 사료로, 45%는 퇴비로, 나머지 5%는 메탄가스 등을 생산하는 데 이용된다. 그러나 쓰레기 매립장이 부족하거나 음식물쓰레기 중 재활용이 불가능한 경우에는 일반폐기물과 함께 소각시설에서 소각되기도 한다. 현재 생활쓰레기 매립시설은 269개가 운영되며, 면적은 약 30km2로 여의도 면적의 10배에 해당한다.

2002년 한 해 국내에서 발생한 음식물쓰레기는 약 14조 7천억 원어치에 달했다(한국식품개발원, 2002). 이 중 약 20%인 연간 2조 9천억 원어치의 음식물쓰레기가 식당에서 나오는 것으로 조사됐다. 이는 4천7백만 명이 식당에서만, 한 사람당 연간 61,702원, 하루 169원꼴로 낭비하는 셈이고, 이를 다시 끼니당으로 환산하면 한 사람이 56원어치의 음식물을 먹다

17) 일반적으로 일상생활에서 발생하는 쓰레기는 재활용하거나 소각처리 등 중간 처리과정을 거쳐 최종적으로 매립된다. 그러나 음식물쓰레기를 소각 및 매립처리할 경우에는 시설 부지확보와 2차 환경오염(침출수 및 대기오염물질)방지에 막대한 비용이 소요된다.

버린다는 계산이 나온다(≪경향신문≫, 2005년 8월 22일자). 이는 중국의
10배에 이르는 것으로 조사됐다.[18]

5. 통했느냐

최근과 같은 위기시대에 기업 및 공공조직의 핵심화두는 위기관리다.
위기를 관리하는 능력이 없는 조직은 미래가 없다. 수동적인 성과관리체제
에서 미래지향적인 위기관리시스템의 구축이 트렌드다(김형균, 2008). 마찬
가지로 음식의 문제는 이제 전통적인 영양학적인 문제에서 위기관리, 사회
적 수용, 신뢰, 위험정보 커뮤니케이션 등의 문제로 그 중요성이 변했다.

식품에서 발생하는 위험(risk)의 의미는 '오염 미생물 혹은 유해 잔류물
질에 노출되어 건강상 장애가 발생할 가능성 혹은 확률'이다. 이에 비해
'오염 및 유해물질의 섭취로 발생한 질병상태의 심각성'은 위해(hazard)라
고 한다.[19] 그러나 과학자들은 이러한 식품의 위험을, 식품에 의해 위해에
노출될 가능성과 인체에 미치는 악영향을 고려해 수리통계모형으로 계측
한 객관적인 확률이라고 본다.[20] 그러나 정책담당자들은 과학자들이 추정
한 기술적 추정치와 그 질병의 심각성(실제 위해)을 결합한 내용을 위험이

---

18) 중국 관영 ≪베이징시창바오(北京市場報)≫는 최근 중국 식당업자를 대상으로 한 조사
　　결과를 인용해, "전국 30여 개 성과 자치구·직할시의 1년치 음식쓰레기를 화폐가치로
　　추정하면 최소 6백억 위안(약 8조 원)에 달한다"며, "중국 인구 13억 명이 식당에서
　　하루 세 끼의 음식을 먹는 것으로 가정하면, 한 사람이 연간 6,154위안, 하루 16.9위안,
　　매끼 5.6위안가량의 음식을 낭비하는 셈"이라고 분석했다.
19) 살모넬라균에 의한 식중독은 질병(복통과 설사)이 심각하지 않아 위해는 낮지만, 식중독
　　에 걸리는 횟수와 인구가 많기 때문에 위험은 높다. 반면에 식품첨가제에 중독되어
　　암에 걸릴 확률은 매우 낮으나, 일단 심하게 중독되면 죽을 수도 있으므로 위해는 높은
　　것이다(양병우, 2008: 2).
20) 세계보건기구(WHO)는 화학유해물질의 중독에 의한 평생노출량에 그 물질의 독성을
　　곱한(위험＝노출량×독성) 추정값을 위험이라 한다.

라고 본다. 그러나 일반 소비자들은 건강장애가 과학적으로 밝혀진 정도나 오염에 의한 질병의 심각성과 스스로의 통제 여부 등에 따라 위험을 달리 본다(양병우, 2008: 5~6). 그런데 식품은 원료 농수축산물의 미생물 생리기능을 활용해 제조되기 때문에 미생물을 완전히 제거한 무균상태의 식품은 없다. 따라서 안전한 식품이란 완전한 무해성이라는 절대 기준이 아니고, 위험은 있지만 받아들일 만큼 상대적으로 위험이 적은 식품을 말한다. 이는 바로 안전도뿐만이 아니라 안심도가 중요한 요인임을 나타내는 것이다. 안전도가 과학적 절대 기준에 의거한 정량 기준이라면, 안심도는 주관적 가치판단과 정성 기준이다. 설령 과학자들이 제시하는 안전도가 높더라도 일반대중의 안심도가 낮으면 정책당국의 과학 편향적 정보는 신뢰를 얻지 못한다는 경험을 우리는 광우병소동을 통해 충분히 경험했다. 따라서 복잡한 위험에는 정확한 위험평가를 통한 위험기초접근법이 필요하지만, 모호한 위험에는 위험평가뿐만이 아니라 위험정보교환의 균형과 조화가 필요하다는 의미에서 대화적 접근법이 필요하다.

식품과 관련한 위험관리의 전체 과정을 살펴보면, 위험인식의 단계(risk identification)에서 위험을 정의하고 위험요소의 특성을 파악한다. 이렇게 정의된 틀 안에서 위험측정과 평가(risk evaluation)를 하는데, 이를 통해 노출평가와 위험파악을 한다. 이러한 과정을 거쳐 전반적인 위험관리(risk management)를 한다. 그런데 이러한 전반적인 과정이 관계된 각각의 구성원에게 받아들여지고 신뢰할 수 있는 위험소통(risk communication)으로 피드백되지 못한다면, 이러한 식품위험분석의 과정은 전문가들의 폐쇄적 구조에 갇히고 만다.

결국 위험의 평가와 관리는 과학자와 정책 당국의 몫이지만 위험정보교환은 사회적 대화를 통한 합의도출과정이며, 이를 통해 사회적 비용을 최소화하는 과정이다. 이런 맥락에서 선진 각국은 안전도보다는 소비자가 느끼는 안심도에 더 비중을 둔다. 광우병 발생 이후 일본정부가 농림수산

〈그림 12-2〉 **식품리스크 분석(Risk Analysis)의 구조**

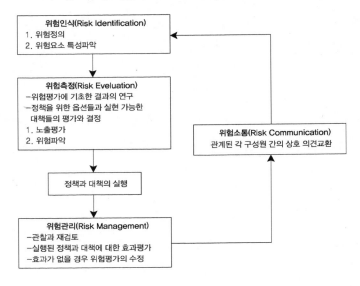

성에 '소비안전국'을 새롭게 신설하고, 식품안전위원회에 리스크 커뮤니케이션 담당관을 두어 소비자보호 및 위험정보의 커뮤니케이션을 강화한 것도 이러한 맥락에서 이해할 수 있다. 따라서 위험의사소통을 통한 신뢰확보가 사회적으로 수용가능한 위험수준을 결정하게 되는 것이다. 결국 일반 국민들의 위험의 수용 여부는 과학적 위험추정치보다는 위험관리시스템에 대한 사회적 신뢰도에 의해 좌우된다. 이처럼 리스크 커뮤니케이션은 우리나라에서는 아직 익숙지 않은 분야다. 우리말로는 '위해성 소통' 내지 '위해성 대화'라 할 수 있겠다.

더구나 식품과 관련한 위해성은 과학적 요인인 유해요인(hazard)에 심리적 요인인 분노(outrage)를 더한 것이라고 할 수 있다. 특히 통제가능성(controllability)은 자신에게 피해를 끼칠 수 있는 위험요인을 자신이 회피하거나 줄일 수 없다고 판단되면 대중은 분노하는 경향을 나타내는 것을 의미한다. 리스크에 대해 과학자나 정부는 확률(probability)을 강조하지만,

이론에 따르면 리스크는 확률 더하기 분노로 정의된다. 결국 리스크 커뮤니케이션은 이해 당사자들이 위해성을 더욱 정확히 이해해 올바른 인식(판단)을 할 수 있도록 정보를 전달하고 의견을 교환하며, 때로는 설득하고 상담하는 과정이라고 볼 수 있다.

쇠고기문제에 국민들이 분노했던 것은, 정부는 광우병 발생에 대해 과학적 사실에만 입각해 국민을 설득하려고 했지만, 일반 대중은 과학적 사실뿐만 아니라 다양한 심리학적 요인에 의해 판단하려 했기 때문이다. 그런 문제에 대한 논의를 생략한 채 일방적으로 결정한 후 '안전하니까 따라오세요' 하니까 대중이 따라올 수 없다. 리스크 커뮤니케이션이론에 따르면 쇠고기수입과 관련해 일어났던 사회현상들은 지극히 자연스러운 것이며, 이는 나라별로 대처방식이 다르게 나타난다.[21] 대중은 과학적 확률로만 위해성을 판단하지 않는다. 분노 요인들을 제대로 관리하지 못한다면 대중의 분노를 누그러뜨릴 수 없다. 효과적인 리스크 커뮤니케이션을 위해서는 전하고 싶은 메시지만 전달해서는 안 되고, 말보다 실천 및 행동이 중요하다. 정책결정에서 국민의 의사를 반영해야 한다. 대중은 위해성을 직감적으로 판단한다. 대중과의 인식 차이가 실제 위험 자체보다 대중의 위해성 인식에 더 큰 영향을 미친다는 점을 명심해야 한다. 쇠고기 문제뿐만 아니라 앞으로 GMO(유전자재조합식품) 같은 이슈에 대해서도 또 다른 혼란이 생길 수밖에 없다(≪제주일보≫, 2008년 6월 5일자).

정부는 식품위기와 갈등상황이 발생할 때 체계적인 대응을 하기 위해 기술적 매뉴얼뿐만 아니라 '사회적 위기관리 매뉴얼'을 갖고 있어야 한다.

---

21) 영국에서 광우병이 발생했을 때의 상황도 우리와 비슷했다. '안전하다. 인간에게 발병하지 않는다'고 했으나, 180여 명의 인간광우병 환자가 발생하자 영국정부의 신뢰는 땅에 떨어졌다. 한 번 신뢰를 잃게 되면 콩으로 메주를 쑨다 해도 믿지 않는 게 인간의 정서다. 쇠고기 소비량은 확 줄어들었고, 채식주의자가 늘었으며, 유기농산물에 대한 수요가 폭발적으로 증가했다. 영국정부의 신뢰도는 지금까지도 상당히 낮다. 반면 일본과 독일 정부는 적극적으로 사태를 수습하고 사죄하고 국민들의 마음을 달래주는 역할을 했다. 정부에 대한 국민의 신뢰도에 따라 사회적 혼란도가 달랐다.

리스크에 관한 얘기는 평소에 해야 설득력이 높지, 사람들이 믿지 못해 불안한 상태에서 당국자나 과학자들이 '안전하다'고만 하면 대중은 의심을 하고 더 멀어질 수 있다. 음식점 브랜드, 식품 브랜드, 유기농 브랜드 등도 단순히 기호와 사인이 아니라 결국 시장에서의 소비자와의 신뢰의 대화다. 공공영역에서의 신뢰의 대화는 거의 절대적이어야 한다. 이것이 무너지면 혼란 그 자체다. 결국 문제는 '국민과 통했느냐!'다.

일상과 음식

참고문헌

논문

구도완. 2008.「위기에 처한 삶, 위기를 어떻게 극복할 것인가」. ≪환경운동연합 심포지엄≫.

김광억. 1994.「음식의 생산과 문화의 소비". ≪한국문화인류학≫. 26(1). 7~50쪽.

김광천. 2004.「우리나라 식품안전관리 체계의 과제와 개선방안에 관한 연구」. 동국대학교 석사학위논문.

김종덕. 2008.「우리나라 로컬푸드 정책의 방향」. ≪지역사회학≫. 9(2). 85~113쪽.

김철규. 2008.「글로벌 식품체계와 대안: 새로운 먹거리 정치를 향해」.『문화과학』.

김철규. 2008.「신개발주의의 심화와 민주주의의 위기」. ≪환경과 생명≫. 55호.

김형균. 2008.「위기관리시스템 도입을 통한 선진시정운영방안」, 부산발전연구원

문옥표. 2008.「안전한 식품의 신화와 현실」. 서울대학교 비교문화연구소.『비교문화연구』. 제14집 1호. 5~41쪽.

양병우. 2008.「식품안전성의 위기」. GS&J 인스티튜트. 1~14쪽.

유현정 외. 2007.「국민생활 안전을 위한 위해관리전략: 취약소비자안전을 중심으로」. ≪2007년 국제 위기관리 학술회의 발표자료≫. 2007.11.8~10. 충북대학교.

이재용.「어린이 먹을거리 안전대책」.『Safe Food』. 2008.9월호. 11~18쪽.

이재은 외. 2007.「안전한 생활에 대한 위협: 식의약품 및 학교 급식 안전관리 전략」. ≪2007년 국제 위기관리 학술회의 발표자료≫. 2007.11.8~10. 충북대학교

한국도시연구소. 2008.「위험사회와 광우병 사태」. ≪환경과 생명≫. 27호.

한국식품개발원. 2002.「음식물쓰레기로 버려지는 식량자원의 경제적 가치 산정에 관한 연구」. 환경부 용역과제.

한도현. 2000.「우리농산물 애용운동과 아이덴티티의 정치」, ≪사회와 역사≫. 58. 235~266쪽.

UNESCO. 2006.「UN World Water Development Report-2」.

신문 · 잡지 · 방송 · 인터넷 및 기타 자료

「광우병 대책 국민회의 보도자료」.

조명래. 2008.10.7. "금융위기와 먹거리 위기". ≪경향신문≫.

≪경향신문≫. 2005.8.22.

_____. 2009.2.5.

≪신동아≫. 2009.2월호.

≪Economist≫ 2007.12.7.

≪제주일보≫. 2008.6.5.

≪파이낸셜뉴스≫. 2008.5.21.

_____. 2008.10.17.

대검찰청, 2008.11.15. 보도자료

식품의약안전청, 연도별 통계

한국갤럽. 2006.11.

환경부 생활폐기물과 http://lifewaste.me.go.kr

제13장

'또 다른 오래된 미래' 슬로푸드

김종덕(경남대학교 교수)

1. 음식의 변화와 문제점

산업혁명·프랑스혁명의 산물로 등장한 근대에는 음식의 생산·유통·소비에 많은 변화가 일어났다. 우선 음식의 생산방식이 바뀌었다. 이전에는 주로 자연에 의존해 먹을거리를 생산했는데, 지금은 자연을 통제하면서 먹을거리를 생산한다. 이전에는 수박을 1년에 한철 농사지어 한 번 수확했다면, 지금은 1년 내내 농사를 지어 세 번 정도 수확한다. 1800년경에는 새끼돼지가 도살 중량인 60kg에 도달하는 데 2~5년이 걸렸으나, 20세기 초에는 새끼돼지가 100kg이 되는 데 11개월이 걸렸고, 오늘날에는 6~7개월밖에 걸리지 않는다. 사료를 개선하고, 성장호르몬을 사용하고, 돼지의 운동량을 줄임으로써 돼지의 성장속도가 빨라졌다. 규모경제의 도입, 종자개량, 농기계의 보급, 농약 및 화학비료의 이용으로 농업생산성이 크게 증대했다. 녹색혁명으로 대표되는 다수확품종의 보급으로 단위면적당 생산량도 늘어낳다. 이전에는 닭 한 마리가 1년에 수십 개의 달걀을 낳았는데, 지금은 300개가 넘는 달걀을 낳는다. 먹을거리의 생산성이 크게 향상되었다.

음식의 유통에도 큰 변화가 일어났다. 이전에는 주로 지역에서 먹을거리가 유통되었다. 하지만 이제는 세계시장에서 유통되면서 곡물유통업과 식품기업·식품서비스업이 크게 성장했다. 세계 곡물무역을 좌우하는 곡물 메이저가 등장해 곡물거래에 영향력을 행사한다. 대규모 식품기업들은 초국적 내지 다국적 기업의 성격을 띠고, 전 세계 국가와 소비자들을 대상으로 영업활동을 한다. 식품기업들은 1년에도 수만 가지 이상의 새로운 가공식품을 만들어 보급하는데, 전자레인지에 간단히 데워 먹는 냉동식품, 조리가 간단한 인스턴트식품을 대거 개발해냈다. 바쁜 현대인들의 취향에 맞게 간편하게 먹을 수 있는 패스트푸드를 전 세계에 공급하는 식품서비스업도 발전했다. 패스트푸드업체의 대명사인 맥도널드, 피자헛이나 켄터키 프라이드 치킨, 버거킹은 전 세계에서 영업을 한다.

음식의 소비에서도 변화가 있었다. 이전의 음식소비자는 그가 사는 곳에서 반경 몇 km 떨어진 곳에서 생산된 식자재로 조리된 음식을 먹었다. 음식소비자들은 생산자와 생산과정을 아는 비교적 신선한 먹을거리를 먹었다. 하지만 지금은 음식소비자들이 먹는 음식의 식재 대부분이 수천·수만 km 떨어진 곳에서 생산되어 이동되어온 것이다. 오늘날 미국에서, 생산지에서 식탁까지 먹을거리의 평균 이동거리는 2,500km나 된다(핼웨일, 2006). 우리가 오늘날 먹는 홍어의 대부분은 20,000km 이상 날아온 칠레산이다. 유럽처럼 유전자조작농산물의 수입을 금지하는 나라들은 예외지만, 대부분의 나라의 소비자들은 심지어 식품안전성이 입증되지 않은 유전자조작농업으로 생산된 식자재로 만든 식품도 먹는다. 또 바쁜 생활로 인해 소비자들은 식품기업들이 저렴한 가격에 대규모로 공급하는 냉동식품·인스턴트식품에 그들의 식사를 의존한다.

음식에서 일어난 이러한 변화로 인해 소비자들은 이전에는 먹지 못했던 음식이나 과일 섭취가 가능해졌다. 예컨대 우리가 지금 먹는 각종 패스트 푸드·인스턴트식품·퓨전식품은 불과 몇 십 년 전에는 구경할 수도, 또 먹을 수도 없었던 것이다. 바나나나 오렌지 등도 이전에는 먹기 어려웠지만, 지금은 쉽게 먹을 수 있다. 또 표준화된 맛을 가진 패스트푸드의 존재로 소비자들은 음식의 맛을 예측할 수 있게 되었고, 음식을 장만하는 노력을 거의 들이지 않고 간편하게 먹는 것이 가능해졌다. 이로써 식사에 관련되는 시간을 아낄 수 있게 되었다. 또 외국에서 여행을 하더라도 음식에서 오는 불편함을 겪지 않을 수 있게 되었다. 또 먹을거리 생산과 관련된 기술의 발전, 효율성의 증대로 단위면적당 생산성이 늘어나고, 장거리 수송수단이 발전하면서 전 세계적인 차원에서 먹을거리에 대한 저가 공급이 이루어졌다. 이제 저가에 공급되는 먹을거리 풍요의 시대가 되었다. 물론 아직도 65억 세계인구의 13% 정도가 기아에 시달리지만, 식량생산량은 전 세계의 인구가 먹고도 남는 규모다. 굶주리는 사람들이 기아에 허덕이는 이유는 식량 생산량이 모자라서가 아니라, 먹을거리가 상품화되었지만 그들은 구매력을 갖지 못했기 때문이다.

근대에 일어난 음식의 변화는 부정적 측면을 수반한다. 첫째, 이전에 먹기 어렵던 음식이 유입되면서, 또 표준화되고 규격화된 패스트푸드가 유입되면서 수천 년간 지역에 내려오던 전통식품이 자취를 감추게 되거나 소멸위기에 처했다. 음식은 그것을 소비하는 민족이나 지역의 정체성을 구성하는 중요한 요소다. 따라서 지역음식의 소멸은 음식이 없어지는 것에 그치지 않고 지역 정체성의 상실로 이어진다.

둘째, 통상적인 패스트푸드는 고지방 저섬유질을 포함해 비만을 가져오며, 심장병 등을 야기한다(리처, 1999). 일본은 맥도널드가 들어와 영업하면서 비만율이 2배나 늘어났다. 비만은 선진국에서만 나타나는 현상이었지만, 패스트푸드가 확산된 지금은 전 세계에서 나타나는 현상이 되었다. 패스트푸드의 제국이라고 불리는 미국에서 정부가 나서서 비만과의 전쟁을 선언한 바 있는데, 앞으로 비만이 더 확산되면 다른 나라도 이러한 조치를 취할 가능성이 높다.

셋째, 패스트푸드의 확산은 가정에서 식사를 위해 음식을 만드는 일을 줄이고, 인스턴트식품에 대한 의존도가 늘어나도록 한다. 또한 식생활에도 영향을 미쳐 가정식사의 감소와 외식의 증대, 그리고 나홀로 식사의 증가를 가져왔다. 이러한 변화는 사람들이 음식을 중요하게 여기지 않고, 조리기술을 알지 못하는 음식문맹자로 만든다. 일단 음식문맹자가 되면 패스트푸드에 더 의존하게 된다. 조리기술이 없으면 인스턴트식품이나 패스트푸드 이외의 대안에 관심을 가질 수 없기 때문이다. 음식문맹자가 되면, 지속가능한 영농의 후원자가 되지 못하고, 스스로도 나쁜 먹을거리를 먹게 되고, 그 결과 나쁜 먹을거리의 생산을 부추겨 먹을거리의 악순환을 가져온다.

넷째, 속도를 단축한 식재로 만든 패스트푸드는 식품안전에 부정적 영향을 미친다. 효율성을 강조하는 먹을거리의 생산은 규모화, 그리고 속도단축에 매달리게 되는데, 이러한 방식의 식품생산은 식품안전에 부정적이다. 닭고기의 살모넬라균은 대규모 양계시설의 관리문제에서 생겨난 것이다(리처, 1999). 대규모 사육이나 양식에 따른 질병을 예방하기 위해 사용하는 각종 항생제, 그리고 속도를 단축하기 위해 사용하는 성장호르몬은 식품안전을 위협한다. 성장 속도를 단축하고 특정 성분을 포함한 농산물을 생산하기 위해 만들어진 유전자조작농산물은 아직 안전성이 입증되지 않은 상태인데도 사료용, 심지어는 식용으로 유통된다. 미국은 인도주의 원조에 유전자조작농산물을 제공한다.

다섯째, 대량의 패스트푸드 원료를 공급하기 위해 규모화를 생산방식으로 도입하는데, 이러한 생산방식은 환경에 부정적으로 작용한다. 미국에서 소의 대규모 사육은 토양과 강물 등의 오염을 가져왔다(리프킨, 2002). 브라질의 소 사육은 아마존 원시림을 잠식했다(리처, 1999). 또 대규모

석유에너지의 사용은 이산화탄소의 방출을 가져와 지구온난화를 가속화한다(김종덕, 2008b).

현대인들이 먹는 음식 자체가 점점 문제가 많은 것으로 드러나자 온전한 음식을 찾는 움직임이 일고 있다. 정체불명의 글로벌푸드가 아니라 공간의 맥락을 갖는 로컬푸드(local food), 시간의 맥락을 잃은 패스트푸드가 아니라 제철 먹을거리인 슬로푸드(slow food)가 각광을 받는다. 또 지역음식과 전통음식에 대한 재평가와 재발견이 이루어진다. 여기서는 현재 사람들이 추구하는 온전한 음식으로서 슬로푸드에 주목하고자 한다.

2. 슬로푸드운동과 슬로푸드

슬로푸드는 슬로푸드운동이 활성화되면서 주목을 받은 먹을거리다. 슬로푸드운동은 이탈리아에서 시작되었다. 패스트푸드의 대명사인 미국의 맥도널드가 1986년에 로마에 진출하자 카를로 페트리니(Carlo Petrini)와 그의 동료들은 음식을 표준화하고 전통음식을 소멸시키는 패스트푸드의 진출에 대항해 식사·미각의 즐거움, 전통음식의 보존 등의 기치를 내걸고 슬로푸드운동을 시작했다. 이들은 미국의 패스트푸드 진출이 그 유입에 그치지 않고, 세븐일레븐이나 맥도널드 종업원들의 저임금·장시간노동이 보여주는 미국의 천박한 노동문화까지 이탈리아에 유입될 것을 우려했다(김종덕, 2001).

슬로푸드운동은 1989년에 파리에서 선언문을 발표하면서 국제적인 운동이 되었다. 슬로푸드운동이 단기간에 국제적인 운동이 되고 또 중요한 위치를 점하게 된 데에는, 영국에서 처음 발병해 전 세계로 확산된 광우병이 주요한 역할을 했다(김종덕, 2001). 초식동물인 소에게 양의 내장으로 만든 동물성 사료를 먹여서 생겨난 병이 광우병이다. 소의 빠른 성장과 사료비 절약을 위해 해당 동물의 생태에 관계없이 사료를 먹인 것이 화근이었는데, 여기에는 영양성분이 높은 사료를 먹임으로써 단백질생산을 단기간에 보다 효율적으로 할 수 있다는 원리가 적용된 것이다. 음식생산에서 얼마든지 시간의 벽을 뛰어넘을 수 있다는 인간의 자만이 광우병을 만들어낸 것으로 볼 수 있다. 광우병은 동물의 복지차원에서는 말할 것도 없고, 사람에게 전이됨으로써 엄청난 재앙이 되었다. 광우병이 확산되면서 그 공포에 떤 유럽인들이 보다 안전하고 믿을 만한 음식을 찾았고, 슬로푸드운동이 전하는 메시지와 주장이 설득력을 갖게 되었다.

슬로푸드 선언문은 1989년 11월 9일 프랑스 파리의 코믹오페라 극장에서 발표됐는데, 선언문[1]의 일부를 보면 다음과 같다.

산업문명의 이름으로 전개된 우리 세기는 처음으로 기계의 발명이 이루어졌고, 이후 기계를 생활모델로 삼았다. 우리는 속도의 노예가 되었으며, 우리의 습관을 망가뜨리며, 우리 가정의 사생활을 침해하고, 우리로 하여금 패스트푸드를 먹도록 하는 빠른 생활, 즉 음흉한 바이러스가 우리 모두를 굴복시켰다.

호모 사피엔스라는 이름에 상응하기 위해서, 사람은 종이 소멸되는 위험에 처하기 전에 속도로부터 벗어나야 한다. 보편적인 어리석음인 빠른 생활에 반대하는 유일한 방법은 물질적 만족을 고정시키는 것이다. 이미 확인된 감각적 즐거움과 느리며 오래가는 기쁨을 적절하게 누리는 것은 효율성에 대한 흥분에 의해 잘못 이끌린 군중에게서 우리가 감염되는 것을 막을 수 있을 것이다. 우리의 방어는 슬로푸드 식탁에서 시작되어야 한다. 우리는 지역요리의 맛과 향을 다시 발견하고, 품위를 낮추는 패스트푸드를 추방해야 한다. 생산성 향상의 이름으로, 빠른 생활이 우리의 존재방식을 변화시키고, 우리의 환경과 경관을 위협한다. 그러므로 지금 유일하면서도 진정한, 진취적인 해답은 슬로푸드다.

---

1) 이 선언문에는 아르헨티나·오스트리아·브라질·덴마크·프랑스·독일·네덜란드·헝가리·이탈리아·일본·스페인·스웨덴·스위스·미국의 대표가 서명했다.

진정한 문화는 미각을 낮추기보다는 미각을 발전시켜야 한다. 이렇게 하는 데는 경험·지식·프로젝트의 국제적인 교환이 가장 좋은 방법이다. 슬로푸드는 보다 나은 미래를 보장한다. 슬로푸드는 그것의 상징인 작은 달팽이와 함께 이 운동이 국제운동으로 나아가는 데 도울 능력을 갖춘 다수의 지지자를 필요로 한다(http://www.slowfood.com).

슬로푸드 선언문은 현대문명을 속도전쟁으로 보고, 이러한 속도가 우리를 노예로 만들기 때문에 이로부터 벗어나야 한다고 했다. 그리고 그 출발점을 슬로푸드 식탁에서 찾았다. 패스트푸드는 호모 사피엔스로서 우리의 품위를 낮추기 때문에 추방해야 하고, 그 자리에 미각의 발전을 통한 지역요리의 맛과 향의 재발견이 필요하다고 했다.

슬로푸드운동은 패스트푸드를 나쁜 음식으로 규정하고, 그것의 대안으로 슬로푸드를 제안했다(김종덕, 2001). 슬로푸드운동은 통상적인 패스트푸드는 물론이고, 산업형 농업(industrial agriculture)에 의해 생산된 식재도 패스트푸드로 본다. 산업형 농업에 의한 식재생산은 경쟁 때문에 효율성에 중점을 두게 되고, 이것이 환경에 문제를 야기하고, 식품의 질을 저하시키는 것으로 본다. 반면에 소규모 가족농은 보다 많은 정성을 들여 농사를 지으며, 지속가능한 영농을 하기 때문에 질적으로 우수한 식재를 생산하는 것으로 본다. 소규모 가족농들은 자연의 순리에 따르며, 성장호르몬이나 화학제 등을 사용하지 않기 때문에 식품안전과 영양 면에서 좋은 먹을거리를 생산하는 것으로 본다. 슬로푸드운동이 제안하는 슬로푸드는 오랜 시간에 걸쳐 발전되어 오늘에 이르는 전통식품, 그리고 제철에 생산되는 먹을거리 등이다.

또한 슬로푸드운동은 글로벌푸드의 대안으로서 로컬푸드를 제시한다. 슬로푸드운동은, 농업은 기본적으로 지역의 기후·토양·문화 등을 반영하기 때문에 지역농업이어야 한다고 하면서, EU의 공동농업정책을 반대한다(김종덕, 2001). 물론 세계화된 농업에 대해서도 그 타당성에 의문을 제기한다. 슬로푸드운동은 세계시장을 위해 생산되는 글로벌푸드에 대해 반대한다. 그 이유는 글로벌푸드를 생산할 때 경쟁에 따른 비용을 줄이기 위해 농약·항생제 등을 사용하고, 장거리 수송을 위해 미리 수확하고, 수송 중 부패를 막기 위해 방부제 등을 살포해 글로벌푸드는 환경·영양·식품안전 면에서 문제가 많기 때문이다. 슬로푸드운동은 대신 로컬푸드에 주목한다. 로컬푸드는 지역주민의 요구를 반영하고 지역주민을 위해 생산된 먹을거리로, 생산자와 소비자가 아는 가운데 먹을거리의 생산과 소비가 이루어져, 생산자는 판매 걱정 없이 안정적으로 영농을 할 수 있으며, 소비자들은 보다 안전하고 신뢰할 수 있으며 수확한 지 얼마 되지 않아 보다 신선하고 영양가 있는 먹을거리를 섭취할 수 있기 때문이다.

슬로푸드운동은 대안으로 유전자조작식품이 아닌 먹을거리를 옹호한다. 주지하다시피 유전자조작식품은 그것을 옹호하는 농기업(agribusiness)이나 연구자들의 주장과 달리 먹을거리로서 많은 문제가 있다. 침팬지에게 유전자조작바나나와 일반 바나나를 주었더니 일반 바나나만 먹었다는 실험결과도 있다(구달·매커보이·허드슨, 2006). 또 유전자조작농산물은 식품의 안전은 물론 생물학적 오염, 슈퍼 잡초의 출현 등 환경에도 많은 문제를 야기해 그 확산을 우려하고 있다. 슬로푸드운동은 유전자조작식품이 아니라 오래전부터 사람들에게 사랑을 받아오고, 사람들이 즐겨 먹던 먹을거리를 중시한다.

또 슬로푸드운동은 표준화된 음식보다 다양성을 반영하는 지역음식을 더 선호한다. 패스트푸드의 확산으로 인한 지역음식의 소멸을 우려한다. 슬로푸드운동은 각 지역의 문화·특성이 반영된 지역음식·문화를 옹호한다.

현대의 지배적인 먹을거리보다 좀 더 자연 친화적이고, 지역의 전통과 문화에 바탕을 두는 슬로푸드는 그것을 생산하는 농민, 그것을 섭취하는 소비자에게 이점을 제공한다. 농민들이 슬로푸드를 생산하게 되면, 이전과는 달리 속도와 효율성에 전념하지 않아도 된다. 가급적 자연의 특성을 반영한 자연의 시간에 맞추어 농축산물을 재배하고 사육하기 때문에, 경쟁에 따른 스트레스를 덜 받으면서 영농활동을 할 수 있다. 또 농민들은 자기 지역의 특성을 이용해, 오랫동안 발전되어온 영농문화나 지식을 따르면서, 지역종자나 품종으로 농사나 축산을 할 수 있다. 식품산업이나 농기업에 종속되어 판매를 위한 상품생산을 하는 것이 아니라, 고품질의 지역 먹을거리 생산에 전념함으로써 농민들은 영농에 대해 자부심과 긍지를 가질 수 있다.

소비자들이 슬로푸드를 먹게 되면 여러 가지 면에서 좋은 것으로 지적되었다(김종덕, 2003). 우선 슬로푸드는 먹는 사람의 건강에 이롭다. 슬로푸드는 자연의 리듬에 따라 생산된 음식재료로 만든 것이다. 사철과일이 아니라 제철과일을 지칭하며, 성장호르몬이나 항생제 등을 사용하지 않은 음식재료로 만든 것이다. 사람의 몸이 유기체이기 때문에, 패스트푸드보다는 자연의 리듬에 따라 생산된 재료로 만든 슬로푸드가 더 잘 맞고 더 좋다고 할 수 있다.

슬로푸드는 규격화되고 표준화된 방식에 의해 만들어지는 것이 아니라, 만든 이의 정성이 들어간 음식이다. 정성이 들어간 음식은 보약 그 자체라 할 수 있다. 슬로푸드는 생산자가 누구인지를 아는 음식재료로 만든 음식이다. 이 경우에 생산자는 소비자의 건강과 안전을 고려한 식품재료를 생산한다. 생산자와 소비자의 거리가 짧기 때문에 수송과정에서 방부제 등을 사용할 필요가 없고, 실제로 방부제가 사용되지 않는다. 따라서 슬로푸드는 깨끗하고 안전하며, 따라서 건강에 좋을 수밖에 없다.

슬로푸드는 패스트푸드와 달리 발효식품이 대부분이다. 오늘날 전 세계적으로 발효식품은 건강식품으로 알려져 있다. 슬로푸드는 느린 식사를 중시한다. 아무리 좋은 음식이라고 하더라도 급하게 먹을 경우 몸에 좋지 않을 뿐만 아니라 몸에 탈이 날 수 있다. 반면에 느린 식사는 소화를 돕고, 음식에 있는 영양분이 몸속에서 잘 흡수되도록 함으로써 건강에 보탬이 된다. 느린 식사는 식재의 원천을 생각하게 하고, 음식을 만든 사람들에게 감사하게 한다. 슬로푸드는 맛있는 식생활을 하게 한다. 슬로푸드는 신선하고 영양가가 많기 때문에 이를 먹는 사람들은 먹는 즐거움을 향유하면서 식사를 맛있게 할 수 있다.

슬로푸드는 현대사회에서 위기에 직면한 가족관계의 복원에도 기여한다. 패스트푸드가 지배적이 되면서 가정식사가 줄어들었다. 정기 식사가 줄어들고 간식이 늘어났으며, 가족이 함께하는 식사보다는 나홀로 식사가 많아졌다. 또 각종 인스턴트식품의 보급의 확대로 가정에서 조리할 기회가 줄어들었고, 이는 가족들이 함께 만드는 요리가 필요 없도록 했다. 조리과정 없이 할 수 있는 간편한 식사는 조리기술의 전수가 이루어지지 않게 한다. 사실 현대의 많은 사람들이 인스턴트식품에 의존하는 이유 중의 하나는 조리기술이 없는 것과 관련이 있다(김종덕, 2007). 현대 가족의 불안정을 연구하는 학자들은 그 원인의 일부로 패스트푸드를 들기도 한다(리처, 1999). 슬로푸드의 대부분은 가정에서 만들어 먹는 음식이다. 가정에서의 식사준비는 가족관계를 강화하는 쪽으로 작용한다. 가족 구성원이 모여 장을 보고, 요리하고, 함께 식사를 하면 가족관계가 안정될 가능성이 크다.

슬로푸드는 지역 환경의 보전에도 기여한다. 슬로푸드의 확산은 지역에 지속가능한 농업이 자리하도록 한다. 슬로푸드의 생산에 농약·성장호르몬 등을 사용하지 않음으로써 토양·수질 오염과 파괴를 막는다. 슬로푸드를 생산하는 농업은 단작재배보다 윤작재배를 선호하고, 단일종자보다 다양한 종자에 의존함으로써 종자다양성과 생물다양성을 유지하는 데 기여한다. 지역의 슬로푸드생산은 유전자조작농업의 진입을 막는다. 동물의 생태에 맞는 동물사육은 환경의 훼손을 막을 뿐만 아니라 동물복지의 향상에도 기여한다.

슬로푸드의 확산은 지역사회에도 이롭게 작용한다. 슬로푸드의 확산은

지역의 생산자와 소비자를 연결해 지역사회의 활성화를 가져온다. 슬로푸드
의 생산과 소비는 생산자인 농민과 소비자의 자율성을 높이고, 자원이 지역
에서 순환됨으로써 지역 비즈니스의 번창을 가져오는 데 기여한다. 슬로푸
드의 확산에 의한 패스트푸드 확산의 저지는 표준화된 음식이 아닌 지역음식
의 보존을 통해 음식문화의 다양성에도 기여한다. 슬로푸드의 생산은 지역
의 전통적인 영농문화, 영농과 관련된 지식의 보존과 계승을 가져온다.

3. 전통음식이자 미래음식인 슬로푸드

국제슬로푸드 회장 카를로 페트리니는 슬로푸드의 기준을 "좋고(good)"·
"깨끗하고(clean)"·"정의로운(fair)" 음식으로 제시했다(페트리니, 2008). 좋다
는 것은 음식이 맛이 있고, 자연성을 갖추었고, 문화적으로 부합된다는
것을 의미한다. 깨끗한 것은 먹을거리의 생산과 수송이 지속가능한 것을
의미한다. 정의롭다는 것은 생산 및 유통과정에서 일한 사람들의 몫을
제대로 인정해준다는 것을 말한다. 정의로운 것의 외연을 넓히면 동물복지
를 위반하지 않는 것까지 포함한다. 이러한 세 기준을 고려할 때 슬로푸드
는 다른 어느 음식보다도 온전한 먹을거리라고 할 수 있다.

슬로푸드를 이렇게 본다면, 산업화·세계화가 이루어지기 전에 세계의
곳곳에서 그 당시에 살던 사람들이 먹던 음식, 즉 이른바 전통음식이
대표적인 슬로푸드라고 할 수 있다. 때문에 슬로푸드는 오래된 음식이라고
할 수 있다. 이 중에서 일부는 근대화의 물결과 패스트푸드의 확산 속에서
자취를 감추었지만, 일부는 잘 남겨져 오늘에 이르렀다.

소멸되어가던 전통음식이 '슬로푸드'라는 이름으로 다시 조명을 받게
된 것은 슬로푸드운동의 덕분이라 할 수 있다. 특히 패스트푸드에 빠져
있던 젊은이들에게 슬로푸드운동은 음식을 새롭게 볼 수 있는 계기를

제공했다(페트리니, 2008).

슬로푸드운동을 주도하는 이탈리아의 대표적인 전통식품이자 그들이 슬로푸드라고 이야기하는 것으로, 발사믹식초·살라미·포도주·치즈·피자·파스타 등이 있다. 발사믹식초는 포도주를 발효시켜 만든 것으로 세계적인 상품이 되었다. 살라미는 돼지 뒷다리 등을 건조한 곳에서 오랫동안 발효시켜 만든 것이다.

우리나라는 이탈리아보다 훨씬 더 다양한 전통식품을 발전시켜왔다. 우리나라는 삼면이 바다인 데다 사계절이 분명하고 산림이 풍부해, 일부 지역에서는 논농사와 밭농사가 적절히 발달되어 양질의 다양한 종류의 농산물과 식재가 생산되었고, 선조들의 지혜가 합쳐져 다른 나라보다 훨씬 더 풍부한 전통음식이 발전되었다.

전통사회에서는 음식을 만드는 과정, 음식이 숙성되게 하는 데도 인공의 시간이 아닌 자연의 시간에 의존했다. 음식을 느리게 만들면서 사람들은 음식에 정성을 담았다. 우리나라에서 간장 담그는 것을 보면 음식을 만드는 데 대단히 정성을 기울였음을 알 수 있다. 장을 담그기 위해 택일을 하고, 택일을 하면 사흘 전부터 외출을 금해서 부정을 타지 않도록 했다. 장 담그는 당일에는 목욕재계하고, 고사를 지내고, 장 담그는 일을 할 때 한지로 입을 봉해 음기의 발산을 막았다. 장 담그기에 이렇게 정성을 들인 이유는 정성을 들여야 장맛이 좋고 또 변질이 되지 않는다고 믿었기 때문이다. 이러한 간장담그기는 오늘날의 정서로 이해되지 않는 측면도 있지만, 그 시기에는 그것이 당연한 것이었고 일이 진행되는 이치였다.

지금 우리는 패스트푸드나 인스턴트식품을 많이 먹지만, 지금부터 몇십 년 전에 우리가 먹던 음식은 슬로푸드였다. 우선 우리의 주식인 밥은 발효식품은 아니지만 슬로푸드다. 요즈음 인스턴트 밥이 상품으로 나오지만, 밥을 짓는 과정은 조리기술과 시간·기다림을 필요로 한다. 또 쌀에 따라 먹는 사람의 취향에 따라 밥을 달리 지을 수 있다. 돌솥밥·대나무통밥 등 사용 용기에 따라 다른 밥을 지을 수 있고, 밥을 토대로 해서 다른 음식을 만들기도 하는데, 비빔밥·볶음밥·김밥·술·식혜의 바탕은 밥이다.

또 우리의 김치는 발효식품으로 시간이 만드는 슬로푸드다. 지역마다 상당히 많은 종류의 김치가 생겨났고, 배추김치·무김치를 비롯해 재료에 따라 다양한 김치가 있다. 남쪽의 김치는 배추김치가 많지만, 중부나 북부는 배추김치에도 무가 많이 들어간다. 우리나라의 김치는 일본사람들이 만들어서 즐겨 먹는 기무치와 다르다. 우리의 김치가 발효식품인 데 비해 일본의 기무치는 우리나라의 겉절이 정도에 해당한다. 겨울 김장철에 김장해서 겨울 그리고 여름까지도 먹는 우리의 김치는 그 맛이나 영양, 과학의 활용도 면에서 기무치와 비교될 수 없는 매우 우수한 슬로푸드다. 김치는 세계적인 건강식품으로 인정받고 있다. 특히 동남아에 사스가 유행했을 때 우리나라는 김치 덕분에 사스의 발병을 피하게 되어 김치가 세계적으로 주목을 받은 적이 있다.

우리의 전통적인 술도 슬로푸드다. 고두밥에 누룩을 넣고 물을 부어 일정한 온도로 보온해 발효가 이루어진 것이 막걸리고, 여기서 발효가 더 이루어져 용수를 이용해 뜬 것이 약주(청주)고, 그것을 증류해 만든 것이 증류식 소주다. 지금도 판매되는 안동소주 등은 바로 전통적인 방식으로 만든 것이다. 각 지역에서 발전된, 그리고 각 집에서 담가 먹던 각종 가양주도 모두 슬로푸드다. 그리고 우리의 선조들은 막걸리나 청주가 발효해 쉬면 그것으로 식초를 만들었다. 이탈리아 사람들이 와인으로 발사믹식초를 만든 것과 같은 원리다.

우리나라의 대표적 장류인 간장·고추장·된장도 슬로푸드 그 자체다. 이러한 장류의 재료는 콩인데, 콩을 삶아 으깨 메주를 만들어 발효시킨 뒤 장을 만든다. 메주를 발효시키는 데는 볏짚을 이용한다. 볏짚에 있는 바실러스균이 메주의 발효를 도와주기 때문이다. 지금처럼 과학이 발전한 시대가 아니었음에도 메주에 볏짚을 이용했다는 것이 신기하고 놀랄 정도다. 메주가 잘 뜨도록 하는 데는 시간과 기다림이 필요하다. 잘 발효된 메주를 이용해 된장·고추장·간장을 만드는데, 여기에도 시간과 기다림이 필요하다. 오래 기다릴수록 맛이 좋은 된장·고추장·간장이 만들어진다. 특히 장맛이 각 집의 음식맛을 좌우한다고 해, 각 집에서는 좋은 맛을 가진 장을 만드는 데 많은 정성을 기울였다.

이 밖에도 우리의 수백 가지의 젓갈류도 훌륭한 발효음식이며, 탕류도 음식을 만드는 데 장시간의 기다림이 필요한 슬로푸드다. 이러한 음식들은 그 원리는 같지만 지역마다 특색이 있고 맛도 다르다. 그 지역에서 나는 재료가 다르기 때문이다. 이들 전통음식은 영양 면에서 매우 훌륭하며, 현재의 기술과 지식수준으로 보더라도 완벽한 음식이라 할 수 있다.

우리나라에는 발효식품만 발전한 것이 아니라, 이를 담는 옹기도 일찍부터 발전했다. 우리나라의 옹기는 그 자체가 숨을 쉰다. 우리의 선조들은 발효음식을 공기가 통하는 옹기에 보관해 음식의 질을 더 높이는 방법을 고안했다. 간장을 오래 묵히면 묵힐수록 맛이 있는 비결은 옹기가 있어 가능했다고 할 수 있다. 또 발효된 홍어가 제맛이 나는 것도 옹기 덕분이라 할 수 있다.

슬로푸드는 전통음식이자 현대의 먹을거리의 대안이라 할 수 있다. 앞에서도 보았듯이 현대의 먹을거리는 많은 문제를 야기하고, 따라서 온전한 음식이 아니다. 현대의 먹을거리는 건강·환경·지역사회 등에 많은 문제점과 부작용을 야기하기 때문에 이를 대체할 필요가 있다. 우리가 지향할 미래의 음식은 식재의 생산과정과 조리과정 그리고 식사에 이르기까지 만연되어 있는 속도에서 벗어나야 한다. 미래의 음식은 잃어버린 시간과 공간의 맥락이 복원된 것이어야 한다. 미래의 음식은 건강에 이롭고, 그것의 생산·유통·소비가 영농·환경·지역사회의 지속가능성에 기여하는 것이어야 한다. 이러한 내용과 특성의 미래음식은 슬로푸드인 제철음식·지역음식이다. 따라서 미래음식은 슬로푸드에서 그 해답을 찾을 수 있다.

4. 슬로푸드의 실천

우리의 선조들은 자연의 흐름을 중시하는 생활을 해왔다. 음력의 24절
기에 맞추어 생활을 했다. 봄에는 봄의 절기에 맞추어 그리고 여름에는
여름의 절기에 맞추어 생활했다. 사람과 자연이 둘이 아니라 하나였다.
우리의 선조들은 자연과 공존하고, 자연과 함께하는 삶을 살아왔다.

우리 선조들이 살았던 전통사회에서는 패스트푸드가 필요하지도 않았
고, 그것이 자리할 수도 없었다. 이처럼 음식과 그것을 먹는 사람들의
생활, 음식이 생산되고 유통되는 사회는 따로 움직이는 것이 아니다. 음식
은 사회적으로 고립된 것이 아니기 때문이다.

슬로푸드 선언문을 보면, 현대문명의 속도에 대한 집착과 강조, 그리고
속도의 중시가 음식을 포함한 전 분야에서 문제를 야기한다고 보고, 이러
한 문제를 해결하려면 사람들이 속도의 노예에서 벗어나야 한다고 주창했
다. 즉, 패스트라이프(fast life)에서 벗어나 슬로라이프(slow life)를 누려야
한다는 것이다. 슬로푸드운동이 슬로푸드와 더불어 슬로라이프에 주목한
것도 음식이 생활과 밀접한 관련이 있다는 인식을 전제로 한 것이다.

현대인들의 생활인 패스트라이프는 많은 문제를 야기한다. 사람들이
시간에 쫓겨 전투하듯이 살게 되면 자신의 생활을 영위할 수 없다. 천천히
음미하고 먹어야 할 식사시간도 아까워 마치 차에 기름을 채우듯이 배를
채운다. 이렇게 하면서 음식의 중요성이나 음식에 대한 감사를 느낄 수
없다. 사람들 사이의 연대나 협력이 필요한데도 서로가 서로를 경쟁자로
여기게 한다. 사람을 일의 노예로 만들어 스트레스를 받는 생활을 하게
한다. 현대인들은 속도와 경쟁이데올로기에 빠져 패스트라이프로 인해
자신이 소외된 삶을 사는지도 모른다.

우리나라는 1960년대 이후 유례없는 압축적 성장이 일어나면서 속도지
상주의의 사회가 되었다. 외국인들이 우리나라에 와서 처음에 그리고

가장 많이 듣는 말이 빨리빨리라고 할 정도로 우리의 생활에서 빠른 속도는 일상화되었다. 이러한 사회에 살면서 우리는 그동안 빨리빨리에 익숙해졌다. 생활에서 빠른 속도가 당연한 것이 되었고, 사는 것도 전투하듯이 살아왔다. 다른 나라에 없는 입시전쟁·취업전쟁 등의 용어는 속도를 중시하는 우리 사회의 자화상을 보여준다.

사회가 빠르게 변하고 사람들이 빨리빨리를 중시하면서 우리의 음식에서 패스트푸드가 차지하는 비중이 점점 커졌다. 집에서 음식을 만들어서 먹는 가정식사가 많이 줄어들었고, 가정에서 식사를 하더라도 냉동식품이나 인스턴트식품에 대한 의존도가 높아졌다. 가정에서 우리 전통식품의 상당 부분이 외면되었다. 집에서 김치를 담그는 비율, 장을 담그는 비율도 줄어들었다. 패스트푸드점에서 사 먹는 외식의 비중도 높아졌다. 그리하여 오늘날 젊은이들은 우리의 고추장보다 케첩을 더 좋아하고, 집에서 어머니가 만든 음식보다 햄버거·피자 등을 더 선호하게 되었다. 또 안타깝게도 많은 젊은이들이 전통음식의 참맛을 느낄 수 있는 미각을 갖기 전에 패스트푸드의 단맛, 고소한 맛 등 강한 맛에 길들여진다. 그리하여 우리의 전통음식의 맛을 알지 못한다. 패스트푸드 식생활은 젊은이들에 국한되지 않고 보다 광범위한 인구 층으로 확대되고, 그 부작용도 점점 더 심각해진다.

도처에 패스트푸드 일색이기 때문에 제대로 된 음식인 슬로푸드를 먹기가 쉽지 않다. 또 일부 슬로푸드는 가격이 비싸기 때문에 서민들이 접근하기 어렵다. 이러한 이유로 슬로푸드운동은 비싼 슬로푸드를 사서 먹을 수 있는 유한계급의 운동이라고 비난을 받기도 한다.

하지만 조금만 눈여겨보면, 실제로 서민들도 슬로푸드를 많이 먹는다. 또 모든 슬로푸드가 비싼 것도 아니다. 많은 사람들이 집에서 적은 비용으로 조미료를 첨가하지 않고 정성을 들여 슬로푸드를 만들어 먹는다. 이 경우 패스트푸드 외식보다 비용이 적게 들 수 있다. 우리가 매일같이 먹는 김치나 간장·된장도 그것이 공장에서 만든 것이 아니라면 슬로푸드다. 또 우리가 주정을 희석해 만든 소주가 아니라 막걸리나 전통주 그리고 각종 가양주를 마시면 그것이 바로 슬로푸드를 먹는 것이다. 제철에 나는 나물을 먹고, 제철과일을 먹고, 집에서 밥을 지어 먹는 것 모두 슬로푸드식 생활이다. 이처럼 슬로푸드는 우리의 생활에서 먼 곳이 아니라 가까운 곳에 있고, 조금만 노력하면 얼마든지 그것을 먹을 수 있다.

가격이 좀 비싼 슬로푸드의 경우 국제슬로푸드협회의 회장인 카를로 페트리니의 권고를 받아들이면 그것을 먹을 수 있는 여지가 생긴다. 그는 패스트푸드를 많이 사서 낭비하면서 먹기보다 슬로푸드를 적당하게 사서 먹는 것이 한 방법이라고 권한다(≪한겨레신문≫, 2008년 11월 8일자). 실제로 슬로푸드운동은 엥겔계수를 좀 높이자는 주장도 한다. 보통 엥겔계수가 낮은 것이 잘사는 것의 지표가 되어 사람들이 이를 선호하는 경향이 있다. 이러한 경향에 반대해 슬로푸드운동은 소비자가 생활비에서 좋은 음식인 슬로푸드를 구입하는 데 더 지출해야 한다고 주장한다. 사실 많은 사람들이 먹는 것보다 덜 중요한 일에 돈을 지출하면서 먹는 것에 대한 지출에서 인색하다는 점을 고려하면, 슬로푸드운동의 엥겔계수를 높이자는 주장은 매우 설득력이 있다. 소비자들이 생활비에서 음식구입비에 사용하는 지출을 늘리면, 소비자들은 좋은 먹을거리를 먹을 수 있을 뿐만 아니라 좋은 먹을거리 생산자들이 좀 더 안정적으로 먹을거리를 판매할 수 있게 된다. 생산자와 소비자의 상생이 이루어진다.

개인이 자기가 먹는 음식에 돈을 좀 더 지불하는 방법 이외에도 직거래를 통해 유통마진을 줄이면, 사람들이 보다 낮은 가격으로 슬로푸드에 접근할 수 있다. 또 자기가 사는 주변에 공터 등이 있으면 직접 채소를 재배해 먹는 것도 좋은 방법이다. 공터가 없는 경우 아파트 베란다를 활용해 상추나 고추를 키우고, 집에서 콩나물을 키워 먹을 수도 있다. 이처럼 큰 노력을 들이지 않더라도 관심을 기울이면 보다 신선하고 온전한 슬로푸드를 즐길 수 있다.

슬로푸드를 즐기려면 사람의 속도로 사는 삶, 즉 슬로라이프로 사는 것이 필요하다. 슬로라이프로 살게 되면 자연스럽게 슬로푸드를 가까이할 수 있다. 사람마다 속도가 다르다. 때문에 슬로라이프란 자기의 속도와 리듬에 의해 살아가는 것을 말한다. 그리고 사람이 다른 생명체를 지배하는 것이 아니라 다른 생명체와 공존하는 삶을 살아가는 것을 말하며, 지구가 지속가능하도록 친환경적인 방식으로 살아가는 것을 말한다.

슬로라이프의 방식으로 살게 되면 여러 가지 이점이 있다. 우선 남에게 종속된 삶을 사는 것이 아니라 자기의 삶을 찾을 수 있다. 많은 현대인들이 자기의 삶을 영위하지 못한다. 조직이나 회사에서 요구하는 대로 따라간다. 이러한 생활의 연속은 사람을 지치게 한다. 심지어는 과로사가 일어나기도 한다. 많은 시간은 아니지만, 바쁜 가운데 자기 시간을 갖고 그것을 적절하게 이용하는 것은 자기를 찾을 수 있고 또 재충전에도 도움이 된다. 슬로라이프는 신체적으로나 정신적으로 건강에 이롭다. 슬로라이프의 하나인 걷기는 건강을 지켜주기도 하지만, 창의적인 생각을 할 수 있게 하고, 다른 사람과 대화할 시간을 가질 수 있게 하며, 사물들을 관찰할 수 있게 한다. 슬로라이프는 또 가족이나 자신이 좋아하는 사람과 함께할 수 있는 시간이나 활동을 갖게 해준다. 슬로라이프를 즐기는 사람들이 많으면 많을수록 사람들 간의 정도 두터워지고, 또 에너지도 적게 사용하기 때문에 슬로라이프는 사회적으로 공동체를 회복하고 환경의 파괴를 줄이는 데도 기여한다.

속도가 중시되는 사회에서, 모두 빨리빨리 움직이는 사회에서 개인이 슬로라이프를 실천하기는 만만치 않다. 사회조직이나 제도도 개인에게 빠른 속도에 적응할 것을 요구한다. 또 개인들은 빠른 일처리를 하도록 사회적 압력을 받는다. 혼자서 일처리를 좀 늦게 하면 손가락질을 받고, 또 느림보로 지탄받는다.

이러한 여건에서 슬로라이프를 실천하기 위해서는 자신의 시간에 대한 성찰이 필요하다. 자신이 바쁜 것이, 자기 시간을 갖지 못하는 것이 남을 위해 쓰는 시간 때문에 그런 것이 아닌가라고 자문할 필요가 있다. 자신이 아니라 남을 위해 많은 시간을 쓴다면, 그것을 줄여 자신이 쓸 수 있는 시간을 더 가질 수 있다(리처, 1999). 또 시간에 대한 강박관념이나 조급증에서 벗어나면, 자기 시간을 더 가질 수 있다. 일상생활에서도 조금만 노력하면 슬로라이프를 실천할 수 있는 일이 적지 않다. 자가용보다 대중교통을 사용하거나 걷고, 자원을 아껴 사용하고, 가족이 함께 음식을 만들어 식사를 하는 일 등이 모두 슬로라이프다.

슬로푸드를 먹기 위해 이러한 개인적인 의지와 노력도 필요하지만, 더 중요한 것은 슬로푸드를 향유할 수 있는 제도를 만드는 일이다. 이를 위해서는 슬로푸드의 제도화에 힘을 쏟는 슬로푸드운동에 회원으로 가입해 활동하는 것도 한 방법이다. 빨리빨리가 일상화된 우리나라는 다른 나라에 비해 슬로푸드운동이 더 요구되는 현실이지만, 현재 회원가입과 슬로푸드 지부활동이 미미한 상태다. 이웃 일본에 비해 슬로푸드운동의 활성화 정도가 크게 떨어진다. 슬로푸드와 관련된 제도가 만들어지면, 개인들은 보다 쉽게 슬로푸드를 즐길 수 있게 된다. 제도가 개인들에게 그러한 여건을 보장해주기 때문이다.

우리가 슬로푸드를 먹으면 우리의 건강에 도움이 될 뿐만 아니라 지역사회에 이로운 결과를 낳는다. 먹을거리의 생산자인 농민들도 스트레스를 덜 받고 영농에 종사할 수 있고, 지역의 전통문화가 보존되고, 지역의 종자가 살아남고, 지역의 생물다양성이 유지된다. 수천 년 된 다양한 지역 음식도 지킬 수 있고, 지역경제도 활성화될 수 있다. 요컨대 슬로푸드는 개인의 행복을 넘어 지속가능한 지구를 만드는 데 기여한다. 이러한 면에서 슬로푸드는 우리의 후손들에게도 긍정적이다. 우리가 21세기를 맞이해 전통음식이자 미래음식으로서 슬로푸드에 주목하고 관심을 기울여야 하는 이유가 바로 여기에 있다.

참고문헌

단행본

구달·매커보이·허드슨(Jane Goodall, Gary McAvoy and Gail Hudson). 2006. 『희망의
　　밥상』. 김은영 옮김. 사이언스 북스.
김종덕. 2003. 『슬로푸드 슬로라이프』. 한문화.
리처, 조지(George Ritzer). 1999. 『맥도날드 그리고 맥도날드화』. 김종덕 옮김. 시유시.
리프킨, 제레미(Jeremy Rifkin). 2002. 『육식의 종말』. 신현승 옮김. 시공사.
슐로서, 에릭(Eric Schlosser). 2001. 『패스트푸드의 제국』. 김은령 옮김. 에코리브르.
페트리니, 카를로(Carlo Petrini). 2003. 『슬로푸드 느리고 맛있는 음식 이야기』.
　　김종덕·이경남 옮김. 나무 심는 사람.
_____. 2008. 『슬로푸드 맛있는 혁명』. 김종덕·황상원 옮김. 이후.
핼웨일, 브라이언(Brian Halweil). 2006. 『로컬푸드』. 김종덕·허남혁·구준모 옮김.
　　시울.

논문

김종덕. 2001. 「현대음식문화의 반성과 슬로푸드 운동」. ≪환경과 생명≫. 30.
　　48~61쪽.
_____. 2004. 「미국의 공동체지원농업(CSA)」. ≪지역사회학≫. 5(2). 153~176쪽.
_____. 2007. 「지역식량체계에서 소비자의 역할에 관한 연구」. ≪한국지역사회생
　　활과학회지≫. 18(4). 617~627쪽.
_____. 2008a. 「우리나라 로컬푸드 정책의 방향」. ≪지역사회학≫. 9(2). 85~113
　　쪽.
_____. 2008b. 「석유에너지 위기와 대안식량체계」. ≪ECO≫. 12(2). 33~61쪽.
바바라, 아담(Adam Babara). 2001. 「산업적 식품에 대한 단상」. 한국농어촌사회연구
　　소. ≪세계의 식료와 농정시리즈≫. 제9호.

신문·잡지·방송·인터넷 및 기타 자료

≪한겨레신문≫. 2008.11.8. "덜 먹으면서 더 좋은 먹거리로".

http://www.slowfood.com.

제14장

대안적 음식문화

허미영(신라대학교 여성문제연구소 연구교수)

1. 믿을 수 없는 밥상

'살기 위해서 먹는 것이 아니라 먹기 위해 산다'고 말할 정도로 먹는 것은 일상에서 중요한 문제 중의 하나다. 먹는 것은 생존을 위한 기본 조건이면서 일상적인 삶의 토대가 된다. 먹는 행위는 일상적이면서도 매번 해결해야 하는 과제이기도 하다. 가정에선 주부들이, 회사에선 직장인들이 '오늘은 뭘 먹을까?' 고민한다. 먹기뿐만 아니라 잘 먹기가 중요한데, 그 이유는 바로 건강한 삶의 기초를 형성하기 때문이다. 이뿐만이 아니다. 맛있는 음식을 먹는 즐거움 또한 크다. 그러나 우리 사회에는 이런 즐거움을 빼앗아가는 일들이 적지 않다.

먹는 문제가 갖는 중요성에도 불구하고 사회적 문제 또한 적지 않다. 2008년도 벽두에 발생한 미국산 수입쇠고기문제와 하반기에 터진 중국산 분유의 멜라민사건은 먹을거리문제의 현주소를 잘 보여주었다. 우리 사회를 뒤흔드는 식탁의 위기는 어제오늘만의 일이 아니다. 안전망이 뚫린 채 유통되는 많은 식재료와 가공식품들, 그리고 그 음식맛에 이미 길든 대중들이 존재한다. 언제부터인가 우리는 음식에 관해 눈이 멀었다. 일종의 음식맹(food blind)이 만들어진 것이다. 어디에 가든 만나는 식당과 우리를 유혹하는 먹을거리 광고물, 패스트푸드에 길든 우리의 입맛에 우리는 무의식적으로 끌려다닌다.

이런 와중에 '그렇게 유별나게 먹으면 오래 사느냐?'는 핀잔을 들으면서 음식을 가려 먹고 골라 먹는 사람들이 늘어났다. 좀 별나다는 말을 듣는 이들은 살림·웰빙을 넘어 로하스(LOHAS: Lifestyle Of Health And Sustainable)를 추구한다. 이러한 현상은 이제 하나의 흐름으로 자리를 잡았다. 이들은 누구일까? 이들은 미식 취향이 강한 단순한 미식가인가? 아니면 고급 취향을 추구하는 경제력이 있는 사람들인가?

이 글에서는 우리 사회에서 유별나게 골라 먹고, 가려 먹고, 챙겨 먹는 사람들의 얘기를 하고자 한다. 대안음식문화는 소극적 대안음식문화인 유기농식품의 구매(웰빙 열풍)와 적극적 대안음식문화인 직거래·생협활동·귀농 등으로 나눌 수 있다. 기존의 먹을거리 소비문화와는 달리 대안적 음식소비자들의 일상을 들여다보고자 한다. 평범한 사람들이 눈뜬 소비자가 되는 과정, 생협을 통해 만나는 새로운 세계를 통한 그들의 일상생활의 변화, 그리고 한국사회에서 눈뜬 소비자로 사는 것의 함의를 짚어보기로 한다.

웰빙으로의 질주

…… 유럽은 시간이 갈수록 유기농 열풍이 더 뜨거워지고 있다. 영국 ≪인디펜던트≫는 지난해 6월 유럽에서 유기농법으로 경작되는 땅이 전체 농경지역의 4%에 달한다고 밝혔다. 1998년의 두 배가 넘는 수치다. ≪아이리시타임스≫도 2006년 11월자 기사에서 "아일랜드 쇼핑객 중 3분의 1이 최소한 일주일에 한 번 유기농 제품을 구입하고, 5분의 1도 2~3주에 한 번은 유기농

제품을 구입한다"고 보도했다(≪중앙일보≫, 2008년 12월 31일자).

현재 우리 사회도 웰빙 열풍으로 몸살을 앓는다. 이제 친환경식품은 대형할인매장과 인터넷을 통해서도 쉽게 접할 수 있다. 검색만 하면 온라인 전문점이 연이어 나타난다. 올리브유가 유전자조작(GMO: Genetically Modified Organism) 콩으로 만든 식용유를 대체했고, 식품매장에는 건강을 내세운 온갖 친환경 브랜드들이 매장을 점유하기 시작했다. 유기농 온오프 매장에서는 이유식, 유기농 면소재로 만든 아기 장난감과 배내옷까지 두루 팔린다. 통계청이 2009년 '블루슈머 유형별 유망산업'으로 밝힌 10가지 안에 '유기농·친환경밥상족'이 들어 있다(≪동아일보≫, 2009년 3월 11일자). 향후 집에서 직접 음식을 만들거나 채소를 재배하는 이들을 위한 서비스나 상품이 인기를 끌 것으로 전망한다.

웰빙 열풍은 친환경농산물의 시장규모의 변화를 통해서도 읽어낼 수 있다. 친환경농산물 시장은 1999년 1천억 원 규모에서 2006년 현재 1조 3천억 원으로 약 13배 성장했다(김창길·김태영·이상건, 2007). 소비시장의 성장은 소비자의 의식전환과 친환경농산물의 이미지 향상에도 한몫했다. 특히 대형할인매장의 친환경채소 코너와 쌀 판매대에서의 홍보효과는 소비자의 인식전환에 적지 않은 영향을 주었다.

환경문제의 심각성뿐만 아니라 먹을거리 담론이 지니는 사회적인 관심의 증가에 따라 언론매체의 친환경농산물과 건강·장수프로그램(MBC, <잘 먹고 잘 살기>; KBS, <생로병사의 비밀>·<비타민>·<환경스페셜>)에서도 먹을거리문제를 집중 방영했다. 이와 같은 언론의 경쟁적인 방영과 함께 유기농 신드롬이 확산되었다.

친환경인증마크를 향한 두 시선—맹신과 불신의 평행선
시장시스템에서 친환경농산물에 대한 신뢰를 확보하기 위한 노력의 결과로 생산유통이력제와 품질인증제가 시행되었다. 소비자는 포장지에 붙어 있는 인증마크를 통해 상품을 구별한다. 먹을거리 담론에서 우리는 친환경인증스티커에 대한 두 개의 대립되는 시선을 만난다. 웰빙 열풍에 휩쓸려 비싼 수입산 유기농제품도 아랑곳하지 않고 소비하는 사람들과 유기농산물이 가격만 비쌀 뿐 근본적으로 믿을 수 없다는 사람들의 철저한 불신이 공존한다.

생산유통이력제의 실시와 친환경인증마크에도 불구하고 불안한 시선으로 친환경 관련 물품들을 바라보는 비호의적인 사람들은 대개 인증마크도 구별하지 못하는 경우가 많다. 그러면서도 '너무 비싸' 혹은 '믿을 수 없어'라고 말한다. 일상적인 식품매장을 이용하다가 백화점이나 유기농 전문매장에서 가격표를 확인하는 순간 '이건 내겐 비해당'이라고 치부할 수도 있다.

실제 친환경 관련 물품들의 가격은 천차만별이다. 대체로 직거래와 생협이 싸고, 백화점과 친환경전문매장이 비싼 편이다. 특히 외국의 수입 유기농가공식품은 아주 비싼 가격으로 판매된다.[1] 이는 값이 비쌀수록 더 신뢰하는 소비심리에 편승한 기업의 판매 전략의 결과이기도 하다. 하지만 가격이 높은 것이 반드시 품질을 보장하지는 않는다. 실례로 젊은 주부들이 주로 소비하는 고가의 수입유기농가공식품의 인증표시는 정확하지 않은 것으로 밝혀졌다(허경희, 2004). 다음 글은 한 일간지에 실린 유기농가공식품 유통의 현주소다.

'유기농두부'·'유기농쨈'·'유기농올리브유' 등 국내에서 팔리는 유기가 공식품 대부분은 공식 인증을 받지 않은 것으로 나타났다. 한국식품연구원

---

[1] 유기농산물의 경우 외적 특징보다는 생산과정에 의해 가격이 결정되기 때문에 가치를 판단하기가 쉽지 않다. 예를 들어, 국내 일반 코코아의 경우 500g에 약 3천 원인데 비해 외국산 수입유기농제품은 2만 3천 원이다.

은 "국산 유기가공식품의 88%는 (정부의 공식 인증 없이) 제조업체 스스로 '유기식품'이라는 표기를 사용하고 있다"라고 29일 밝혔다. 외국과 달리 국내 유기식품 표시는 정부 인증을 받지 않아도 되는 점을 악용한 것이다. 유기가공식품은 일반 가공식품보다 세 배 가까이(2.82배) 비싸다. 소비자들은 진위 여부도 알 수 없는 '유기농'식품을 비싼 값에 사 먹고 있는 셈이다(≪중앙일보≫, 2007년 12월 1일자).

'믿을 수 없다'고 말하는 사람들은 농약을 치지 않고 농산물을 재배할 수 없으며, 재배가 된다고 해도 눈먼 유통과정을 신뢰할 수 없다고 말한다. 간간이 언론에 친환경농산물의 부정 유통현장이 보도된다. 농약이 검출되었다거나 일반농산물을 친환경으로 판매했다는 예들이다. 유기농이라고 해서 안전한 식품이라는 보장이 없다는 것이다. 우리가 믿을 수 있는 것은 무엇인가? 판매장소? 판매자? 아니면 친환경인증마크? 이 불신의 사회, 눈으로 확인하고도 믿을 수 없는 불신의 사회에서 그 어떤 것도 믿음의 증표가 되지 못한다.

철저한 불신이 사회 전반에 팽배한 상황에서 소비자는 이 불신을 넘을 용기도, 자세도 갖지 않았다. 속아서 비싸게 먹으니 일반적인 식품을 싸게 먹겠다고 주장한다. 그것도 강경하게. 하지만 이런 조류에도 불구하고 신뢰를 유지하고, 생산이력제와 친환경농산물마크를 부착하지 않아도 믿고 사며, 그것을 소비하는 일군의 소비자들이 존재한다. 라이슨(Lyson, 2005)이 음식시민이라고 언급한 이런 소비자를 필자는 '눈뜬 음식소비자'라고 말한다.

눈뜬 소비자는 음식을 중요하게 생각하고, 먹을거리에 관심을 가진 소비자들이다. 먹을거리에 가치를 두기 때문에 다른 어떤 것보다 우선적으로 고려하는 경향이 있다. 이들은 약간의 불편함을 감수하면서 더 좋은 먹을거리를 그리 비싸지 않은 가격으로 구입할 수 있는 방법들을 찾는다.

이런 눈뜬 음식소비자들은 20여 년 전에는 소수자로 존재했지만 이제는 차츰 힘을 모아 사회를 변화시키는 동력으로 자리한다. 먹을거리를 통해 일상을 변화시키는 그들을 어디서 만날 수 있을까?

2. 새로운 세계─직거래와 생협

직거래─신뢰는 관계형성에서

체험은 어떤 이야기보다 더 설득적이다. 현지체험은 소비자의 신뢰회복을 위해 친환경농산물의 유통회사가 취하는 주요 방편이 된다. '땅이 살아났다'고 말하는 농부들의 말을 직접 눈으로 확인하면 불신이 해소된다. 오리들이 농사를 짓고, 농장에서 거미들이 해충을 잡아먹고, 메뚜기가 날아다니는 것을 보면 불신이 차츰 사라진다.

알게 되면 믿게 된다. 무엇보다도 생산자를 알게 되면, 믿을 수 있게 된다. 그것은 생산하는 사람에 대한 믿음에서 시작하는 경우가 많다. 농사는 뿌린 만큼 거둔다고 한다. 벼가 자랄 때까지 기다려야지 급하다고 해서 벼의 이삭을 뽑을 수는 없다. 친환경농법은 결코 쉬운 일이 아니다. 땅을 살리고 자연과 조화를 이루면서 농사를 짓기 위해서는 다양한 어려움에 직면한다. 이런 삶의 현실을 보게 되면 사람을 믿게 된다. 농민의 땀과 정성을 알게 되면, 인증마크는 단순한 표식에 지나지 않는다. 품질인증마크가 없어도 믿고 먹게 된다.

좋은 농산물을 싸게 먹으면서 생산자를 도울 수 있는 방법은 없을까? 생산자는 일반유통보다 비싸게 팔고, 소비자는 좋은 상품을 싸게 사 먹는 방법은 없을까? 있다. 이런 질문에 대한 답은 직거래다. 우리 사회의 왜곡된 농산물 유통구조가 가격을 부풀리고, 산지가격과 관계없는 소비가격을 만드는 경우가 많다. 직거래를 하면, 유통마진을 덜기 때문에 좋은 농산물을 싸게 구입할 수 있다. 가끔 생산자는 주문한 농산물 이외에 덤으로 농산물을 더 보내기도 한다. 필자의 경험에 의하면, 직거래를 할 때 제철나물이나 햇밤·무말랭이 등을 덤으로 받기도 한다. 생산자의 얼굴을 보는 것과 같고, 생산자에게 고마운 마음이 생기며, 기분도 좋아진다.

직거래를 하게 되면 여러 가지 문제점이 해결된다. 하나는 불신의 문제다. 친환경농산물의 소비에 걸림돌이 되는 불신은 현지체험을 하고, 생산자를 알게 되면서 해결된다. 다른 하나는 가격의 문제다. 직거래를 하게 되면 싸게 구입할 수 있다. 생산자의 입장에서는 노동량을 줄이는 효과가 있다. 왜냐하면 선별에 투입되는 노동량이 감소하기 때문이다. 유통회사에 판매하는 것보다 가격도 더 받을 수 있다. 무엇보다도 농민이 유통자본에 종속되지 않는다는 장점이 있다. 의성군농민회가 로컬푸드의 관점에서 친환경쌀과 마늘 등을 판매하는 직거래장터가 두레밥상(www.nongmin21.co.kr)이다. 이곳의 유기농쌀은 생협보다도 저렴하다.

소비자의 입장에서는 양질의 농산물, 농약을 사용하지 않는 농산물을 싸게 사 먹으니까 좋고, 생산자는 매년 생산물을 일정하게 사주니까 판매에 신경을 쓰지 않아서 좋다. 신뢰관계가 형성되면, 농산물의 외형이 약간 나빠도, 공급받는 양이 부족해도 크게 불만을 갖지 않는다. 관계에서 나오는 상호 이해며 배려다. 이런 신뢰가 직거래를 통해 형성되기 시작한다. 우리는 공동체의 일원으로서 새로운 출발을 생협에서 시작할 수 있다.

생협을 만나면?

생협은 자율의 원칙에 기반을 둔, 조합원의 협동으로 운영하는 비영리 단체다. 생산자와 소비자는 공동의 운명체로 인식한다. 생협은 자본주의의 틀 안에서 자본주의적 방식을 넘어서서 조합원들의 힘으로 소비를 조직화해 생산을 유지해가는 소비자조직이다. 현재 생협은 농산물에서부터 공산품까지 공급범위를 확대시켜갔다. 생협은 단순히 생활재를 판매하

<표 14-1> 전국 생협현황

구분	지역생협	대학생협	의료생협	직장생협	단협합계
생협 수(개)	152	21	46	2	221
조합원 수(명)	285,400	95,700	19,700	150	400,950
총 공급액(원)	3,330억	900억	170억	20억	3,330억*

주: * 2008년 8월, 4,000억 원 추정.
자료: 장원석(2008)에서 재인용.

는 곳이 아니라, 대안적인 유통시스템으로서 새로운 문화를 만들어가는 구심체 역할을 한다(허미영, 2008).

우리나라의 경우에 생협은 1986년 한살림운동을 시작으로 1989년 한국여성민우회생협·정농생협·한국생협연대·수도권생협인 두레생협연합 등이 창립되었다. 2007년 5월 말 현재 전국에는 총 221개의 생협이 존재하며, 이 중 인가생협은 125개로 전체 56.6%에 이른다. 조합원 수는 400,950명으로, 이는 2005년 말 336,909명에서 19%가 증가한 수치다. 총 공급액은 2005년 약 2,696억 원에서 약 3,300억 원으로 23.5%가 증가했고(<표 14-1> 참고), 2008년 8월 현재는 4천억 원이 넘는 것으로 추산된다(장원석, 2008).

농도생협에 관한 다음의 기사는 생협을 통한 유기농산물 소비의 함의를 잘 보여준다.

생산을 하는 농촌 교회와 소비 주체인 도시 교회를 어떻게 연결시킬까 하는 고민에서 시작한 감리교의 농도생협. 서울 북아현동 아현교회와 구로동 평화의 교회에 매장이 있다. 아현교회 매장의 경우 400가구 조합원들이 이용하는데, 교인은 50~60여 명이고 나머지는 비기독교인이다. 대형매장의 유기농보다는 가격이 싸고 일반 농산물보다는 비싼 편이지만, 조합원 상당수는 중산층 서민 가족들이라고 한다. 농도생협의 이사장을 맡고 있는 차흥도 목사는 "사람들이 유기 농산물은 너무 비싸서 못 먹겠다고 하지만 상대적인 관념의 문제"라고 지적했다. 시중 일반미 80kg은 15만 원이고, 매장에서 파는 유기농쌀은 25만 원. 비싸서 못 먹겠다고 하지만, 외식비 10만 원을 한 번 아끼면 몇 달 동안 가족들이 건강한 밥을 먹을 수 있다고 생각을 전환하면 된다는 얘기다(≪국민일보≫, 2008년 5월 16일자).

조합원들은 생협활동을 통해 기본적으로 기다림의 미학을 터득하게 된다. 생협을 이용하려면 생활재를 먼저 주문하고 기다렸다가 배송을 받는다. 일반 매장처럼 모든 물품을 항상 구할 수 있는 것이 아니다. 제철농사에 준하는 농산물을 공급하기 때문에 물품이 공급되는 시기가 정해져 있다. 한 번 시기가 지나면 한 해를 기다려야 하는 경우도 있다. 일각을 다투는 바쁜 사회에서 기다림은 쉽지 않다. 그래도 많은 조합원은 기다렸다 물품을 배송받는다.

핵심소비자2)들은 상품성 못지않게 생산과정을 중요하게 여긴다. 이들은 누가 어디에서 생산했는지, 유기재배농산물인지 무농약재배농산물인지, 가공품에 사용된 식재료는 어디 산인지, 어떤 첨가물이 들어갔는지 등에 관심이 많다. 이에 비해 단순소비자들은 상품의 외적 특징, 예를 들어 싱싱한지, 파손되지는 않았는지, 외형적으로 좋은지 등에 더 많은 관심을 갖는다(허미영, 2005). 다음 사례는 생활재를 대하는 핵심소비자의 태도를 잘 보여준다.

나는 지금까지 채소가 나쁜 것이 와도 한 번도 그것에 대해 이야기하지 않았어요. 물론 속상할 때도 있었지만 이것들은 생산자가 땀 흘려 기른 것이다, 내가 이것이 좋지 않다고 돌려보내면 이것을 기른 생산자는 또 얼마나

---

2) 허미영(2005b)은 지출된 전체 식료품비 중 친환경농산물의 비율이 60% 이상인 경우로 정의했다.

마음이 아프겠나 하는 마음이 들어서…… 생협 생활재가 비싸다고 하지만, 어느 때는 시중 채소보다 쌀 때도 있잖아요? 생협을 이용한다는 건 각자 불편한 부분을 이해하려는 마음들이 있어야 하는 거잖아요. 또 소비자는 수고한 생산자에게, 생산자는 묵묵히 소비해주는 소비자에게 '감사'하는 마음이 있어야 하는 거고요(이○○, ≪민우생협소식지≫, 2008년 7~8월).

대부분 생협은 생산지 농사체험행사를 운영한다. 부산한살림은 조합원 자녀와 제주도 유기농감귤농장을 찾아가서 귤을 따는 체험을 하며, 민우회 생협은 충남 홍성 홍동면 오리넣기행사에 가족들이 참여하는 행사를 한다. 이런 과정을 거치면서 조합원은 새로운 세계에 눈을 뜨게 된다. 세상을 바라보는 관점이 바뀐다. 좋은 옷, 좋은 차보다 잘 먹는 것을 중요하게 생각한다. 다음 사례는 생협에 가입하게 된 동기를 밝힌 글이다.

농약을 치지 않는 유기농 채소와 과일을 비싼 값에 사 먹는 생협이나 한살림을 여유 있는 사람들의 사치쯤으로 생각하고 나와는 별 상관없는 이야기라고 생각했었다. 그런데 친한 친구가 한살림과 인연을 맺게 되고, 나에게도 자주 농약 범벅인 수입과일이나 콩, 유전자 콩, 식품첨가물의 폐해 등을 말해주었고, 나도 자연 관심이 기울어지게 되었다(김지연, 2007).

다음은 아토피가 있는 자녀를 키우면서 생협에 가입해 먹을거리를 바꾸고 생활양식을 바꾼 사례다.

우리 인간에게 아낌없이 주는 자연의 고마움을 깨닫고 그 자연에 보답하기 위해서 어떤 실천을 해야 할지 알고 있기 때문이다. 천 기저귀를 쓰고, 아크릴 수세미로 세제 없이 설거지하고, 물티슈를 쓰지 않고 샴푸로 머리를 감지 않는다(이영미, 2007).

이 조합원은 부산한살림을 통해 새로운 삶을 경험했다. 예를 들어, 소모임을 통해 배운 솜씨로 아이에게 손수 바지를 만들어 입히고, 버선을 만들어 신고, 천연염색을 해서 사람들에게 선물을 하기도 한다. 기술을 가진 전문가들만 가능한 줄 알았는데 자신이 하고 있더란 것이다. 생협은 생산자와 소비자가 함께하는 환경공간으로, 좋은 먹을거리소비를 통해 생산자도 지원하고 생태계도 보호하는 삶의 지점이다.

생협을 통한 삶의 변화

생협은 단순히 유통업체나 판매장소가 아니다. 민우회생협의 생활재 선정의 기본 원칙은 생협의 지향점을 잘 보여준다.

인위적으로 생장을 조절하는 호르몬제·제초제·토양소독제는 일체 허용하지 않는다. 유전자를 조작한 종자는 사용할 수 없다. 축산물의 배합사료는 항생제와 성장촉진제 등의 첨가물로부터 안전해야 한다. 가공품의 경우 첨가물을 사용하지 않는 것을 원칙으로 한다. 생활용품은 몸에 해롭지 않고 환경 친화적인 것이어야 한다(여성민우회생협, 2007).

이러한 원칙은 다른 생협도 유사하다. 여성민우회생협의 경우 일상생활에서 필요로 하는 다양한 생활재를 개발하고, 시장유통과 구별되는 대안적 유통을 만들었다. 나아가 생산자와 소비자가 협력하는 관계지향적 연대를 추구한다. 이를 바탕으로 환경과제·지역과제, 생활재를 통한 실천과제의 개발을 통해 적극적인 사회 참여를 추구한다. 특히 다양한 사회 참여, 성명서발표와 거리홍보행사 등을 통해 먹을거리에 관한 시민의 주의를 환기시키는 등 먹을거리를 정치화했다(허미영, 2008).

부산한살림의 사례를 보면, 생협의 역할을 알 수 있다. 지역생협인 부산한살림은 1990년 한살림 공부모임을 시작해, 1993년에 한살림을 창

〈표 14-2〉 부산한살림 조합원의 쌀 의무소비 실태

전체 조합원 (명)	휴면 조합원 (명)	이용 조합원 (명)	멥쌀소비 조합원 (명)	이용조합원 대비 이용률 (%)	20kg 이상 소비조합원 (명)	의무량 미달비율 (%)
2,390	809	1,581	1,130	71.4	603	62

자료: 부산한살림(2008), 2007년 10월 27일 기준.

립한 후 2008년 12월 현재 2,390명의 회원에 1,858세대가 이용한다(부산한살림, 2009). 부산한살림은 생태육아모임 '착한 요정', 숲 생태기행모임, 풍물동아리 '한소리패', 어린이 풍물동아리 '예소리패', 천연염색공부모임·바느질모임·텃밭모임·사진모임·차모임·한자공부모임 등 소모임을 운영한다. 이외에도 생산자-소비자 만남의 날, 생산지 방문체험 등 다양한 행사를 통해 조합원의 참여를 유도한다.

쌀소비가 전반적으로 줄어드는 가운데 부산한살림의 '쌀 의무소비제'는 특히 주목된다. 전체적으로 쌀의 소비가 감소해 2006년에 쌀 적체량이 10톤에 이르자, 2007년 2월 조합원의 의무소비를 강제했다(<표 14-2> 참고).[3] 그 결과 2007년 말에 8톤이 소비되었고, 남은 2톤은 떡·강정·누룽지 등 가공용으로 돌렸다. 이러한 생협활동의 참여를 통해 조합원은 음식문맹자에서 음식시민으로 바뀌게 되었다. 나아가 자율에 기반을 둔 민주적 운영원칙으로 민주시민을 양성하는 통로가 되기도 한다.

---

3) 음식소비패턴의 변화로 쌀 소비가 줄어들었지만 유기농쌀의 재배면적은 늘었다. 일반쌀에 비해 유기농쌀값은 비싸기 때문에 선뜻 쌀 소비로 이어가기는 어려운 것으로 평가된다. 하지만 생협조합원이면서 유기농쌀을 구매하지 않는 것은 진정한 의미의 조합원이라 보기 어렵다는 평가도 있다. 부산한살림에서는 2008년 12월에 유기농쌀 20kg당 7만 5천 원에 판매했다. 4인 가족이 한 달(30일) 먹으면 1일 2천5백 원이고, 4인 가족이 하루 두 끼 식사를 한다고 가정하면 1인 한 끼 비용이 312원이다. 이렇듯 따져보면 실제 유기농쌀의 1인 한 끼 쌀값은 껌 한 통보다 더 싸다.

3. 대안적 음식문화의 또 다른 창—채식

　음식의 주류문화와 차별되는 새로운 음식추구자들이 증가했다. 이들은 다양한 형태로 존재한다. 어떤 사람들은 단식이나 금식을, 어떤 사람들은 자신의 건강을 위한 다양한 민간처방들을, 그리고 어떤 사람들은 채식을 추구한다. 서구화된 식단에 대한 반감으로 나타나는 가장 일반적인 형태가 채식[4]이다.

　채식의 수용 수준과 이유는 다양하다. 동물권리에 대한 철학적 접근으로 동물권리의 주장, 막대한 에너지와 물 사용 등 육류생산이 환경에 미치는 부정적인 결과의 고려, 인도적인 이유로 육류를 덜 소비할 경우 그 곡물로 더 많은 사람이 먹을 수 있다는 경제적 관점, 미학적 관점에서 수치스러움을 없애려는 의식적인 노력인 문명화과정, 건강의 이유, 동물 살상을 금지하는 불교·힌두교의 윤회사상의 종교적인 영향 등 다양하다.

　채식에 대한 사회적 경각심은 2002년 구제역 파동 때 확산되었다. SBS의 신년특집방송 <잘 먹고 잘 사는 법>에서 육식의 위험성이 부각된 직후 구제역 소동이 벌어졌다. 이 '덕분'에 채식인구는 전체 인구의 1%(약 50만 명)대로 늘었다. 2003년 말 국내에서 처음으로 발생한 조류인플루엔자(AI)의 확산으로 닭고기 소비량이 확 줄면서 1.2%(약 60만 명)로 채식인구가 또 한 번 증가했다. 그리고 2008년 미국산 수입쇠고기 광우병 파동이 세 번째 계기가 되었다(http://blog.joins.com/media/folderListSlide.asp?uid=jealivre&folder=2&list_id=9770811).

---

4) 채식은 육식에 비해 환경 친화적인 음식문화를 만들어낸다. 제레미 리프킨은 『육식의 종말』(2002: 194)에서 육식을 둘러싼 반문명적 결과를 잘 제시했다. 미국에서 쇠고기 1파운드를 생산하기 위해 필요한 곡식의 양은 9~10파운드다. 채식을 하면 생산과정뿐 아니라 식사 후 처리과정에도 물 낭비가 급격히 줄어든다. 우리나라에서 사람들이 많이 먹는 삼겹살은 식후 구이판을 설거지할 때 독한 화학 합성세제를 사용하고 많은 물이 낭비된다.

서구화된 식단에 대한 경각심은 채식으로의 관심을 증가시켰으며, 채식이 건강에 치명적인 식단의 대안으로 인식되었다. 건강에 문제가 생기면 식단을 점검하고, 채식위주의 건강식단을 만든다. 극단적인 형태로 약초를 구해서 먹는 등 대안식을 넘어 약으로 채소를 먹는 약초식을 하기도 한다. 건강을 위해 먹던 육식에서 이제 치료를 위해 채식을 하는 것이다. 동호회활동을 통해 약초에 대해 정보를 교류하며, 들과 산으로 약초를 찾아 떠나는 사람들이 증가하고 있다.

4. 누구나 잘 먹을 권리

서민의 대안음식문화

대안농업에서는 지역사회를 강조한다. 누가 어디에서 생산했는지 그 태생을 모르는 음식을 먹는 것에 대해 반대한다. 최근에 많이 논의되는 개념으로 푸드마일(food mile)이라는 것이 있다. 쉽게 표현하면 농산물생산지에서 소비자에게 이르는 이동거리다. 푸드마일이 멀수록 이용거리에 따르는 에너지 소비가 증가하고, 신선도를 유지하기 위해 혹은 농작물을 보호하기 위해 방부제와 같은 화학제를 살포하는 등의 부작용이 증가한다.

푸드마일이라는 키워드에 잠재된 위험에 반대하고 바람직한 음식문화를 추구하는 새로운 입장이 지역식량체계다. 최근 많이 논의되는 지역식량체계는 사회적 신뢰와 책임에 토대를 두고 운용된다. 따라서 생산자도 소비자에게 관심을 가져야 하고 소비자도 의식을 전환해야 한다. 지역식량체계는 먹을거리를 범위의 경제라는 관점에서 접근한다. 지역에서 생산된 농산물을 그 지역에서 소비하는 네트워크형성이 강조된다(김종덕, 2007).

지역주민이 특히 인근의 도시주민이 농산물생산에 직간접적으로 참여하기도 한다. 시민농업(civic agriculture)이라고 일컬어지는 이런 노력은 소비자인 시민이 농업생산에 참여하고, 참여의 대가로 농산물을 소비하는 소비자의 생산 참여형태로 나타난다. 시민농업은 첫째, 국가적·국제적인 시장보다는 지역소비자에게 판매되는 것을 지향한다. 단순한 상품의 생산뿐만 아니라 농촌사회의 통합을 추구한다. 둘째, 소비자는 중간업자(도매업자·중개업자·가공업자)를 통해 간접적으로 연결되기보다는 생산자와 직접적인 연결을 추구한다. 셋째, 시민농업은 자본집약적이기보다 노동집약적이다(Lyson, 2005).

대안적인 음식문화를 위해서는 우선, 소비자의 음식에 대한 인식의 변화가 필요하다. 무엇보다도 먼저 식재료의 원산지나 가공식품의 식재료 확인 등을 통해 내가 먹는 음식의 태생을 아는 것이 중요하다.

사람들은 직거래가 힘들다고 하잖아요. 어떻게 하나 막막해서 안 될 것 같죠. 그런데 되더라구요. 내가 정성 들여 농사를 지으면 그걸 알아주는 사람들이 생기더라구요. 작년에 주문한 사람들이 민채네 사과 맛있다면서 올 해 또 주문해요. 얼굴은 못 봤지만 전화통화만 해도 잘 아는 사람인 것 같은 생각이 들어요. 직거래는 소비자도 살고 생산자도 사는 방법이에요. 귀농자들이 직거래방식을 잘 고민해봤으면 좋겠어요(김순정, 2008).

전북 장수로 귀농해 사과농사를 지은 지 6년째인 사례의 부부는 아이들에게 대안교육을 하려고 한 것이 계기가 되었지만, 이내 부모의 삶이 바뀌어야 하는 것을 깨닫고 귀농을 결심했다.

둘째, 요즘 한창 논의되는 생태공동체에 참여하는 것이다. 전북 남원의 실상사에서 시작된 인드라망 생명살림은, 크게 보면 지역적인 변화를 가져온 생명운동이고 작게 보면 일상생활을 바꾸는 실천운동이다. 인드라망 생명살림이 추진하는 친환경공양미운동도 넓게 보면 서민을 위한 먹을거리운동이다. 부유하건 가난하건 절에 들린 사람이면 누구나 친환경쌀로 지은 밥을 먹을 수 있게 한 것이다. 이러한 움직임은 사회를 변화시키는 동인이 된다.

셋째, 단체 급식을 유기농식탁으로 바꾸는 것이다. 예를 들어, 학교급식·병원급식부터 차츰 식단을 바꾸어나가는 것이다. 그리고 나아가 회사식당을 바꾸는 것이다. 원주에 있는 상지대학교는 이런 점에서 선구적이다. 상지대학교는 일반식단 가격에서 추가된 비용을 학교에서 부담해 유기농식당을 운영하고 있다. 지자체차원에서 친환경급식을 선구적으로 실천하는 곳은 제주도다.

넷째, 취약계층이 친환경 먹을거리를 먹을 수 있는 제도적인 방안을 강구하는 것이다. 미국의 농민시장은 저소득층을 위한 영양·건강개선프로그램을 운영하고 있다. 예를 들어, 여성·유아·아동용(WIC)[5] 농민시장영양프로그램과 노인용 농민시장 영양프로그램을 연방정부가 운영하며, 또 연방정부가 주정부의 협력 아래 식품보조급여(Food Stamp)프로그램과 농민·시장의 접목을 확산시켰다(김원동, 2008). 저소득층에게 농민시장의 유기농산물을 구입할 수 있는 쿠폰을 제공해 구입하게 하는 것이다. 우리나라에도 이런 프로그램이 도입된다면 저소득층의 영양과 건강을 증진시키는 데 기여할 것이다.

텃밭농사에서 얻는 즐거움

주말농장을 만들어 채소를 심어 먹는 사람들이 늘어나고 있다. 서울근교인 경기도 양평군은 유기농 주말농장을 체험하는 곳으로 알려져 있다. 농협에서 운영하는 주말농장이 있으며, 친환경농산물 전문판매장에서도

---

5) 우리나라는 미국의 국가지원제도 중 재정대비 효과가 가장 큰 것으로 보고된 WIC (Special Supplemental Nutrition Program for Women, Infants, and Children)프로그램을 벤치마킹해, 취약계층을 위한 국가영양지원제도를 2005~2006년의 1·2차 시범사업에 이어 2007년에는 20개 보건소에서 3차 시범사업을 운영하고 있다(허남혁 외, 2007).

주말농장을 분양한다. 채소를 직접 심고 가꾸는 경험을 통해 아이들과 혹은 부부간에 새로운 기쁨을 느끼기도 한다. 텃밭에서 기른 채소를 먹다 보면 자연스레 가공음식을 멀리하게 된다. 단순하고 소박한 밥상을 차리는 데 익숙해진다. 다음은 여성민우회생협 조합원이 텃밭농사를 지으면서 경험한 내용이다.

내가 시골에서 작게 김장배추와 무를 농사짓는데, 걸레같이 벌레가 먹어도 농약을 치지 말자고 한다. 아침에 일찍 해뜨기 전에 가서 집게로 벌레를 잡으니 많이 줄고, 좀 지나 배추가 오므라지면 벌레가 없어지더라고. 배추가 크면 안은 벌레가 안 먹는 거예요. 그래서 유기농이 가능하다는 것을 알았죠. 안 믿는 사람은 몰라서 못 믿는 거지(김○○, ≪생협소식지≫, 2008년 3~4월).

최근에 시민운동단체인 인천도시농업 네트워크(인천 부평구 십정동)는 '농사지을 땅이 없다면 상자에 흙을 담아서라도 농사를 짓자'며 '상자텃밭'을 보급하는 등 도심농사짓기운동을 펼쳤다(http://www.hani.co.kr). 상자텃밭은 지렁이를 이용한 음식물 퇴비를 활용한다. 채소를 먹고, 찌꺼기를 퇴비로 활용하는 등 순환농법을 실천하는 것이다. 우리 사회에서는 이미 사람들이 도시에서 자투리 땅을 이용해 농작물을 길러왔다. 농작물을 키우면서 자연과 생태환경을 이해하고 생명의 소중함을 깨닫게 된다. 주말농장을 얻어 경작하는 사람들은 자신들이 키운 채소와 곡식을 다른 사람과 나누어 먹는 즐거움도 누린다.

텃밭체험은 개인의 인성을 바꾸기도 한다. 여성민우회생협에서 중학생을 대상으로 텃밭농사체험을 실시한 결과 학생들이 음식을 바라보는 관점, 세상을 바라보는 관점이 바뀐 것으로 나타났다. 부산대학교 유아교육과 학생들을 대상으로 작물재배수업을 실시했는데, 처음에는 작물을 키우는 것을 귀찮아했으나 가뭄으로 비가 적게 오거나 작물이 제대로 자라지 않을 경우 자신이 맡은 작물에 애정을 보이며 생명에 대한 감성을 획득해 간다는 연구결과가 나왔다.

일부 사람들은 텃밭체험을 경험한 후 더 나아가 일상의 삶 전체를 바꾸는 귀농을 실천하기도 한다. 전국 귀농운동본부에서 실시하는 귀농학교와 인드라망공동체는 의왕시에 500평 규모의 텃밭을 운영한다. 텃밭농사에 유기농업을 적용해 자연을 살리고, 자연에 의지해서 사는 생명들과 조화를 이루어 공존하는 생산방식을 경험하게 한다(인드라망, 2008). 귀농 후에 비용을 줄이는 생활양식을 모색하고, 소박한 밥상차리기를 실천하는 등 새로운 일상을 경험한다.

5. 먹을거리 주권 관철하기

대안적 음식문화의 다양한 형태는 크게 보면 먹을거리 주권을 찾기 위한 행동들이다. 지금까지 먹을거리문제가 터질 때마다 대책 없이 불안해 하고, 식품파동이 날 때마다 미흡한 사후 조치로 시민들은 고통을 겪어왔다. 촛불시위에서 보듯이 10대 학생들이 자신이 먹는 급식의 질의 문제를 제기한 것도 먹을거리 주권을 찾는 행동이다. 세계적 농민단체인 비아 캄페시나(Via Campesina)[6]의 먹거리 주권 개념이 2007년 말리의 셀링게에서 개최된 먹을거리 주권포럼에서 채택되었으며, 닐레니 선언에서 그 개념이 더 정교화되었다(김철규, 2008).

---

6) 비아 캄페시나(김철규, 2008에서 재인용)가 정의한 먹을거리 주권개념은 "지속가능한 발전이라는 목표를 달성하기 위해 민중이 농업과 먹을거리에 대한 정책을 스스로 수립하고, 국내 농업의 생산을 보호하거나 규제하고, 자신들이 얼마나 자립적이어야 하는가를 스스로 결정하고 농산물을 시장에 저가로 쏟아내는 덤핑을 제한할 권리"다.

먹거리 주권은 생태적으로 건강하고 지속가능한 방법으로 생산된, 건강하고 문화적으로 적절한 먹거리에 대한 사람들의 권리이다. 또한 그것은 사람들이 자신의 먹거리와 농업체계를 규정할 수 있는 권리이다. 먹거리 주권은 시장과 기업의 수요가 아니라 먹거리를 생산하고, 분배하고, 소비하는 사람들을 식품체계와 정책의 주인공으로 여긴다. 그것은 세대를 포함시키며 그들의 이해를 대변한다(김철규, 2008).

먹을거리 주권개념을 수용하면 생협을 이용하는 조합원이나, 직거래를 추구하는 사람들, 텃밭을 경작하는 이들 모두 먹을거리 주권을 추구하는 사람들이다. 더 나아가 수입쇠고기불매운동에 서명하고 '광우병 쇠고기수입반대' 촛불시위에 참여한 행위 또한 정의로운 행동이다. 친환경학교급식조례를 만들고 친환경급식을 실천하는 제주급식연대의 활동 또한 대안적 음식문화를 만들어가는 것이며 먹을거리 주권을 확보하는 것으로 볼 수 있다.

개인이 음식문맹에서 음식시민으로 변화되고 먹을거리 주권을 확보하기 위해서는, 우리가 일상적으로 먹는 음식의 생산과정을 알아보는 것과 가공하는 과정에 첨가되는 물질이 어떤 효과가 있는지를 알아보는 것은 필수다. 그렇게 하기 위해서는 무엇보다도 우리를 둘러싼 생태환경과 음식에 대해 성찰하도록 하는 다양한 음식 관련 공교육의 확대와 먹을거리의 정치화가 요구된다.

참고문헌

단행본

리프킨, 제레미(Jeremy Rifkin). 2002. 『육식의 종말』. 신현승 옮김. 시공사.

논문

김원동. 2008. 「미국 포틀랜드지역의 농민시장 운영 실태에 관한 연구」. ≪농촌사회≫.
   제18집 2호. 37~86쪽.

김종덕. 2007. 「지역식량체계농업회생방안과 과제」. ≪농촌사회≫. 제17집 1호.
   5~32쪽.

김창길·김태영·이상건. 2007. 「국내외 친환경농산물 생산실태 및 변화전망」. 한국
   농촌경제연구원. ≪농정연구속보≫. 제41권.

김철규. 2008. 「현대 식품체계의 동향과 먹거리 주권」. 한국사회학연구 ECO. ≪한국
   환경사회학회≫. 제12권 2호.

장원석. 2008. 「생활협동조합운동의 성과와 과제」. 생협운동의 연대와 전진을 위한
   심포지엄자료집. 2008.8.

허경희. 2004. 「수입 유기식품현황」. 한국농어촌사회연구소. ≪흙내≫. 제36호.

허남혁 외. 2007. 「먹거리 종합정책에 관한 연구」. 국회사무처.

허미영. 2005a. 「유기농산물 소비에 대한 사회학적 접근」. ≪농촌사회≫. 제15집
   2호. 45~83쪽.

_____. 2006b. 「친환경농산물 핵심소비자의 결정요인분석」. ≪친환경농업연구≫.
   제7권 제2호. 147~168쪽.

_____. 2008. 「생협의 대안적 소비문화의 성격과 그 함의—여성민우회생협을
   중심으로—」. ≪농촌사회≫. 18권 2호.

Lyson, Thomas A. 2005. "Civic Agriculture and Community Problem Solving". *Culture
   and Agriculture*. Vol. 27 No. 2 Fall. pp.92~98.

신문·잡지·방송·인터넷 및 기타 자료

≪국민일보≫. 2008.5.16. "기독교 정신으로 식품 판매하는 생활협동조합".

≪동아일보≫. 2009.3.11. "'블루슈머'속에 새길 있다".

≪중앙일보≫. 2007.12.1. "유기농 식품 88%가 가짜".
_____. 2008.12.31.
≪한겨레신문≫. 2009.3.19. "상자텃밭'보급운동".

김순정. 2008. ≪인드라망≫. 제14호.
김지연. 2007. ≪한살림≫. 5·6월호.
박상신. 2007. 「생협의 물류현황과 통계」. 생활협동조합전국연합회. "생협전국연합
　　　회 2007 정책토론회".
이영미. 2007. ≪한살림≫. 5~6월호.
부산한살림. 2009. 「2009년 총회자료집」.
여성민우회생협. 2007. 「2007년 총회자료집」.
_____. 2008. 「2008년 총회자료집」.
인드라망. 2008.

의성군 농민회두레밥상(http://www.nongmin21.co.kr).
http://blog.joins.com/media/folderListSlide.asp?uid=jealivre&folder=2&dist_id=9770811.
http://www.hani.co.kr.

지은이들(수록순)

박재환 부산대학교 교수
김정오 신라중학교 교사
오재환 부산발전연구원 부연구위원
송교성 동의대학교 강사
이미식 부산교육대학교 교수
장현정 울산대학교 강사
인태정 부산대학교 BK21연구원
김문겸 부산대학교 교수
전필여 창원대학교 강사
신지은 부산대학교 한국민족문화연구소 HK전임연구원
김수진 부산대학교 박사과정 수료
김형균 부산발전연구원 선임연구위원
김종덕 경남대학교 교수
허미영 신라대학교 여성문제연구소 연구교수

일상성·일상생활연구회는 사회과학이 그동안 거창한 사건이나 거대한 구조에 지나치게 관심을 기울인 나머지 구체적인 현실과 삶을 충분히 조망하지 못했다는 반성에서 출발했습니다. 일상은 모든 사회적 삶의 토대이며, 실제 우리의 삶과 사회적 현실은 일상생활의 과정 속에서 형성되고 변용되고 나타나는 것입니다. 이런 반성과 인식 속에서 우리는 '일상생활의 구체적인 동태'를 밝히고, 개별적 삶을 매일의 테두리 속에서 조직하는 '일상성'을 탐색하는 작업을 계속하고 있습니다. 1991년 부산지역의 젊은 사회학자들이 중심이 되어 결성해, 그동안 고민과 연구의 결과를 여러 권의 책과 국내외의 학술행사 등을 통해 발표해오고 있습니다.

한울아카데미 1167

일상과 음식

ⓒ 박재환 외, 2009

지은이 • 박재환, 일상성·일상생활연구회
펴낸이 • 김종수
펴낸곳 • 한울엠플러스(주)

초판 1쇄 발행 • 2009년 8월 31일
초판 2쇄 발행 • 2016년 3월 10일

주소 • 10881 경기도 파주시 광인사길 153 한울시소빌딩 3층
전화 • 031-955-0655
팩스 • 031-955-0656
홈페이지 • www.hanulmplus.kr
등록번호 • 제406-2015-000143호

Printed in Korea.
ISBN 978-89-460-6145-3 93330

* 가격은 겉표지에 있습니다.